不懂责任，你一文不值

在老板眼里，责任永远胜于能力

Do not understand the responsibility,
You are not to be worth a hair

杜鲁门 编著

图书在版编目（CIP）数据

不懂责任，你一文不值:在老板眼里，责任永远胜于能力 / 杜鲁门编著. — 北京 ： 企业管理出版社，2014.5

ISBN 978-7-5164-0799-8

Ⅰ. ①不… Ⅱ. ①杜… Ⅲ. ①企业－职工－责任感 Ⅳ. ①F272.92

中国版本图书馆CIP数据核字(2014)第079675号

书　　名：不懂责任，你一文不值:在老板眼里，责任永远胜于能力
作　　者：杜鲁门
责任编辑：张　羿
书　　号：ISBN 978-7-5164-0799-8
出版发行：企业管理出版社
地　　址：北京市海淀区紫竹院南路17号 邮编:100048
网　　址：http://www.emph.cn
电　　话：编辑部（010）68453201 发行部（010）68701638
电子信箱：80147@sina.cn zhs@emph.cn
印　　刷：北京慧美印刷有限公司
经　　销：新华书店
规　　格：166毫米×235毫米　16开本　19印张　255千字
版　　次：2014年5月第1版　2014年5月第1次印刷
定　　价：36.00元

目　录
Contents

第一章　责任：实现成功的根本

002 · 一个负责任的人，什么工作都能做好

005 · 成功的萌芽：保持责任感

009 · 对工作负责是给他人也是给自己最好的礼物

012 · 负责是优秀与平庸的分水岭

016 · 责任是工作的第一原则

第二章　在老板眼里，责任永远胜于能力

020 · 责任承载能力，负责才能展现能力

023 · 责任感是认真工作的驱动力

026 · 责任越大，机会越多

029 · 责任提升能力，承担责任让你更强大

第三章　对工作负责，就是对自己负责

034 · 责任感使工作变得有趣

037 · 负责的人，才能得到领导的信任

担责越多，回报越大 · 040
对工作负责才能赢得发展空间 · 043

第四章　成功者承担责任，失败者逃避责任

任何借口的实质都是推卸责任 · 048
承认错误，问题就解决了一半 · 053
逃得了责任，逃不了后果 · 056
提问题，把答案也一起带来 · 059
责任到此，不能再推 · 062

第五章　责任藏在细节里

责任心决定工作质量 · 066
责任面前，没有“差不多” · 070
从细节中看责任 · 073
责任不分事情大小 · 076
对工作的细节要高标准、严要求 · 080

第六章　责任是执行力的核心

落实责任是解决问题的关键 · 086
想法再好，不落实就是零 · 090
衡量人才标准：责任能力 · 094
责任心促进执行力 · 098
“要我落实”不如“我要落实” · 102

第七章　从我做起，打造企业责任链

106 · 蝴蝶效应：没有孤零零的责任
109 · 企业中的“责任共同体”
113 · 责任有界限
116 · 领导更放心授权给负责的人
121 · 共同构建负责任的企业文化

第八章　责任保证业绩，责任提升业绩

126 · 业绩是检验责任的最有效标准
129 · 对结果负责，才是真正的负责
135 · 不要满足于尚可的业绩
138 · 把责任留给自己，把业绩留给企业

第九章　在负责任中走向卓越

142 · 成功属于负责任的人
148 · 承担多少责任，获得多少回报
152 · 超越责任，成为企业最优秀的员工
155 · 从尽职尽责到尽善尽美

第十章　负责才能敬业，敬业才能兴业

164 · 敬业源自对工作的责任心
167 · 在老板眼里，敬业的员工丢不得
172 · 敬业让弱者转变为强者
175 · 敬业是迈向成功的第一步

敬业让优秀成为好习惯 · 180
成功人士的秘诀：敬业负责是员工最大的能力 · 183
责任心决定你个人的竞争力 · 186
敬业是最好的工作能力 · 189
敬业才能创造出最大的价值 · 193

第十一章　责任心：带着满腔热情去工作
在其位就要谋其事 · 198
成功者会把卑微的工作做到极致 · 202
守住你的位置 · 206
比盖茨更热爱工作的人 · 209

第十二章　负责任的人最快乐
乐在其中的敬业者 · 214
成功取决于热忱，热忱来源于责任 · 219
为自己的负责任喝彩 · 226
保持最佳的精神状态 · 229

第十三章　负责任是真正的大智慧
偷懒和磨蹭是成功杀手 · 234
登顶人士的共同特点 · 237
成功者都有一个共同的特点 · 241
“做正确的事”远比“正确地做事”更重要 · 245

第十四章　不负责，无专业

250 · 负责促使专业提升
253 · 责任心：干一行，爱一行，通一行
260 · 核心技能，让你不可代替
264 · 负责的人到哪里都能有饭吃

第十五章　用主人翁意识，锻炼员工负责精神

270 · 没有不该承担的责任，只有不愿承担的责任
273 · 实干负责，企业创收
276 · 认真负责，攻克难关
279 · 坚守职责，问心无愧
282 · 负责是主动自发的
285 · 责任根植于心，表现更加优秀
288 · 负责的人在面临挫折时不会被压垮
291 · 不抛弃，不放弃

<<<第一章

责任：实现成功的根本

一个负责任的人，什么工作都能做好

有这样一个故事：

有个乞丐一天遇到了上帝，他请求上帝满足他三个愿望，上帝答应了他。乞丐的第一个愿望是要变成一位有钱人，上帝立刻满足了他。成为有钱人后，乞丐又希望自己能年轻40岁，上帝挥挥手，老乞丐就变成了二十多岁的小伙子。

乞丐兴奋极了，接着又向上帝提出第三个愿望：一辈子不要工作。上帝又答应了他，但是这次乞丐立刻变回了原来的他——一个整天在路边街角乞讨的又老又脏的乞丐。乞丐很是不解地问："这是为什么？我为何又一无所有了？"

上帝说："工作是我能给你的最大财富。想一想，如果你什么都不做，整天无所事事，那将是多么可怕！只有不断投入工作，生命才有活力。现在你居然把我给你的最大恩赐都扔掉了，当然就像以前那样一无所有了。"

我们可能不会像乞丐那样一贫如洗，那样渴望成为有钱的闲人，但不可否认的是，每个人都或多或少地有着过上不劳而获安逸生活的欲望。这种想法的本质就是轻视劳动，忽视了工作是生命的重要历程。

在这个世界上，没有不需要承担责任的工作，相反，你的职位越高、权力越大，你肩负的责任就越重。二战期间英国首相温斯顿·丘吉尔曾说过：“伟大的代价就是责任。”因此我们都是一群负有使命的人。

而如今的社会，在浮躁的、急功近利的社会风气下，责任感似乎正在缺失。而与之相伴的，则是惨剧的发生。

事情发生在内蒙古丰镇市第二中学，和以往一样，晚上7点，补课结束。一千五百多名学生在从该校教学楼东西两个楼道口下楼时，一段楼梯护栏突然坍塌。由于没有灯光，再加上楼道内拥挤，致使下楼至此的学生不断摔下楼梯，最终酿成21人死亡、47人受伤的惨剧。

仅一天时间，警方就公布了事故调查结果：事故的起因在于学校基础管理工作混乱。原因有四：其一，事故发生地的楼梯12盏灯中1盏没有灯泡，11盏不亮。事故发生当天下午，还有老师向校长反映灯泡照明问题，校长以“管灯泡的人员不在”为由，未及时处理潜在的安全隐患；其二，技术监督部门怀疑丰镇二中教学楼楼梯护栏实际使用的钢筋强度不够；其三，学校在这座教学楼未经验收的情况下就投入了使用；其四，事故当天，应该带班在岗的校长正与教委、本校和其他学校的18位老师在当地一家饭店喝酒。

事实上，从楼体建筑，到技术监督，到设施配置，到老师的管理，如果上述每一点都有责任感存在的话，这场惨剧就完全可以避免。责任感的缺位，把21名学生鲜活的生命推向了死亡的深渊，致使一切到了无法挽回的地步。

这就是没有责任感需要付出的惨痛代价，这就是责任给每一个人敲响的警钟。一个人的价值，不在于他得到了多少，而在于他付出了多少；一个人的声誉，并不决定于他的权力有多大，而决定于他承担了多大的责任。

为富不仁者之所以被人唾弃，位高权重却昏庸无能的家伙之所以被人赶下台，都是因为他们缺乏责任。一个履行自己天职的人，有什么回报不能获得呢？一个负责任的人，有什么困难不能克服呢？一个负责任的人，有什么工作做不好呢？

选择工作就意味着选择了责任，你在什么职位就应该承担什么样的责任，这是无可厚非的。可是这么简单的事情，许多人就是不理解。例如，老板让一个员工去擦8遍桌子，他可能只擦5遍就算完成任务了，理由是：桌子第五遍的时候已经很干净了。有些人进了机关就是不愿意做拧螺丝、扫地、倒开水的工作，即使在这个岗位，工作也是很被动的：地一定要到脏了才去扫；螺丝一定要到脱落了才去拧，有时要到领导提醒了才去拧。这样的员工有成功的可能吗？社会的分工一般情况下是根据人的知识和能力来进行分配的，工作就意味着要承担相应的责任。

如果说一个清洁工不能忍受垃圾的味道，那他还能成为合格的清洁工吗？如果说一名车床工人，时常抱怨机器的轰鸣，那么他还怎样成为优秀的技工呢？记住，这是你的工作！

无数成功人士的人生也无不体现出一种高度负责的责任感、使命感，无数的成功企业也把“责任”这一理念融入每个员工的血液之中……

成功的萌芽：保持责任感

“使命”这一词，常常出现在宗教、艺术等领域内，但微软公司的总裁比尔·盖茨却认为“使命”这个词在工作中也有着十分重要的意义，它是一个人职业精神不可分割的一部分。

工作是上天赋予的使命，把自己喜欢的并且乐在其中的事当成使命来做，就能发掘出自己特有的能力。其中最重要的是能保持一种责任感，即使是辛苦枯燥的工作，也能从中感受到价值，在你完成使命的同时，会发现成功之芽正在萌发。

古希腊雕刻家菲迪亚斯被委派雕刻一座塑像，当菲迪亚斯完成雕像后要求支付薪酬时，雅典市的会计官却以任何人都没看见菲迪亚斯的工作过程为由拒绝支付薪水。菲迪亚斯反驳说：“你错了，上帝看见了！上帝在把这项工作委派给我的时候，他就一直在旁边注视着我的灵魂！他知道我是如何一点一滴地完成这座雕像的。”

每个人心中都有一个上帝，菲迪亚斯相信自己的努力上帝看见了，同时他坚信自己的雕像是一件完美的作品。事实证明了菲迪亚斯的伟大，这座雕像在2400年后的今天，仍然伫立在神殿的屋顶上，成为受人敬仰的艺术杰作。

雕刻塑像是神赋予菲迪亚斯的伟大使命，他不仅出色地完成了这个使命，而且还把使命的意义向人们传达出来。

对于我们每一个人而言，工作便是一种使命。在自然界，任何一个物种的生存都是建立在辛勤劳作的基础上的，人类也不例外。人类需要通过劳动来获得生存的物质保障，因此，我们每个人生来就是有使命的，我们也要将我们的工作当作使命来对待。

美国最大的化妆品直销公司玫琳凯的创始人玫琳凯·艾施便是一位自始至终都以丰富女性生活为使命的人。也正是她的使命感让她成就了一份美丽而伟大的事业。《福布斯》杂志就曾将她与美国石油大亨摩根、汽车大王福特、软件大王比尔·盖茨相提并论，称他们是200年来最具传奇色彩并获得巨大成功的人，她是其中唯一的女性。1999年，她又作为唯一的商界人士与科学家居里夫人及诺贝尔和平奖获得者特蕾莎修女一同被评为20世纪最有影响力的妇女。几十年来，玫琳凯已成为女性热情、优雅、美丽和成功的代名词。

玫琳凯的成功是与她内心深处那崇高的使命感分不开的。1918年5月12日，玫琳凯出生在得克萨斯州霍特韦尔斯一个贫困的家庭。不久，全家搬到了休斯敦。从6岁起，玫琳凯就不得不一边与母亲在外打工挣钱养家糊口，一边照顾她得了肺结核的父亲和自己的弟妹。所以，小小年纪的玫琳凯承担起了家庭的重任，而这些苦难的经历也让她从小就坚强而自立，并且对家庭充满了使命感。后来，玫琳凯在一家礼品公司一直干了30年，她在那里工作也一直非常努力，每件事都做得非常棒。但是在她42岁那年，她本该晋升为主管，却被一位男士捷足先登。她的老板给她的回答是："玫琳凯，你是我们公司最优秀的员工，但是，你是一个女人！"老板的话深深地刺痛了玫琳凯，她为自己作为一个女人的不公平待遇而悲哀，然而，这样的遭遇又何止她一个人在遭受，还有成千上万的女性在遭受和她一样的悲惨命运。一种想要改变女性命运的强烈的使命感让玫琳凯拿出了她所有的积蓄——35万美元，开始了她的创业。在强烈的使命感的驱使下，她坚强地战胜了一切困难，她的事业蒸蒸日上，并最终成就了一份粉红的传奇事业，让无数女性有了属于自己的一份事业，让无数女性在经济上获得了独立，同时也改变了无数女性的命运，而玫琳凯也最终完成了她的使命。

在取得成功后，她仍旧坚持每天工作，并且是一如既往地努力着，用她自己的一句话来形容就是："社会需要的是有使命感的人，社会最终也会回报那些有使命感的人。只有使命感才能让一个人伟大！”

玫琳凯自始至终都将工作本身看成是一种神圣的使命，并一直将其贯彻到公司的文化理念当中。正是这样一种使命感创造了一个又一个奇迹，同时也造就了无数生命个体的人生辉煌。

强烈的使命感能唤醒一个人的良知，也能激发一个人的潜能。一个人如果具备了强烈的使命感，一定会目标明确、生气勃勃，面对任何艰难困苦的挑战绝不犹豫退缩。

“运送包裹，使命必达”是联邦快递的使命，也是每个联邦快递人的使命，面对这个使命，每个人除了绝对执行，不允许有任何借口。背负着强烈使命感的联邦快递人用自己绝对服从的行动捍卫了公司的使命。

1998年，宾夕法尼亚州发生洪灾，纳克小镇被大水包围。当时，联邦快递有一笔业务，每周五为小镇中的一位病人递送药品。这天到了周五，大水丝毫没有减退的趋势，想到小镇中的病人此刻可能正处于病痛中，急需药品送达。当地的递送员杰克决定涉水去送。他将药品安放铁盆中，半泅着到达小镇，及时把药品送到病人家属手中。杰克也因此获得了联邦快递授予的“金鹰奖”。

2000年，有一个客户从国外快递了一些药给一位中国病人。因为风雪天气，飞机航班延误了，又赶上春节假期。一位李姓员工就放弃自己的假期，坐了两天火车，最终及时把药送到了客户手上。

这些优秀的联邦快递人在执行使命时，从不找借口，自动自发地工作，他们想到的只有：执行，执行，送达包裹！他们用绝对服从使命的行动向人们证明了他们不辱使命。

从这些不辱使命的人的身上，我们看到，以公司的发展为使命是忠诚、敬业的思想基础。有了这样的思想基础，才能够尽职尽责地做好本职工作，成就自己的一番事业，铸就企业的辉煌。《福布斯》杂志的创始人B. C. 福布斯曾经说过：“做一个一流的卡车司机比做一个不入流的经理更为光荣，更有满足感。”没有不重要的工作，只有看不起工作的人。以公司的发展为使命，就能够在平凡的岗位上干出一番事业来。

引导一个人走向成功的磁石，就是由使命感而迸发出的真实、乐观和炽热的热情。具备了这三种品质，我们也就得到了全力以赴完成工作的无限力量。

因此，今天不管你在什么领域、什么岗位工作，你都应该视自己的工作为神圣的使命，如同有使命感的牧师将他的工作当成一种使命一样，我们每个人都必须肩负起自己的使命，在自己的职责范围内完成自己的使命。工作是人的天职，是实现人生价值的方式，抱着神圣的使命感去工作，你必将走上成功之路。

在我们的生命中，有近乎1/3的时间都在工作。从某种意义上说，生命就是在工作中度过的，因此我们应该让自己的生命更加色彩斑斓。所以把工作当成一种信仰，生命才不会虚度，才有了一种信念的支柱。在工作中，用一颗虔诚的心来完成，你会发现工作如同生命一样多彩。

对工作负责是给他人也是给自己最好的礼物

工作对于每个人来说，都具有极大的价值与意义。我们从工作中所获得的一切、所享受到的一切，都不是平白无故的，而是许多人共同创造、奉献给我们的，这其中便包括我们的老板。

老板给了我们一个机会，给了我们一个平台，为我们提供了工作环境、办公设备和各种福利，使我们成就了自己的事业与梦想，也实现了自己的人生价值。这是生命中最珍贵的一份礼物！工作是老板送给员工的最珍贵的礼物，没有老板，员工也就没有工作机会。

在这个平台上，我们还有可敬的同事们。在老板创造的这个运营机器上，有管理部门、生产部门、销售部门，试想一下，不论身处哪个部门，若没有其他部门同事的工作、本部门同事的配合，我们能实现自己的劳动价值吗？我们不论身处哪个部门，都要与其他部门同事、本部门同事相配合，在这里，我们与他人建立友谊，融入团队，产生归属感和荣誉感。要知道，老板、同事、合作伙伴、客户，他们对我们都是有恩德的，因此，无论我们取得了多大的成就，身处什么样的地位，都应该对工作心存感激，培养自己的感恩之心、回报之心。

微软总部的办公楼里有一位临时雇用的清洁女工，在整个办公楼几百个雇员里，她是唯一没有任何学历、工作量最大、拿薪水最少的人。

可她却是整个办公楼里最快乐的人！

每一天，甚至是每一分钟，她都在快乐地工作着，对任何一个人都面带微笑，对任何人的要求，哪怕不是自己工作范围之内的，也都愉快并努力地跑去帮忙。

热情是可以传递的，周围的同事很快被她感染，有很多人和她成了好朋友，甚至包括那些公认的冷漠的人！没有人在意她的工作性质和地位。她的热情就像一团火焰，慢慢地，整个办公楼都在她的影响下快乐了起来。

比尔·盖茨很惊异，就忍不住问她："能告诉我，是什么让你如此开心地面对每一天呢？"

"因为我在为世界上最伟大的企业工作！"女清洁工自豪地说，"我没有什么知识，我感激公司能给我这份工作，可以让我有不菲的收入，足够支持我的女儿读完大学。而我对这美好的现实唯一可以回报的，就是尽一切可能把工作做好，一想到这些我就非常开心。"

比尔·盖茨被女清洁工那种感恩的情绪深深打动了，他动情地说："那么，你有没有兴趣成为我们当中正式的一员呢？我想你是微软最需要的人。"

"当然，那可是我最大的梦想啊！"女清洁工惊讶地说道。

此后，女清洁工开始用工作的闲暇时间学习计算机知识，而公司里的任何人都乐意帮她，几个月后，她成了微软的一名正式雇员！

这位女清洁工对于工作的认真，让人们感觉到她把工作当成了这世界上最神圣的事情和最美丽的馈赠，以这样的心情工作，任何一个老板都会为之动容的！正因为如此，500强企业的门槛毫不犹豫地向一无所有的她敞开了！

应该把上司交给你的重任，看作是上司对你的信任，也看作是提高能力的大好机会。如果这时贸然拒绝，会影响你在上司心目中的地位。仔细想一想，能有一大堆工作去做，说明你的能力极强，你只要耐心地有计划、有步骤地把每件事情做好，就一定能取得你意想不到的好结果。

汽车公司的普通员工卡罗·道恩斯，工作了六个月之后，想试试是否有提升的机会，于是直接写信向老板自荐。老板答复说："你去新厂安装机器设备吧，但不一定保证加薪。"

道恩斯没有受过任何工程方面的训练，根本看不懂图纸。但是，他不愿意放弃任何机会。于是，他发挥自己的领导才能，自己花钱找到一些专业技术人员提前完成了任务，结果，他不仅获得了提升，薪水也增加了10倍。

“我知道你看不懂图纸，”老板后来对他说，“如果你随便找个借口推辞，我就开掉你。但是你却认识到了自己的不足，并主动提升自己的能力来完成任务，这种精神我很欣赏，所以决定重用你。”

如果你做每一件工作都能认真负责、热忱友善、不计报酬，那么，你就将自己与那些花费大部分时间关心休息、福利、薪水和下班时间的人区别开来了。对工作负责，会让你在不知不觉中提升自己的能力。因为你不断地意识到不足，用心地改进，自然而然会使能力得到加强。

负责是优秀与平庸的分水岭

尼尔·卡尼曼是一位诺贝尔经济学奖得主，他特别迷恋美式足球，是一位铁杆球迷。他从不错过每年1月份的季后赛，原本一场60分钟的比赛，少不了犯规、换场、中场休息、伤停补时、教练叫停等，这样要耗费很多时间。花这么长的时间在电视机前看比赛，尼尔·卡尼曼感到很浪费时间，甚至产生了罪恶感。然而，球赛又不能不看，为了在心理上找到平衡，他决定给自己找点事干。

他记得自己曾经从后院捡了两大桶核桃，于是就把这些核桃搬到客厅里，一边看电视，一边敲核桃，这样或许能让自己心安理得一些。

尼尔·卡尼曼边看球边敲核桃，同时还在不停地思考：为什么自己长时间坐在电视机前会有罪恶感？为什么自己这么一会儿没工作就心里觉得不踏实？尼尔·卡尼曼在不断地敲核桃的过程中悟出了一个道理：社会赞许工作，工作不仅对个人有好处，对其他人也有好处。如果一个人饱食终日，无所事事，那么除他自己的得失之外，别人也享受不到他从事生产带来的“交换价值”。我们赞成尼尔·卡尼曼的观点，社会对工作赋予道德上正面的价值，直接或间接地促进了社会的发展和进步。如果有一天人类停止了劳动，那就意味着人类社会自身的毁灭。人们工作除为赚钱以外，还可以满足心理上的欲望，并借此肯定人生的价值，实现人生质的飞跃。从这个意义上说，工作是我们要用生命去做的事，努力工作的人才是快乐的。

正如蜜蜂的天职是采花造蜜一样，人的天职是工作。如果你总是以糊弄的态度对待自己的工作，不认真对待它，那么你不仅会在工作上丢失很多，而且也会让你的生命失去很多。

责任能够让一个人具有最佳的精神状态，精力旺盛地投入工作，并将自己的潜能发挥到极致。在责任的内在力量的驱使下，我们常常更容易油然而生一种崇高的归属感和使命感。当我们把工作当成一项伟大的事业，用整个生命去实践的时候，人生往往更容易激发出绚烂的色彩。

每天清晨，当我们沐浴在感恩之情的光晕之中，洋溢着活力折射出来的催人奋进的力量之时，内心将是何等的喜悦而充实。工作中抱紧责任，我们将会收获到上苍一切丰富的馈赠。世界500强的员工们都深深地懂得，唯有责任才能保证一切：机会、荣誉、效率、竞争力、卓越、成功等，所有的一切都必须在责任的天空下获得；主动、激情、进取、忠诚、勇气、勤奋等，这些都要在责任的驱动下才能更好地展现。企业需要负责的员工，负责任的员工是企业能够正常运行的芯片。

“己欲立而立人，己欲达而达人。”如果我们竭尽全力、尽职尽责地去工作，不管结果如何，我们都是真正的赢家。因为勇于负责，充满责任感去工作，每个人都会获得成功最高的褒扬——责任本身就是一种奖赏！

认真负责的态度是每一个优秀员工都应当具备的。对工作认真负责，对别人认真负责，结果都是对自己负责。

认真负责的品德就是一切都力求完美，虽然任何事情都很难达到完美的程度，但是认真负责的员工绝不放弃对它的追求。如果你能这样做，并将其融入自己的个性品格之中，那么不管你能力大小，你的事业将会更加出色，你的业绩会更加突出，你的成功也更值得人们赞赏。

认真负责的精神对人的一生有着不可估量的影响。差之毫厘，谬以千里。平庸与优异，一般与最好之间存在着巨大的差别。无论在思想上还是日常生活中，无论是私事，还是公务，始终坚持高标准、严要求，一丝不苟地去完成，我们就会有一种向上的精神和崇高的使命感。这是一种自甘平庸的人所缺少的重要品质。只要我们对自己所做的一切精益求精、认真负责，我们终究会磨炼出超人的才华，激发出那潜伏的高贵品质。

有不少人因为养成了敷衍、马虎的不良习惯，以及对手头工作应付了事的消极态度，终致一生处于社会的底层，永远没有成功之日。

考察一个员工的品质，不需要听他太多的表白，你只要看他在工作中的表现就足够了。认真负责不是一时一事的要求，而应该成为每个人一生一世的追求。

一家服装厂的一名业务员为单位订购一批羊皮，在合同中写道："每张大于4平方尺、有疤痕的不要。"需要注意的是，其中的顿号本应是句号。结果供货商钻了空子，发来的羊皮都是小于4平方尺的，使订货者哑巴吃黄连，有苦说不出，损失惨重。

旧金山一位商人给一个萨克拉门托的商人发电报报价："一万吨大麦，每吨400美元。价格高不高？买不买？"而萨克拉门托的那个商人原意是要说"不。太高"，可是电报里却漏了一个句号，就成了"不太高"，结果这一下就使他损失了上千美元。

粗心、懒散、草率等这样一些字眼，正是工作不负责任的一种表现。好多这样的人，比如职员、出纳、编辑、工程技术人员甚至大学教授等，就是因为工作粗心马虎而丢掉了工作。

作为一名在职员工，自己应该做的事情一定要保质保量完成。不要以为自己不做会有人来做；也不要以为自己丁点儿不负责不会被人发现，不会对企业有什么影响；也不要只注意数量而不在意质量，草草地完成数量任务。

让自己具有强烈的责任感，养成认真负责的习惯是对人生最大的奖赏，对一个成功的员工来说更是如此。有没有认真负责的品德正是优秀员工和平庸员工的分水岭。优秀员工无论做什么，都力求达到最佳境地，丝毫不会马虎；无论在什么岗位上，都会尽心尽力，从不疏忽大意。平庸员工恰恰相反。

霍华德和沃尔夫都是一家天然气公司的货运司机，霍华德已经在这家公司待了二十多年，沃尔夫则是半年前才应聘到这家公司上班。

沃尔夫常常嘲笑霍华德对于工作过于一本正经，用他的话说就是“如此简单而卑微的工作，实在没有必要把它太当回事儿，只要我们能够保住这个饭碗，维持一家人的生活就足够了”。可是霍华德却不这样认为，他在每一次出车前都要认认真真地检查车辆的状况，还要检查车上的天然气罐是否会出现泄漏。在沃尔夫眼中，霍华德所做的一切都是“多此一举”。可是当那件事情发生之后，沃尔夫不再这么认为了，而且他也为自己感到幸运，幸亏霍华德凡事认真，否则自己早就一命呜呼了。

那天沃尔夫准备和霍华德一起去送一批货，他已经跳上了车，可是正在检查自己车上货物的霍华德看到了沃尔夫车上有一罐天然气没有封紧，而且沃尔夫的汽车底下还有漏油。工程人员迅速把那罐有问题的天然气换下，沃尔夫的汽车也因问题严重而停止营运。结果就在同一天，他们的另一位同事因遇上了和沃尔夫同样的问题而在行驶途中车毁人亡——他也像沃尔夫一样没有提前检测车辆和天然气罐，但他却不像沃尔夫一样好运，有霍华德在身边。作为公司员工，应该将责任根植于你的意识中。负责，就是要为自己所从事的工作和接受的任务承担责任，绝不推卸。你应该经常问自己：我的工作是什么？是否将我的工作当成一种责任来看待？

让自己具有强烈的责任感，将责任根植于意识中，会让你树立起个人品牌。做事先做人，做一个勇于承担责任的人，做一个了解组织与他人需要的人。这样的人，是公司需要的人，公司会把机会更多地给这样的人，他们在公司中会快速成长。当然，这些也是树立个人品牌的关键。每个人的工作最终其实是对自己的未来负责，是对个人品牌负责。当一个人被评价为“不负责任”或者“没有责任心”时，这个人基本上就没有职业发展前途了。

将责任根植于意识，会让你迎接圆满、成功的工作。想过圆满生活的人，他们愿为自己及他人的成功承担责任，他们知道成功和失败仅是他们自己行为的结果。失败是一个石阶，是一个使你做好准备实现目标的教训！

责任是工作的第一原则

德国是马丁·路德宗教改革的发源地，路德给德国人带来一个新的概念，那就是“天职”。在德语的Beruf(职业、天职)一词以及英语的Calling(职业、神谕)一词中，都包含着宗教的概念：上帝安排的任务。

也就是说，对于一个教徒来说，他做一样工作，生产一件产品，并不是为了工资、为了谋生，而是为了完成上帝安排的任务。可想而知，这与只是为了对得起所拿的那份工资相比，在工作态度的严谨与认真程度上会有太多的不同，制造出来的产品在品质上又会有太多的不同。

在天主教里，人们要得救，需要进教堂，并要苦修。在路德改革后的新教教义中，德国人的工厂就是教堂，他自己就是牧师，他的职业就是侍奉上帝的工作，这一切成为“德国制造”的精神基础。

总体来说，路德及其后来路德教派的职业思想至少在三个层面上深刻地影响了德国人：

一是将工作视为神圣之事，并以虔诚的态度去从事工作。

二是尊重自然形成的分工与合作，不过分注重职业的形式。

三是安心于本职工作，有良好的职业精神。

正是凭借工作态度最好的工人、最好的分工与合作精神，以及最优秀的职业精神，德国产品后来居上，成为全世界精良产品的代名词。

人们有时候做事情，或多或少会受到情绪和欲望的影响，不能做出正确的判断和正确的行为指令。斯密认为，在这时，就要遵守一些已经形成的行为准则，称作“义务感”，或是责任感。

责任是我们工作的唯一原则，基于责任感的行为，可能不是最合宜的，但一定都是在别人能接受的范围内的。有责任感的人，善于掌控自己的情绪。责任感可以使一个生活在社会中的人，不会做出太“出格”的事情，会得到别人的尊重和信任。

无论你从事什么样的工作，只要你能认真地、勇敢地担负起责任，你所做的就是有价值的，你就会获得尊重和敬意。有的责任担当起来很难，有的很容易，无论难易，不在于工作的类别，而在于做事的人。只要你想、你愿意，你就会做得很好。

有人说，假如你非常热爱工作，那你的生活就是天堂，假如你非常讨厌工作，你的生活就是地狱。因为在你的生活当中，有大部分的时间是和工作联系在一起的。不是工作需要人，而是任何一个人都需要工作。你对工作的态度决定了你对人生的态度，你在工作中的表现决定了你在人生中的表现，你在工作中的成就决定了你人生中的成就。所以，如果你不愿意拿自己的人生开玩笑，那就在工作中勇敢地负起责任。

美国独立企业联盟主席杰克·法里斯曾对人说起少年时的一段经历。

在杰克·法里斯13岁时，他开始在他父母的加油站工作。那个加油站里有三个加油泵、两条修车地沟和一间打蜡房。法里斯想学修车，但他父亲让他在前台接待顾客。当有汽车开进来时，法里斯必须在车子停稳前就站到车门前，然后检查油量、蓄电池、传动带、胶皮管和水箱。法里斯注意到，如果他干得好的话，顾客大多还会再来。于是，法里斯总是多干一些，帮助顾客擦去车身、挡风玻璃和车灯上的污渍。

有段时间，每周都有一位老太太开着她的车来清洗和打蜡，这个车的车内地板凹陷极深，很难打扫。而且，这位老太太极难打交道，每次当法里斯帮她把车准备好时，她都要再仔细检查一遍，让法里斯重新打扫，直到清除完每一缕棉绒和灰尘，她才满意。

终于，有一次，法里斯实在忍受不了了，他不愿意再伺候她了。法里斯回忆道，他的父亲告诫他说："孩子，记住，这就是你的工作！不管顾客说什么或做什么，你都要做好你的工作，并以应有的礼貌去对待顾客。"

父亲的话让法里斯深受震动，法里斯说道："正是在加油站的工作使我学习到了严格的职业道德和应该如何对待顾客，这些东西在我以后的职业生涯中起到了非常重要的作用。"

责任是我们行动的唯一原则，既然从事了一种职业，选择了一个岗位，就必须接受它的全部，就算是屈辱和责骂，这也是工作的一部分，而不是仅仅只享受工作给你带来的益处和快乐。

面对你的职业、你的工作岗位，请时刻记住，这就是你的工作，不要忘记你的责任。工作呼唤责任，工作意味着责任。

坚守岗位，完成任务，这就是我们所说的岗位责任。如果一个人，他做事颠三倒四，常常疏于职守，而你是公司老板，在分派任务的时候，你会信任这样的人吗？在提升职位的时候，你会首先考虑他吗？当然不会！

在今天这个时代里，虽然到处都呈现出一片日新月异的景象，为人们提供了很多发展自己人生和事业的机遇，但是受社会影响，许多人的身上也滋生出了一种自由散漫、不受约束、不负责任的毛病。他们认为，在这个时代里，谋求自我实现、自我发展、自己创业当老板是件天经地义的事，而忘了只有责任感才能够让个人的价值得到实现，也只有具备尽职尽责精神的人，才会受到别人的重视和提拔。

工作的底线是尽职尽责。改变态度，努力培养自己勇于负责的精神，你将成为工作与生活中的赢家。

第二章

在老板眼里，责任永远胜于能力

责任承载能力，负责才能展现能力

萨拉想当一名护士，她对一位在地方医院担任夜间领班护士的邻居羡慕不已。这位护士由于工作勤奋——认真完成自己的本职工作，多次获得荣誉称号。

萨拉十分渴望能够像这位邻居那样做出成绩。萨拉决定向她理想中的目标迈出第一步，即穿上条纹制服，到医院里去担任服务工作。萨拉坚信自己适合干护士工作，因为在她看来，穿上条纹制服是那么有趣。

但她总是跟伙伴们一起叽叽喳喳地聊天，在公共食堂里休息，而在履行自己的职责时则显得拖拖沓沓。病人抱怨说，由于她贪看病房里的电视，病人想喝水也不得不长时间地等待。她受到院方的警告，随后就退出了服务活动。

萨拉在医院的表现状况不佳，这对她日后进入护士学校是个不小的障碍。为了证明她有能力担负起自己的职责，她不得不比同学们做出更大的努力。

护士的工作需要极强的责任感和使命感，这是萨拉所没有意识到的。她把护士工作作为理想，却没有用行动去实现这个理想。萨拉的故事告诉我们，履行职责才能体现你的能力，才能证明你自己的水平。也只有认真地履行职责，才能让你更称职。

技能都是练出来的，不管你怎么练，最重要的一条是，不能有畏惧困难的情绪，要勇于挑战高难度工作，这样的员工是企业最受欢迎的人。而能够正确面对压力，通过积极的努力，化压力为动力，最终出色地完成任务的员工，将会在同事中脱颖而出，得到企业和社会的高度认可。

经常会有些员工抱怨：“我已经尽了力，尝试了多次，可就是不见成效。”尽管他尝试了很多，却都是在觉得事情已经没有希望时放弃了再尝试的念头。缺乏自信的人在工作中遇到困难时，只会停下工作，知难而退，而不会去考虑是否有别的可行办法。

比如，在工作中经常会遇到这种情形：工作堆积如山，压得你喘不过气来，不知从何入手，而这时上司却偏偏又给你布置下来新的任务。假如这样的话，你千万不要有任何怨言，或表现出不耐烦的情绪，不然很可能会让上司认为你没有能力，或缺乏工作热情。

袁政海是江西省江铃集团模具厂模具班班长，1990年进入江铃模具班组工作，在工作中一直尽职尽责，用自己的行动诠释着责任的内涵。1994年，江铃集团为了培养自主开发制造超大型模具的能力，决心自制TFR大型纵梁复合模。袁政海承担模具的气动翻转、自动卸料的装配和调整任务。当初设计上只有示意简图，制造难度相当大。但袁政海凭着过硬的本领，在研究大量国外引进模具结构的基础上，将各种管线与气动元件巧妙地布置在模体内，并使之翻转灵活，而且对模具部分结构、零件进行了修改，使其性能更加完善。此项目获江铃汽车集团公司技术进步一等奖。

袁政海开发出了全顺车下摆臂模具，此技术英国公司花费了3年时间而袁政海仅用了一年半就将其成功拿下了。这一次创新直接为江铃节约成本435万元。身负责任的袁政海不仅一次次用自己的创新为企业带来巨大效益，还不断地提升了自我的创新能力。

将近20年来，袁政海参与公司的技术改进项目达40多项，为公司节约资金近500万元。袁政海还创造出了3个“全国之最”：27岁，成为全国最年轻的高级技师、最年轻的全国技术能手；30岁，成为中华技能大奖最年轻的获奖选手。

袁政海还带出来一个优秀的班组，这个班组共有48人次获得全国技术能手，省、市劳动模范，“五一劳动奖章”，青年岗位能手等荣誉；

10名高级技师，比例之高全国少见；2名技师；16人持有4项以上技能的上岗证。106项技术攻关、技术改进项目获奖，技术革新项目170多项，创直接经济效益1300多万元。

正是履行职责，才能展现出自己出色的工作能力。如今，在越来越多的企业中，员工是否具有崇高的责任感已成为选人、用人、留人的重要标准。“责任”也演变成了企业的第一准则、最核心的价值观和卓越理念。

当上司交代的任务确实有难度，其他同事畏缩不前时，要有勇气出来承担，关键时刻显示你的胆略、勇气及能力，这样才能令上司对你另眼相看，为自己以后的发展打下基础。

不管你接受的工作多么艰巨，千万别表现出你做不了或不知从何入手的样子。惊慌失措是职场中最忌讳的，沉着镇静、处变不惊的人，才是职场最终的胜利者。上司都欣赏临危不乱的职员，因为唯有这种员工才有能力乘风破浪、独挑大梁。如果你有天塌下来都不怕的信心，那么出人头地必然指日可待。

把重大的责任放在一个人肩头上，并迫使他走入绝境，这样情势的要求自然会把他全部的潜能激发起来。这可以促使他提起精神，运用自己固有的能力，来完成任务。同时，其他的优良品质，比如自信、坚韧等，也往往因责任而养成。所以，如果重大的责任降临到你的身上，请开心地接受吧，它是你走向成功的绝好机会。

只有每个人在任“职”的同时，也能担起“责”，坚守自己的岗位责任，我们的生产、安全才能得到最有效的保证。

工作与责任，就像是一枚硬币的两个面——工作的本质是责任，工作是因为承担责任的需要而出现的。当我们拥有工作时，其实是在承担责任，一旦两者分离，就会给企业、给社会带来不好的影响。

责任感是认真工作的驱动力

在医院的病房里，住着两个相同的绝症患者，不同的是一个来自乡下，一个就生活在城市。

生活在城市的病人，每天都有亲朋好友和同事来探望，家里人探望时劝慰说："家里你就放心吧，还有我们呢，你就安心养病吧。"

朋友探望时说："现在你什么也别想，就一门心思养病就行。"

单位来人开导说："你放心，单位上的事，我们都替你安排好了，你现在的工作就是养病。"

而来自乡下农村的患者，看护者只有一个十几岁的小男孩，据说是他的儿子，他的妻子十天半月才能来一趟，或送钱，或送些衣物。妻子每次来，总是不停地说这说那，要丈夫为家里的事拿主意：快要浸种了，今年是种"六四"还是种"四六"？再过两天，他大伯就要嫁女了，你说送多少钱的贺礼啊？女儿说要跟她表姐出门，我还没有答应，这事要你拿主意……

几个月后，生活在城市里的病人在亲人的悲天怆地的哭声中永远地去了，而来自乡下农村的患者却奇迹般地活了下来。

静心想来，为什么会有这样的不同？那是因为，城里的病人在亲人、朋友、同事一声声"你放心吧""你安心养病吧"的安慰里，感觉到他们已经不需要自己，自己也失去了活着的价值，从而渐渐失去了战胜病痛的信心与勇气，于是在孤独寂寞与病痛中一点点地死去。

来自农村的患者，在妻子大事小事都要自己定夺、拿主意中，感觉到自己对于家人不可缺少，自己对家人有责任，意识到自己必须活下去，哪怕是仅仅给家人拿拿主意，于是一种强烈的求生欲望使他奇迹般地活下来。

生命中有一种责任的力量，在这种力量面前，没有什么是不可战胜的！为了明天有另一种阳光，照耀每个人的心房；为了明天宽广的大路，通向你我向往已久的辉煌，今天我们要有发展事业的目标，将“工作”与“责任”视为生命的希望，在责任的力量中，奋力前行！

在我国，曾经发生过这样一个故事：

一列火车奔驰在京广线上，一位孕妇临盆，列车员马上通知全车旅客，需要紧急寻找一位妇产科医生。正在大家心急火燎的时候，一位妇女走了过来，说她是妇产科的。列车长赶紧把她带进用床单隔开的“病房”。毛巾、热水、剪刀、钳子……全部到位了，只等关键时刻的到来。产妇由于难产而非常痛苦地尖叫。那位自称是妇产科的妇女开始慌张，她将列车长拉到“产房”外，告诉列车长她其实原来只是妇产科的一名护士，并且由于一次医疗事故已经被医院开除。今天这个产妇情况不好，人命关天，她自知能力不足，建议立即送往就近医院治疗。

列车行驶在京广线上，距最近的一站也还要行驶一个多小时，列车长郑重地对她说：“你虽然只是护士，但在这趟列车上，你就是医生，就是专家，我们相信你！”

列车长的话激励了护士，她迅速准备了一下，走进“产房”时又犹豫地问：“如果万不得已，是保小孩还是保大人？”

“我们相信你！”

护士很振奋，她坚定地走进“产房”。列车长轻声地安慰产妇，说现在正由一名专家在给她助产，请产妇安静下来好好配合。

出乎意料，那名护士几乎单独完成了她有生以来的最为成功的一次手术，婴儿的啼哭声宣告了母子平安，全车人欢呼雀跃，那位护士瞬间成了英雄。

因为责任，因为大家的信任，她终于战胜了自己，完成了使命，也找回了自己的信心和尊严。

在生活中，有些事情我们可以不去做，但责任要求我们去做，甚至要求我们完成一些很难完成的事情。如果你做到了，得到的不仅仅是心理上的坦荡和安然，你的精神和责任还会感染别人，别人也会因为你的感染而更有责任感。

责任越大，机会越多

从前有位穷人，他只有一小块土地和一小袋种子。到了耕种的季节，他每天天不亮就起床下地干活，精心地在自己贫瘠的土地上播种。到了晌午，太阳火辣辣地照在肩膀上，他就来到一个树桩边休息。当他坐下的时候，一小把种子顺着他的口袋滚了出来，掉进了树桩下的洞里。

“唉，它们在这里根本没办法生长，”这个人叹息道，“即使这么一点种子，我也丢不起。”于是，他回到地里拿来铁锹，开始在树桩的根部挖。天气越来越热，汗水顺着他的后背、额头往下淌，他根本无暇顾及这些，还是在那里认真地挖。最后，他终于在一个深埋在地下的铁盒子上找到了它们。他打开盒子，发现里面全都是黄金——这足够让他后半生都衣食无忧，过上幸福快乐的日子。后来，人们总是对他说：“你一定是世界上最幸运的人。”

“是的，我很幸运，”他说，“但我日出而作，在炎热的天气里挖种子，我没有浪费掉一粒种子，况且那些金子也是我用劳动的双手挖出来的，不是从天上掉下的馅饼。”

任何一项工作都蕴含着无限的成长机会，机会也总是光顾那些努力工作的员工。不必为自己的前程烦恼，一切尽在努力工作中，努力工作能让你迅速成长起来。有付出才有收获，这是自然规律。当从一个初出茅庐的新手成长为一个熟练、高效的员工时，你实际上已经从工作中获益很多。

责任和机会是成正比的，没有责任就没有机会。责任越大机会越多，谁承担了最大的责任，谁就拥有最多的机会。拥抱责任，就是把握机会；靠近责任，才能赢得机会；承担责任，才能迈向成功；尽到责任，最终让你脱颖而出。

工作所给你的，不仅有物质上的回报，也有精神上的快乐。如果你能把工作当作一种学习的过程，那么，你会发现每一项工作中都包含着很大的乐趣，包含许多个人成长的机会。

如果你将工作视为一种积极的学习经验，那么，每一项工作中都包含着许多个人成长的机会。成功者的经验证明：付出世界上最多的辛劳，才能获得世界上最大的幸福；要想获得最大的成就，必须奋斗，才能成功。

“机会”总是藏在“责任”的深处，只有聪明的人，才能够看到机会究竟藏在哪里。拥抱责任的人，实际是抓住机会的人；逃避责任的人，看似世事通达，实际是放弃机会的人。

当你觉得自己缺少机会或职业道路不顺畅时，不要抱怨他人，而应该问问自己是否负起了责任。

一个公司有三个大分厂，一分厂历来管理基础较好，但规模较其他两个分厂小一些。一分厂的厂长姓林，正是在他的一手经营下，一分厂才有了良好的业绩。

后来，董事长决定调林厂长到三分厂当厂长。

三分厂是公司规模最大、设备最先进、管理却是最混乱的一个分厂。之前已经有好几个厂长去那里，都无功而返。因此，得知调动消息时，林厂长很矛盾：不去吧，董事长可能不高兴；去吧，一旦搞砸了，想再回一分厂都不行了。而且，由于多年管理一分厂，一切工作运作程序早就规范化了，管理起来很轻松。

思量再三，林厂长还是答应调往三分厂，因为他意识到搞好三分厂这一重要责任的后面，隐藏着巨大的机会：如果搞好了，就可以进一步证明他的能力，就可以从所有分厂厂长中脱颖而出！

半年多的时间过去了，原来最混乱、生产能力最低的三分厂，一跃成为整个公司的生产管理标杆区，各项指标均占居首位。

责任就是机会，承担起责任的人，不一定马上得到回报，但总会得到应有的回报。董事长决定把三分厂的经营管理权下放给林厂长，并给他年薪80万元。

林厂长原来的工资，每月只有5000元！

林厂长不畏责任的担当，终于得到了应有的报偿。其实，无论你有多么普通，只要你敢于拥抱责任，那么机会也会被你握在手中。

谁都知道，一份工作就是一次机会。我们刚说的林厂长成长之路正是美国无数出色而有能力的劳动者的典范。这样的故事在当今社会已经屡见不鲜了。很多成功者都从事过普通的、最底层的工作，但是，和一般人不一样的是：他们从不抱怨这些公司，而是认真干好自己的本职工作，最终通过努力来证明自己的价值。

世界上最大的金矿不在别处，就在自己身上，而我们常常在别处不断地寻找。只要认真对待我们的工作，以一颗责任心面对我们的工作，在工作中不断思考，就能发现机会，创造不同凡响的人生。

机会从来不青睐毫无准备的人，财富也从来不垂青毫无准备的人。对于每一个平凡而普通的人来说，工作就是财富，工作就是幸福，我们应该做的，就是珍惜工作的每一天。

做一个有所准备的人吧！让自己珍惜工作的每一天，因为每一天机遇与财富都可能会降临在你的头上。

责任提升能力，承担责任让你更强大

一个人的能力有大有小，水平有高有低，哪怕他天资并不过人，哪怕他技艺并不精湛，但是只要具备了高度的事业心、责任感，就会生发出超凡脱俗的勇气和力量，从而全方位地挖掘自己的潜能，使他的才智达到极致，有时会做出令他人令自己都不敢相信的成绩。

在企业中也是这样的道理，职位和薪水越高的人，承担的责任就越大。能力和地位并不能成为逃避责任的借口，反而是更多承担的宣言。只有承载的多了，生命才能够升腾。同样，在职场中只有承担更多的责任，才能够获得更大的成长。

李为明只有三十多岁，在一家房地产公司任部门主管，多年来从事这一工作，让他在自己的岗位上游刃有余，工作起来得心应手。

一天，主管人力资源的副总把他找去谈话。原来有一位部门经理突然辞职，留下很多需要紧急处理的工作。副总已经和其他两位部门经理谈过此事，要求他们暂时接管那个部门的工作，但是他们都以手头上工作很忙为由委婉推辞掉了。副总问李为明能否暂时接管这一工作。实际上，李为明也很为难，因为他拿不准能否同时处理好两份繁重的工作。他仔细考虑了一段时间，同意接管那个部门的工作，并保证尽最大努力来完成。

接管后的第一天，李为明忙得不可开交。下班后他冷静下来，认真思考自己在新的情况下怎样在同一时间里完成两份工作。他很快制订出了方案，第二天就采取了行动。比如，他与秘书约定，把下属汇报工作集中安排在某一个时间；把所有的拜访活动都安排在某一个时间；除非紧急而重要的电话，一般的电话都集中安排在某一个时间回复；将一般会议由30分钟缩短为10分钟。这样，他的工作效率有了很明显的提高，两个部门的工作都处理得很好。

两个月后，公司决定把两个部门合并为一个部门，由李为明负责，并且给他大幅度加薪。

责任感可以激发我们的潜能，让我们创造出超乎想象的业绩。责任感可以激励我们战胜困难，取得成功。一个对自己前途负责的人应该经常自问："我还能承担什么责任？"而不是因循守旧地重复着毫无挑战性的工作。事实上，责任是提升能力的"催化剂"。

当然，一个人承担的责任越大，付出的就越多，这也是很多人不愿承担重任的原因，他们不想百分之百地投入。还有的人是不相信自己的能力，怕承担不了重任而陷入麻烦之中。其实，每个人身上都有巨大的潜能没有发挥出来。美国学者詹姆斯认为，普通人只发挥了蕴藏潜力的1/10，与应当取得的成就相比，只利用了身心资源的很小一部分。一旦你决定承担起责任，并努力去做好一些你担心无法完成的事情，往往能够圆满地完成。

责任是成就人生的基石，是完善自我、成就自我的翅膀。负责精神是改变一切的力量。如果你的职业陷入困境、事业步入低谷，不要抱怨和不满，要先问问自己是不是在承担责任之前就已经放弃了本应承担的责任。

在奇瑞有一位被称为"改善之神"的人，他就是李泉，是让每个奇瑞人都竖起大拇指的革新能手。几年来，李泉凭着一股负责的精神，将质量创新的触角伸向生产过程中的每个环节。在他众多事迹中，对涂装二厂生产线的改造是一个典型的例子。

奇瑞涂装二厂生产线是由著名的德国杜尔公司承建的，也是目前世界汽车行业第五条最先进的涂装线。尽管如此，这条涂装线依然有自己的缺陷，杜尔公司从给宝马设计的第一条涂装线开始，就一直没有办法保证白车身散件在电泳槽中顺利运行。由于电泳槽中每一分多钟就要

“出浴”一台车身，车身是以来回翻转的姿态通过电泳槽的，而每一种车型都有四门两盖，这些门盖在翻转过程中都必须固定，保证不能砸到电泳槽内壁，同时又要保证在下线时能迅速拆卸。如果届时门盖一旦打开，就会给生产线以及车身质量造成无法估量的损失。因此如何让门盖在经过电泳槽时不打开，连国际专家都难以解决，一般只能通过用铁丝捆绑来固定门盖。但就是这样一个国际难题，却被李泉通过制作辅具的手段轻易化解了。

同样，东方之子的行李箱盖由于尺寸和设计的不同，更是“危险分子”，特别是经过中涂面漆线的过程中，这个“盖”时刻威胁着沿线设备和车身的安全。鉴于此，李泉又根据东方之子的行李箱盖的特点重新设计制作了辅具——喷胶枪，使得这个行李箱盖根除了隐患。

仅仅以上两项技术革新，产生的经济效益经奇瑞财务部门核定超过了100万元。除此以外，李泉的产品质量改进成果多得数也数不清。据粗略统计，经他创新设计的产品涉及各个工段，除四种车型所用的十几种辅具外，另有许多用于工件存放和运输的新型设计在生产过程中使用。从涂装二车间前处理入口处到PVC粗密封、各类辅具的挂架、PVC工段散件摆放台、遮蔽板运输车设计后的再完善等，都有着李泉的发明创造。

提及为何在平凡的岗位上也会有如此杰出的成绩，李泉将此归结为责任的力量，是责任让他勇于创新，让他不断提升自己的工作能力。

一个人承担更多更大的责任，他获得的成长也就越大，几乎所有的经验都证明了这一点。所以，当责任来临时，我们不应有所畏惧，而是应该勇敢地去承担责任、拥抱责任，你的能力也会得以迅速提升！

第三章

对工作负责，就是对自己负责

责任感使工作变得有趣

常亮在担任一个生产企业顾问时，发现了一个当时令他感到奇怪的现象——有一个车间的工人总是死气沉沉、无精打采。原来，这个是整个企业中工作最脏最累的车间，每个到这个车间工作的工人都认为自己很不走运。

然而，在这个车间中却有一个年轻人显得十分愉悦，他充满活力和朝气，时不时地向他人打招呼，甚至还不时地哼哼曲子、吹吹口哨。

“年轻人，你为什么这么快乐？”常亮问道。

“因为我喜欢和热爱这个工作岗位。”年轻人头也不回地答道，说完又哼起了曲子、吹起了口哨。

见到这种情形，常亮很感动。他也信心十足地认为，即便这位年轻人将来没有得到提升，也没有比任何其他人多挣一分钱，但是他所得到的会远比他的同事多得多。他拥有的好心情，就是他的同事所不具有的，何况好心情还有利于健康。

那些勤奋、敬业的员工往往会在工作中受益匪浅：在精神上，他们获得了快乐和自信；在物质上，他们也获得了丰厚的报酬。相反，一个对工作不负责任的人，往往是一个缺乏自信的人，也是一个无法体会快乐真谛的人。要知道，当你将工作推给他人时，实际上也是将自己的快乐和信心转移给了他人。

对于自己所从事的工作，爱与厌、苦与乐，大都存乎一念之间。有人成天郁郁寡欢，抱怨自己的工作不好；有人天天心情舒畅，把工作当享受。“三百六十行，行行出状元”，这不仅强调了每一项工作的重要，更说明了每一项工作都大有可为。工作带给你的是快乐还是折磨，主要在于你对工作的态度。即使为环境所迫，只能从事一些乏味的工作，你也应想方设法使工作变得有意义、有乐趣。当以这种态度投入工作时，你无论做什么，都可从中享受到工作的无穷乐趣。

渴望快乐就必须快乐地工作，人生最有价值的事莫过于工作。成功者都能在工作中找到乐趣，并能把这种快乐传给别人，与别人共同分享。为了让人生更加快乐，你应寻觅工作中的无穷乐趣，你应尽情享受工作的无穷乐趣。

格林在大学毕业之后到一家保险公司做业务代表。这是一项很让人头痛的工作，因为很多人都对保险业务员敬而远之，所以，格林的工作开展起来很困难。

办公室的其他业务员整天对自己的这份工作抱怨不停："如果我能找到更好的工作，我肯定不会在这里待下去。""那些投保的人，太可恶了，整天觉得自己上当了。"当然，这些人只能拿到最基本的薪水。只有在业务部经理的催促下，或者是"胡萝卜+大棒"的政策下，他们才有一点点进步，否则就是原地踏步或者在退步。

唯有格林和他们不一样。尽管格林对现状也不是很满意，薪水不高，地位不高，但是格林没有放弃，因为他知道，与其说是放弃工作，不如说是在放弃自己。在这个世界上，没人强迫你放弃自己，除非你主动为之。因为格林还相信，努力是没有错误的，努力还会让平凡单调的生活富有乐趣。

于是，格林主动去寻找客户源。他熟记公司的各项业务情况，以及同类公司的业务，对比自己公司和其他同类公司的不同，让客户自己去选择。虽然一些人很希望多了解一些保险方面的常识，但是他们对保险业务员的反感使他们在这方面的知识很欠缺。格林知道这些情况之后，主动在社区里办起"保险小常识"讲座，免费讲解。

人们对保险有了更多的了解，也对格林有了好印象。这时，格林再向这些人推销保险业务，大家没有反感，而是乐于接受。格林的工作业绩突飞猛进，当然薪水也有了很大的提高。格林的成功说明了这样一个道理，努力工作就是对自己负责，这也是为什么格林能获得成功，而其他人却碌碌无为的原因。当尝试着对自己的工作负责时，你就会发现，自己还有很多的潜能没有发挥出来，你要比自己往常出色很多倍，你会在平凡单调的工作中发现很多的乐趣，最重要的是你的自信心还会得到提升，因为你能做得更好。

当你尝试着对自己的工作负责的时候，你的生活会因此改变很多，你的工作也会因此而改变。其实，改变的不是生活和工作，而是一个人的工作态度。正是工作态度，把你和其他人区别开来。这样一种敬业、主动、负责的工作态度和精神让你的思想更开阔，工作变得更积极。

尝试着对自己的工作负责，这是一种工作态度的改变，这种改变，会让你重新发现生活的乐趣、工作的美妙。

工作能够给你带来各种回报。工作回报给你的，不仅有用以满足你基本的物质生活和精神生活需求的薪水，还有可让你享受工作带来的乐趣和成就感。

工作是人生的一种需要，是人生不可或缺的、无法避开的一部分。从工作中找到乐趣并热爱它，你也会变得快乐起来，不再感觉工作是一件苦差事。

克雷尔曾说过这样一句话：“在工作本身找到乐趣的人有福了，因为他不必再求其他福祉了。”全身心地付出，尽职尽责地工作，摒弃不切实际的幻想，少一点野心和功利。也许每一个人都能享受到工作和生活的乐趣。

负责的人，才能得到领导的信任

对工作负责，就是对自己负责。你的尽心尽力得到了老板的认可，自尊受到了敬重，自信也会逐渐得到提升，更重要的是，你获得乐趣的同时也得到了生存的资本，培养了生存的能力。

有一次，一个士兵骑马给拿破仑送信。尽管前面有敌人所设的重重关卡，而他的腿部又受了伤，但是，他中途没有休息，接连三天三夜滴水未沾，就为了加快速度，提前把信送到拿破仑手中。当他赶到拿破仑面前时，由于过于疲累，那匹马跌倒在地就此一命呜呼了，而他也晕倒在地。当他醒来后，把信交到了拿破仑手中，拿破仑又起草了一封信让他转送，并吩咐他骑自己的马，快速把信送回。

那个士兵看到那匹装饰得无比华丽的骏马，便对拿破仑说："不，将军，我是一个普通的士兵，实在不配骑这匹华丽强壮的骏马。"

拿破仑回答："世上没有一样东西，是勇敢而负责的法兰西士兵不配享有的。从此，这匹骏马将永远属于你。"结果，拿破仑把自己珍爱的坐骑送给了这名士兵。在别人尊敬的目光下，这位士兵骑上骏马又出发了。

士兵对工作的认真负责，最终让他得到了别人无法得到的殊荣。一个人需要明白，你是在为自己工作，自己进步了，能力提升了，你才会有更大的发展空间；你也是为了责任而工作，没有责任，那人生有什么意义？不要在乎别人的说法，积极工作，从工作中获取快乐和尊严，这就是一个非常有意义的工作，也能更好地实现你的人生价值。这样，我们的人生才会更辉煌，生命才会更有意义。

对工作负责，表面上好像对公司和老板有利，实际上最终受益者还是自己。当我们把工作看成是生活的一部分时，我们就会从中学到更多的知识，积累更多的经验，就能从全身心投入工作的过程中找到快乐。也许这一切不会有立竿见影的效果，但可以肯定的是，当“不好好工作”成为一种习惯时，其结果可想而知。工作上投机取巧也许只给你的老板带来一点点的经济损失，却可以毁掉你的一生，想想这两种结果孰重孰轻？

生活中，常有人认为只有担当领导职务的人才能承担重要的责任，其实任何一个员工都肩负着一定的责任，而且这种责任心就体现在一点一滴的工作中。

在加入IBM之前，郭士纳的身份就是纳贝斯克食品集团（RJR Nabisco）总裁，该集团以生产薯片和饼干闻名于世。

在接手纳贝斯克集团的第一年里，郭士纳行程超过15万英里，考察了集团分布在全球的二十多家工厂、超市，向雇员提出各种尖锐问题，只为了解这家公司是如何经营的。

在短暂“热身”之后，郭士纳开始了“铁血改组”。

首先，郭士纳力排众议地撤掉了糖果等滞销食品生产线，大力推销如薯片、骆驼牌香烟等畅销商品，为纳贝斯克抢占了市场先机。

郭士纳还果断地卖掉了集团的喷气式公务机机组和豪华的公司大厦，裁员3000人，大刀阔斧地降低成本，从而把巨额财务赤字降了下来。

由于目标明确、措施得当，在郭士纳的管理下，纳贝斯克在3年之后实现了近3亿美元的净收入，创造了奇迹。郭士纳也由此赢得了“扭亏为盈魔术师”的美名。

郭士纳在成为IBM总裁之后，接受美国福克斯电视台采访时，曾被主持人劈头问道：“请问您何德何能从一个卖薯片的总裁跃升为IBM总裁？”郭士纳却一脸轻松地回答说：“反正都是卖chip的。”

在英文单词里，薯片和电脑芯片都叫作“chip”。

1993年，郭士纳就任IBM公司董事长和首席执行官。这是IBM第一次从本公司员工外挑选领导人。而郭士纳出任之际正是IBM亏损惨重、即将分崩离析之时。

在一片质疑声中，没有任何高科技背景的郭士纳接下了这个烫手山芋。

巧合的是，郭士纳在IBM走马上任的第一天，恰好是1993年的愚人节。像是给大家开了一个玩笑，郭士纳在当天宣布："我知道IBM乃至整个IT界一直以来强调要有'愿景'，从今天起，忘了愿景这回事儿吧，愿景看似光芒万丈，实际上往往会使人好高骛远，而忽视了眼下的危机四伏。"这在IBM引起了不小的震动。一个卖薯片的外行，居然在上任第一天就否定掉了IT界多年的传统，习惯了在美好"愿景"指引下做事的IBM人顿时失去了方向。

郭士纳踏踏实实地去拜访每一家IBM客户，这让习惯了躲在实验室里搞科研，等着顾客找上门的IBM人大跌眼镜，人们纷纷质疑："他该不是想把芯片当薯片来卖吧？"

对此，郭士纳有自己的解释："顾客的需求永远是决策的起点，我在决策前必须弄清楚IBM的顾客需要什么，我忘不了我在美国运通时和IBM打交道的痛苦经历。"

以顾客需求为导向，主打高资讯服务牌，在郭士纳这一套神奇的手法下，IBM魔术般地起死回生了——在他任职IBM的9年里，公司的股价上涨了1200%。

郭士纳虽然不懂得制造芯片，但他敢于承担责任，所以他能够胜任董事长的职位，并创造了IBM股票上涨的奇迹。但IBM的成功也为郭士纳带来了良好的声誉，他成为国际上知名的企业家。

对工作负责，就是对自己负责。一个不负责任、没有责任意识的员工，不仅会在工作中为企业带来损失，而且还会为自己的职业生涯带来损害。相反，一个有较强责任感的员工，不仅能够得到老板的信任，同时也会为自己的事业走向成功奠定坚实的基础。

担责越多，回报越大

大多数人认为工作就是为了钱，或者认为自己辛辛苦苦只是为了老板而工作，自己并没有从工作中获益多少。老板不在，自然就会懈怠，能少做决不多干一分钟。如果我们被这种心理和观念统治，我们的眼光必然变得短浅，将看不清自己的发展道路。

某公司有一位员工，已经工作了10年，薪水却不见涨。有一天，他终于忍不住内心的不平，当面向老板诉苦。老板说："你虽然在公司待了10年，但你的工作经验却不到1年，能力也只是新手的水平。"

这名可怜的员工在他最宝贵的10年青春中，除了得到10年的新员工工资外，其他一无所获。这就是只为薪水而工作的结果！

一位纽约的百万富翁在回顾自己的成功历程时说，当年，他在一家百货公司的薪水最初只有每周7美元50美分，后来一下子就涨到了每年1万美元，而这之间竟然没有任何的过渡。没过多久，他还成为了这家百货公司的合伙人。

刚去公司的时候，他和公司签订了5年的工作合约，约定这5年内薪水保持不变。但他暗下决心：绝不满足于这每周7美元50美分的低微薪水，绝不能就此不思进取。他一定要让老板知道，他绝不比公司中的任何一个人逊色，他是最优秀的人。

他工作的质量很快引起了周围人的注意。3年之后，他已经如鱼得水、游刃有余，以至于另一家公司愿意以3千美元的年薪聘用他为海外采购员。但他并没有向老板提及此事，在5年的期限结束之前，他甚至从未向他们暗示过要终止工作协定，尽管那只是一个口头的约定。也许有很多人会说，不接受如此优厚的条件，他实在是太愚蠢了。但是，在5年的合同到期之后，他所在的公司给予了他每年1万美元的高薪，后来他还成为了该公司的合伙人。

老板都很清楚，这5年来他所付出的劳动要比他所领的薪水高出数倍，理所当然，他成为了一个获利者。假如他当时对自己说："每周7美元50美分，他们只给我这么多，而我也就只拿这么多好了。既然我只领着每周7美元50美分，那么我何必去考虑每周50美元的业绩呢！"如果那样，你说结局会怎样？实际上，这些话正是很多年轻人的想法，他们一边以玩世不恭的态度对待工作，对公司报以冷嘲热讽，频繁跳槽，蔑视敬业精神，消极懒惰，一边却怨天尤人，埋怨自己怀才不遇、生不逢时。因为老板所付不多就敷衍自己的工作，正是这种想法和做法，令成千上万的年轻人与成功绝缘。

对于一个雇员来说，还有比薪水更重要的东西，那就是工作后面的机会、工作后面的学习环境、工作后面的成长过程。工作固然也是为了生计，但比生计更重要的是品格的塑造和能力的提高。

从这种意义来说，我们工作固然是为了老板，但更重要的是为自己。如果一个人的工作仅是为了工资的话，那么，我们可以肯定，他注定是一个平庸的人，也无法走出平庸的生活模式。

尤其是年轻职员，在刚刚踏入社会之时，不要太过分考虑自己的薪水有多少，而应该关注工作本身带给自己的报酬，应该时常想到"工作是为老板更是为自己"。

拿破仑·希尔曾说过，提供超出你所得酬劳的服务，很快酬劳就将超出你所提供的服务。一个人如果总是为自己到底能拿多少工资而大伤脑筋的话，他是看不到工资背后的成长机会的。当然他也不会重视自己从工作中获得的技能和经验，事实上，决定他未来发展的恰恰是这些技能和经验，而不是现在他可以拿到多少薪水。

作为一名员工，也要知道一个人承担的责任越大，获得的成就也越大。三联公司的一位叫莎伦·莱希的员工，就是一个很好的例子。

莎伦·莱希曾是三联公司的经理助理，那是位于伊利诺伊州斯科基市的一家地产公司。她系统地承担起了帮助经理开展工作的职责，而那样做意味着她的工作职责扩展到了包括一个办公室经理的责任。她担负的责任不断增加，也使得自己在老板心目中的地位更加重要。

现在，她已经是这家公司的副总裁了。莱希自己介绍说："当经理不在时，我就担负起了运营的全部职责。"三联公司的老板莫什·梅诺拉对莎伦·莱希欣赏备至："任何老板都在寻找这样的人，她敢于承担重要的责任，自然，公司也会给她最丰厚的回报。"

如果能在工作上主动积极地承担起更大的责任，你不仅可以得到更多的回报，而且在这个过程中还可以学到更多的东西，从而有助于你更得心应手地把昔日的优势转变为未来的机会。

一个人应该经常自问："我还能承担什么责任？"多想想除了做好手头上的工作，还能够为公司做什么。每天哪怕多做一点点，工作也会得到改观，"不可能"做完的工作也可能完成。一个人承担的责任越多、越大，他的价值也就越大。

工作是为老板，更是为自己。若为了工资而工作，不但对老板是一种伤害，长此下去也是一种对自己生命的摧毁，使事业的生命日渐枯萎，白白断送自己的前程。为钱而工作的人，很容易被动地工作，刚刚上班就盼望着下班，工作不愿意付出自己的全部力量，最终埋没了全部才能，磨灭掉了自己的创造力。

员工为老板打工，老板必须付给员工报酬，这是对员工价值的一种肯定。但是，除工资之外，任何一家公司和老板其实还给了每一位员工很多很多东西。员工在工作中获得的报酬除了金钱，最大的收获就是经验，还有良好的培训、个人职业品质的提高和个人品德的完善。这些东西，如果员工在企业里工作时能很好地获得，将会使自己一生获益匪浅。这些无形的东西，再多的金钱都买不来。

对工作负责才能赢得发展空间

面对责任，有人选择了逃避，有人勇敢地承担。无数事实已经证明，逃避只是让自己获得暂时的清闲，而承担责任才能最终带给自己一生的轻松。

有一部非常感人的电影叫《勇敢的心》，说的是苏格兰人追求独立自由的故事。其中男主人公对苏格兰王位继承者说的一句话让人入耳难忘：

“人们总是追随勇敢的人，如果你为他们争得自由，他们就会追随你，我也会。”主人公将民族的责任用简单的语言表述得清清楚楚。不难看出，一个人最有魅力的时刻莫过于他承担起责任的那一瞬间。

深圳有一家香港公司的办事处，只有一位主管和一位职员。办事处刚成立时需要申报税项，由于当时很多这样性质的办事处都没有申报，再加上这家办事处没有营业收入，所以也没申报。

两年后，在税务检查中，税务局发现这家办事处没有纳过税，于是作出了罚款决定，数额有几万元。

这家办事处的香港老板知道这件事后，就单独问这位主管：“你当时怎么想的，导致发生这样的事情？”

这位主管说：“当时我想到了税务申报，但职员说很多办事处都没申报，我们也不用申报了。另外，考虑到可以给公司省些钱，我也就没再考虑。并且这些事情都是由职员一手操办的。”

老板又找到这位职员，问了同样的问题。这位职员说：“从为公司省钱的角度，再加上我们没有营业收入和其他办事处也没申报，我把这种情况同主管说了，最终申不申报还应由主管做决定。他没跟我说，我也就没申报。”

很自然，这位主管马上就被香港的老板“炒鱿鱼”了。本应是他承担的责任却推卸给了一名普通员工，这样的下属每个老板都不会欣赏。

在一个企业的内部，不同岗位的人拥有不同的岗位职责，每个人都不应该因为老板不在或者没有人监督，就放松了对自己岗位职责的要求。承担责任是一个员工价值和忠诚的最佳体现。

于明君，辽宁忠旺集团模具厂工人，是一个从事体力劳动的“蓝领工人”。由于工作技术性较强，为了尽快掌握钳工技术，他到书店买来相关书籍，利用业余时间抓紧学习。在生产过程中遇到不懂的地方就虚心请教，并注意观察老师傅的操作方法。有时别人都下班了，他还在车间里边琢磨边反复练习操作技术。进厂3年后，他成为企业里的钳工能手，并当上了钳工班班长。

为把误差降到最低，他把车间所用的量具都进行了检查、校正，以保证模具的上机合格率。多年来，经他加工或验收的模具合格率达到了100%。

除此之外，于明君发现这个岗位对技术和创新能力有很高的潜在要求，当技术暴露出不适应新形势发展的缺陷时，他决心要改变现状。但在很多人看来，普通的钳工搞技术开发，不但超出了自己的能力范围，也超出了自己的职责范围。但于明君则认为，提高技术水平、探索前沿技术是自己的追求。企业为员工提供了广阔的发展平台，员工就有责任把工作做到尽善尽美，为工作投入智慧和精力，也是一名企业员工的责任和追求。

2004年5月，企业加工一批出口的铝型材，这种产品公差尺寸要求比较高、工期要求短。为了缩短工期，他经过反复试验，省去了后期整型这道工序，这项革新既节约了工时、保证了质量，又降低了废品率，为企业节省资金六万多元。据介绍，几年来，他共组织开展技术攻关22项，为企业创造经济效益四百多万元。

于明君还从自身做起，修旧利废、降低消耗，他在报废的大量模具里面反复挑选，只要有一点维修价值的，他都利用上，积极配合工厂开展节约型企业创建活动。几年来，平均每个月他都利用废弃物自制模具二百套左右，粗略计算，一年可为企业节约资金144万元。

生活中最可悲的事情莫过于看到这样的情形：一些雄心勃勃的年轻人满怀希望地开始他们的“职业旅程”，然而却在半路上停了下来。

由于缺乏责任心，他们在工作中没有付出100%的努力，也就很难有任何更好、更具建设性的想法或行动，最终只能成为一个泯灭了高远的梦想、拿着中等薪水的普通职员。

责任是每个人都应该认真面对的一件事。假若一个人拿着公司的薪水，而不愿意承担责任，势必会影响公司的稳定和发展。

比尔·盖茨为什么那么成功？听听他关于责任的一句话你就明白了：“如果你有很强的责任感，能够接受别人不愿意接受的工作，并且从中体会到付出的乐趣，那你就能够克服困难，达到他们无法达到的境界，并得到应有的回报。”

<<<第四章

成功者承担责任，失败者逃避责任

任何借口的实质都是推卸责任

很多人在工作中寻找各种各样的借口来为遇到的问题开脱，而且养成了习惯，这是很危险的。

在我们的日常生活中，常听到这样一些借口：上班晚了，会有“路上堵车”“手表停了”的借口；做生意赔了本有借口；工作落后了也有借口……只要有心去找，借口总是有的。

久而久之，就会形成这样一种局面：每个人都努力去寻找借口来掩盖自己的过失，其实这都是推卸自己本应承担的责任。

杰克是一家家具销售公司的部门经理。有一次，他在公司里获取一个情报：公司高层决定安排他们部门的人员到外地去处理一项难缠的业务事件。他知道这项事务非常棘手，要想处理妥善，并非那么容易，所以，他提前一天告假。第二天，上面安排任务，恰好他不在，便直接把任务交代给他的助手，让他的助手转达。当他的助手打他的手机，向他汇报这件事情时，他便在电话中给他的助手安排了工作，以自己有病为借口，让助手顶替自己带一帮人去处理这项事务。处理这项事务的具体操作办法，他在电话中也教给了这位助手。

半个月后，事情办砸了，他怕公司高层追究这件事的责任，便以自己告假为由，声称自己不知道这件事情的具体情况，一切都是助手自作主张，带领一帮人去处理的。按他的想法，助手是总裁安排到自己身边的人，出了事，让他顶着，在公司高层面前还有一个回旋的余地，假若让自己来承担这件事的责任，恐怕有被降职罚薪的情况发生。总裁听了助手的具体阐述，对这位经理的人品产生了怀疑，害怕他把这种手段当作惯技，影响公司的团结和业务发展，所以再也没有给过他一份富有挑战性的工作。

我们无法改变或支配他人，但一定能改变自己对借口的态度——远离借口的羁绊，控制借口对自己的影响力，坚定完成任务的信心和决心。越是环境艰难，越要敢于承担责任，锲而不舍、坚韧不拔，就一定能消除借口这条“寄生虫”的侵扰。很多借口其实都是我们自己找来的，牵强附会，同样我们也完全可以远离、抛弃它们。“没有任何借口”不是冷漠或缺乏人情。打一个极端的比喻，假设迟到一分钟，你就要被枪毙，这时你还会让借口发生吗？而这样的情况，在战场上、在商场上，随时都有可能发生。

如果上司命令把某项任务“解决了”，而执行的员工却回答说：“找不到人啊，无从下手啊，不会开机器啊，没有原料啊……”最后，上司急了，“你闪开，让我来干”。这样的员工不但会被淘汰出局，这样的企业也会有生存危险的。

通用电气（GE）前CEO杰克·韦尔奇曾经说过：“在工作中，每一个人都应该发挥自己最大的潜能，努力工作，而不是耗费时间去寻找借口。因为公司安排你在某个岗位上，是为了让你解决问题，而不是听你那些关于困难的长篇累牍的分析。”他的话，代表了很多老板的心声。

不要让借口挡住自己行动的步伐，不要让理由妨碍你的执行力。机会从来不会光临懒惰的人，只有跑在机会前面的人，才最有可能抓住机会。

美国成功学家格兰特纳说过这样一段话：如果你有自己系鞋带的能力，你就有上天摘星星的机会！一个人对待生活、工作的态度，是决定他能否做好事情的关键。责任是我们每个人必须承担和无法逃避的，因为责任使我们的人生变得有意义和有价值，没有责任的人生是苍白且乏味的。尽管在我们承担责任的过程中，不可避免地也要承担起压力和面对各种困难，但一个真正能够承担起责任的人，是会勇敢地面对这些的。责任能够赋予我们走出逆境的勇气和决心，做自己的主人。

有一个故事发生在1920年。

有一天，一名11岁的美国男孩儿踢球时，不小心打碎了邻居家的玻璃，邻居向他索赔12美元。

在那个时候，12美元可是一笔不小的数目啊，足足可以买120只下蛋的鸡了！

闯了大祸的男孩儿向父亲承认了错误，父亲让他对自己的过失负责。男孩儿为难地说：“我哪有那么多钱赔给人家？”

父亲看了看他，拿出12美元说：“这钱可以借给你，但一年后你必须还给我。”

从此，男孩儿开始打工赚钱。经过半年的努力，终于挣够了12美元，还给了父亲。

这个男孩儿就是日后成为美国总统的罗纳德·里根。

在回忆这件事时，里根总统说：“通过自己的劳动来承担过失，使我懂得了什么叫作责任。”小男孩儿里根之所以成为总统里根，“责任”二字起了很大的作用。

世界上很多伟人，他们在拥有崇高地位的同时，也担负着常人无法担负的责任。记住伟人的名言，借鉴伟人的风范，当你学会承担责任的时候，机会也就把握在你手中了。

其实，在每一个借口的背后，都隐藏着丰富的潜台词，只是我们不好意思说，甚至根本就不愿说出来。借口让我们暂时逃避了困难和责任，获得了些许心理上的安慰。可是，久而久之，每个人都会努力寻找借口来掩盖自己的过失，推卸自己本应承担的责任。

我们经常听到的借口主要有以下5种表现形式：

(1)他们做决定时根本就没有征求过我的意见，所以这不应当是我的责任。许多借口总是把“不”“不是”“没有”与“我”紧密地联系在一起，其潜台词就是“这事与我无关”，不愿承担责任，把本应自己承担的责任推卸给别人。

(2)这几个星期我很忙，我尽快做。找借口的一个直接后果就是容易让人养成拖延的坏习惯。如果细心观察，我们很容易就会发现在每个公司里都存在这样的员工：他们每天看起来忙忙碌碌，似乎尽职尽责了，但是，他们把本应一个小时完成的工作变成需要半天的时间甚至更多时间才能完成。因为工作对于他们而言，只是一个接一个的任务，他们寻找各种各样的借口拖延、逃避。这样的员工只会让责任的落实遥遥无期，让管理者头痛不已。

(3)我们以前从没那么做过，这不是我们这里的做事方式。

寻找借口的人总是因循守旧的人，他们缺乏一种创新精神和自动自发工作的能力，因此，期许他们在工作中做出创造性的成绩是徒劳的。借口会让他们躺在以前的经验、规则和思维惯性上舒服地睡大觉。

(4)我从没受过培训来干这项工作。

这其实是在为自己的能力或经验不足而造成的失误寻找借口，这样做显然是非常不明智的。借口只能让人逃避一时，却不可逃避一世，更不利于责任落到实处。

(5)我们从没想过要赶上竞争对手，在许多方面人家都超出我们一大截。

当人们为不思进取寻找借口时，往往会这样表白。借口给人带来的严重危害是让人消极颓废，如果养成了寻找借口的习惯，当遇到困难和挫折时，不是积极地去想办法克服，而是去找各种各样的借口。其潜台词就是“我不行”“我不可能”，这种消极心态剥夺了个人成功的机会，最终让人一事无成。

不管理由多么冠冕堂皇，归根结底就是不愿意承担自己的责任，想把责任转嫁给别人。一旦我们养成了寻找借口的习惯，那么我们的责任心也就慢慢地烟消云散了。我们要拒绝借口，避免养成寻找借口的坏习惯，在工作中，更应该想办法去落实责任，而不是忙着找借口。

“我警告我们公司的人，”美国塞文事务机器公司前董事长保罗·查来普说，“如果有谁说‘那不是我的错，那是他(其他的同事)的责任’，被我听到的话，我就开除他，因为说这话的人显然对我们公司没有足够的兴趣。”

一个有责任感的员工，当他面临挑战和困难时，他会迸发出比以往强大若干倍的能力和勇气。因为他知道，很可能他的胆怯和逃避会让企业承受巨大的损失，只有勇敢地面对，才有可能真正担当起责任，不让企业遭受损失。一个逃避困难、不敢面对挑战的员工，很难让人相信，他会真正为企业担当什么责任，作为企业的领导，又怎会赋予他更大的使命呢？

一定要树立这样的观念：承担责任光荣，推卸责任可耻，我承担的责任越大，说明我的能力越强，公司对我越重视，我今后在公司的机会越多。很难想象一个不想、也不能承担责任的人会有好的发展前景。

要有承担责任的胆量，既然老板给了你这个机会，就要抓住，不要推脱。要有信心做得好，做错了也没有关系，换个环境还有机会。如果不敢承担责任，机会是不会主动找到你头上的，成功也一定不属于你。

不推诿塞责，是承担责任最本质的要求，也是最能展示一个人职业素养的细节。在一个单位里工作，面对老板或上司追究责任，是一件非常尴尬的事情。但无论多么没面子，都要给老板或上司留一个良好的印象，是自己的责任，哪怕只是一点点错失，都应该去承担，千万别去辩解，别去找客观原因。即使其中包括他人的责任，只要这种责任不是非常严重，也没有必要去计较。就是被冤枉被误解也没关系，时间久了，大家会看出你是一个什么样的人，老板或上司也会反思他的处理是否恰当。

承认错误，问题就解决了一半

一位成功学专家曾经说过，错误是不可避免的。如果说成功是人生最理想的朋友，那么，错误则是人生永远抛不掉的伙伴。犯了错误并不可怕，可怕的是犯了错误试图掩饰或推卸责任。

在错误面前诡辩的人，就等于重犯一次错误，甚至比重犯错误更危险，因为错误已在他脑子里扎了根。

罗斯福总统在1912年的时候，曾在新泽西州的一个小镇集会上，向文化水平相对较低的当地人发表了一篇演讲。当他在这篇演讲中说到女子也应踊跃参加选举时，听众中忽然有人大声喊道："先生！这句话和你五年前的意见不是大相径庭了吗？"罗斯福不是回避或者掩饰，而是聪明地回答道："可不是吗？五年前，我确实另有一种主张，现在我已深悟我那时的主张是不对的！"

他的这种坦白、忠实、诚恳、亲切的回答，不但使那位问话的人获得了满意的答复，就是其他听众也丝毫觉察不出他有什么不安的情绪。

罗斯福总统对待自己错误的态度，对于我们处理自己工作中的过失也有着很重要的启示。当我们的工作中出现问题和错误的时候，我们要勇敢地面对它们，主动地承担起自己的责任，这样，我们就能够在处理问题的过程中获得经验和成长。如果出现问题后一味地掩藏和推卸责任，只会让问题变得更严重。

当通用电气前CEO杰克·韦尔奇还是工程师时，曾经历过一次极为恐怖的大事：他负责的实验室发生了大爆炸，一大块天花板被炸下来，掉在地板上。

为此，他找到了他的顶头上司理查德解释事故的原因。当时他紧张得失魂落魄，自信心就像那块被炸下来的天花板一样开始动摇。

理查德非常通情达理，他所关注的是韦尔奇从这次大爆炸中学到了什么东西，以及如何修补和继续这个项目。他对韦尔奇说："我们最好是现在就对这个问题彻底地进行了解，而不是等到以后进行大规模生产的时候。"韦尔奇本来以为等待他的会是一次严厉的批评，而实际上理查德却表示完全理解，没有任何情绪化的表现。

列宁说过："认错是改正的一半。"那么另一半是什么呢？另一半就是采取一切可能的措施去弥补自己的过错，这不仅可以将你为错误付出的代价最小化，还可以让老板更进一步了解你的能力和潜在的价值。

刘瑞是一家商贸公司的市场部经理。在他任职期间，他没经过仔细调查研究，就批复了一个职员为纽约某公司生产5万部高档相机的报告。等产品生产出来准备报关时，公司才知道那个职员早已被"猎头"公司挖走了，那批货如果一到纽约，就会无影无踪，货款自然也会打水漂。

刘瑞一时想不出补救对策，一个人在办公室里焦虑不安。这时老板走了进来，见刘瑞的脸色非常难看，就想问他怎么回事。还没等老板开口，刘瑞就立刻坦诚地向他讲述了事由，并主动认错："这是我的失误，我一定会尽最大的努力挽回损失。"

老板被刘瑞的坦诚和敢于承担责任的勇气打动了，答应了他的请求，并拨出一笔款让他到纽约去考察一番。经过努力，刘瑞联系好了另一家客户。一个月后，这批高档相机以高于原价的价格转让了出去。刘瑞的努力得到了老板的嘉奖。

失败者的标志是把生活中发生的所有差错都归咎于别人，而成功者的标志是他们对自己所说和所做的一切负全部责任。当一个人能够主动对自己的行为负责，主动地承担责任，而不是找借口推脱时，世界都将会为他让路。

自己的过错要自己承担，这是每个人的责任和义务。千万不要惧怕伴随错误而来的负面影响，一味地隐藏错误或为自己的错误寻找开脱的借口，这样做，错误就会制约你前进的步伐，减慢你成功的速度，降低你的行为质量。事实上，很多时候，如果能以积极的心态勇敢地承认错误，那么你将永远不会为错误所累，就会更快地获得成功。

我们在工作中难免会犯错，当意识到自己做错的时候，首先要做的不是想办法掩饰自己的错误逃避责任，而是找到错误的根源，从自身找原因，不要推卸责任，责怪他人。这样大家才会敬重你的职业道德，从而更加信任你。

逃得了责任，逃不了后果

幸运女神每天都很忙碌，人们常常漫不经心地做出许多危险而鲁莽的事情，为了挽救他们闯下的大祸，她一直都在不停地转动着命运的轮轴。遗憾的是，不管她怎么努力，还是有许多人因为一时失误而丢了财产、名誉甚至是性命。

一天，女神看到了一个在深井边上酣睡的孩子，脸上挂着满足的微笑。从旁边经过的人都为他忧心不止，因为，如果他稍稍向井内翻身，他就有可能掉进井里淹死。幸运女神正好发现了，于是轻轻转动手中的轮轴，孩子很快就从睡梦中醒来，吓了一大跳，说道："幸亏我醒得及时，要不然我的小命就没了。"

幸运女神叹口气说："人啊！都是这样，幸运的事都忘不了自己的英明，要是自己粗心遭受了不幸，就只会把责任都推到我身上。"

人把好的结果归功于自己，却把自己的过错归结于幸运女神，把责任推给幸运女神，这是趋利避害的典型表现。

那些推卸责任的人，把属于自己的过失掩饰掉，把应该自己承担的责任转嫁给社会或他人，自己就可以免除处罚、高枕无忧。殊不知，这只是一厢情愿。

从前有一个人养了两匹马。有一天，主人让两匹马各拉一辆车到一个马店去。走在前面的那匹马走得很好，而后面的那一匹马却常常停下来。

于是，那个人就把后面一辆车上的货挪到前面一辆车上去。等到后面那辆车上的东西都搬完了，后面的那匹马才轻快地前进，并且嘲笑着对前面那匹马说：“嗨，辛苦了！你真是傻瓜，你越是努力干，主人越是要折磨你！还有啦，万一你把东西弄丢了，责任可就大啦，少不了吃皮鞭！”

不久，主人和马都来到了马店。这时，主人说：“既然只用一匹马拉车，我养两匹马干吗？不如好好地喂一匹马，把另一匹马宰掉，总还能拿到一张马皮吧。”

这样，主人让马店的人把后面偷懒的那匹马杀掉了。

偷得一时之闲，丢了整条性命，这是怕承担责任的懒马的下场。逃避一时责任，丧失美好前途，这是怕承担责任的员工的下场。

作为公司的一员，拿着公司的薪水，就应该把公司的事业当成自己的事业，在做事的时候，也应该站在公司的立场上为公司的稳定和发展谋划考虑。假若一碰到棘手问题，便筹划对策，考虑逃避责任的方法，以此来回避责任，当事情办砸了，便以不知道为借口来推卸自己的责任，这样做只会为自己的事业发展埋下“祸根”。

老板总是喜欢那些敢于挺身而出，承担重大责任和艰巨任务的人。油滑谄媚、溜须拍马的人或许会获得一时的宠信，但遇到实际问题，老板决不会信赖和依靠他们。

公司的每个部门和每个岗位都有自己特定的职责，但总有一些突发事件无法明确地划分到哪个部门或个人，而这些事情往往还都是比较紧急或重要的。如果你是一名称职的员工，就应该从维护公司利益的角度出发，积极处理这些事情。

钢铁大王安德鲁·卡内基年轻的时候，曾经在铁路公司做电报员。一天正好他值班，突然收到了一封紧急电报，原来在附近的铁路上，有一列装满货物的火车出了轨道，要求上司通知所有要通过这条铁路的火车改变路线或者暂停运行，以免发生撞车事故。

因为是星期天，卡内基一连打了好几个电话，也找不到主管上司。眼看时间一分一秒地过去，而正有一次列车驶向出事地点。此时，卡内基做了一个大胆的决定，他冒充上司给所有要经过这里的列车司机发出命令，让他们立即改变轨道。按照当时铁路公司的规定，电报员擅自冒用上级名义发报，唯一的处分就是立即开除。卡内基十分清楚这项规定，于是在发完命令后，就写了一封辞职信，放到了上司的办公桌上。

第二天，卡内基没有去上班，却接到了上司的电话。来到上司的办公室后，这位向来以严厉著称的上司当着卡内基的面将他的辞职信撕碎，微笑着对他说："由于我要调到公司的其他部门工作，我们已经决定由你担任这里的负责人。不为其他任何原因，只是因为你在正确的时机做了一个正确的选择。"

卡内基在需要有人承担风险的时候没有瞻前顾后，而是第一时间站了出来，做出了需要承担风险的决定。而正因为他这种甘于为组织冒险的高度负责的精神，得到了上司的赏识。

有时候，公司也需要你这样做，老板更希望在他无法兼顾的时候你能维护公司的利益。往往越发艰巨的任务，你越应该主动去承担。另外，承担艰巨的任务是锻炼自己能力难得的机会，长此以往，你的能力和经验会迅速得到提升。在完成这些艰巨任务的过程中，你有时会感到很痛苦，但痛苦会让你变得更成熟。

辉瑞生物制药公司的副总经理帕特·奥布瑞恩曾抱怨说："我们公司有些员工在工作时只想着如何做才会不让自己吃亏，凡事对自己有利就去做，稍微有些风险就害怕承担责任。"事情原本是这样的：前不久，公司研发部根据计划准备开发一种新药，可是做了几次初步的试验后发现存在一定的风险，眼看快到年底了，为了避免可能的研发失败而影响年终绩效考核和奖金，以及可能要承担的风险责任，研发部就打了份报告上来说了一大堆理由，硬是取消了这个计划，其实这个计划是很值得做下去的。

提问题，把答案也一起带来

马博把他考察到的情况详细汇报给经理："我这次下去了解到，这个客户之所以不用我们厂的产品，主要是因为他们已经答应从另一个乡镇食品公司进货。"

"竟有这样的事！那你怎么看呢？"

"我想是这样的，我们公司的产品应该比乡镇企业的产品有优势，我们的产品不但质量好而且价格还很公道，在该省已经具有了一定的知名度。"

"就是，一个小小的乡镇企业怎么能和我们相比呢？"经理打断了马博的汇报。

"所以说，我们肯定能变不利为有利。最重要的是，当地的客户多年来使用我们公司的产品，与我们有很好的合作基础，这是我们的优势所在。但这个客户答应与另一个乡镇企业订货，主要是因为那个乡镇企业距离他们较近，而且可以送货上门。这一点，我们不如人家，我们可以直接到每个乡镇去走访，在每个乡镇找一个代理商，这样问题就解决了。"

"小马，你想得真周到，不但找到了症结所在，还想出了解决的办法，要是公司里的员工都像你这样有责任心就好了。"

不久，马博被调到了销售科专门从事产品营销，公司的食品销量节节上升，马博也越来越受到重视，很快成了公司的业务骨干。

无论你从事什么样的工作，只要你能认真地、勇敢地担负起责任就会有好的结果出现。我们在工作中总是会碰到各种各样的问题，这些事情做起来有时顺利，有时困难重重。比如：你也许会觉得客户太难伺候、太不讲信用，有时会嫌研发部门没有把产品设计得更有竞争力，有时抱怨老板规定的任务指标太高了……于是，你抱怨个不停，你甚至想放弃，准备换一份工作。

俗话说："天底下没有免费的午餐。"老板任用你就是需要你来解决工作中的问题，假如你拿到一个问题，第一反应就是："哎呀，真难，去问问老板该怎么做。"那么，你的职业生涯就算到头了，因为老板不是雇用你来问他问题的，而是雇用你来帮他解决问题的。

在工作的过程中，不论级别、不分工种，所有人都免不了会遇上许多问题，而解决这些问题、化解这些麻烦就是落实责任的一个外在表现，同时也正是企业老板聘用员工的目的所在。所以，在自己的工作岗位上，一定要知道如何及时处理问题、如何正确地解决问题，切记不能把问题都上交。

1880年，乔治·伊斯曼建立了柯达公司。刚开始的时候，公司只是一个拥有几十人的小公司，如何才能把公司做大，这是乔治一直思考的问题。1889年的一天，乔治收到了一个普通工人写给他的建议书。这份建议书的内容不多，字迹看起来也不怎么工整，但却让他眼前一亮。

这个工人的建议书是这样写的："建议把生产部门的玻璃擦干净。"

对于这样的问题，很多管理者都不太可能放在眼里，甚至会认为工人小题大做。以前乔治就是这样的，他会认为擦玻璃完全是一件小得不能再小的事情。

但这次却不一样，他从这里面看到了其中的意义，看到了公司的发展。他会心地笑了，这正是员工职业精神的体现。如果每个人都能像这名员工一样把自己的建议而不是问题带给领导者，那么这对公司的发展将会是多大的一股推动力量啊！于是乔治·伊斯曼立即召开了表彰大会，亲自为这个工人颁发奖金。会后，乔治促成相关部门制定了员工建议制度，这项制度一直沿用至今。在过去100多年时间里，公司员工出的建议接近200万个，其中被公司采纳的超过60万个，这些建议为公司节约了大量的资金，仅仅1983年和1984年两年，公司因为采纳合理的建议所节约的资金就高达1850万美元。

由此可见，每个人都可以成为促进公司发展的关键力量，如果你能够积极地为公司的发展提出合理化建议，为自己的上司分忧解难，而不是时刻带着满腹的问题去找他们解决，相信很快你就能成为老板眼中的关键员工。

不要忽视自己的力量。每个人都可以使公司有所变化。在IBM公司的理念中，人是最重要的因素，无论这个人是管理者、普通员工、顾客，还是竞争对手。IBM要求自己所有的员工对他们必须给予足够的尊重。IBM尊重每一个人的想法，在IBM，每个人都可以使公司有所改变，公司的每一个变化、每一个进步，都与个人密切相关。虽然这是一个十分简单的概念，但是却对所有的员工产生了巨大的影响：

要令自己与众不同，要让上司感到你是一位能力出色的员工，就要处处表现出你可以独立处理问题，可以为公司找出解决问题的方案，只有这样才能凸显自己的责任感、主动性和独当一面的卓越素质。

管理学家Steven Brown曾经说过："领导并不是问题的解决者，而是问题的给予者。"事实上，你和上司、老板的工作关系就是这样的简单——你去工作，而不是由你去安排上司的工作（把问题推给上司）。所以，在工作的过程中，你应该随时地提醒自己——解决工作上的问题是我分内的职责！

责任到此，不能再推

美国前总统杜鲁门的桌子上曾摆着这样一面牌子，上面写着：Book of stop here。意思就是：责任到此，不能再推。

杰瑞是公司质检部的负责人，人非常聪明，也很能干，就是有一个缺点，凡事都给自己留好退路。对比较棘手的事情，可能要承担责任的事情，会想办法推给其他部门或自己的上司。他非常善于用与你商量或汇报的语气沟通工作，一旦你有什么意见比较符合他的心愿，他就会去执行，而一旦出现了问题，他便会把责任往你身上推。

一次，市场上的产品出现了质量问题，他检查了一下，认为工艺原料等都没有差错，就觉得是技术问题。技术部门检查后说技术也没问题，他就认为是技术中心不配合，问题不好解决，就把事情搁置起来了。后来质量问题在市场上暴露得越来越严重，并最终造成大批量的退货，给公司造成了巨大的损失。在追究责任时，他还坚持认为是技术中心不配合导致的结果，丝毫没有认识到对质量负总责的他，应该在这个过程中充当一个什么样的角色。由于他缺乏管理者的基本素质，当场就被老总解雇了。

这个故事为我们证明了“责任到此，不能再推”的重要。大多数情况下，人们会对那些容易解决的事情负责，而把那些有难度的事情推给别人，这种思维常常会导致我们工作上的失败。一名优秀的员工在责任面前会主动承担而不是将责任推给他人，只有做到这一点，才会有更好的机会，才会有更大的发展空间。

有一个著名的企业家说：“有复命意识的职员必须停止把问题推

给别人，应该学会运用自己的意志力和责任感，着手行动，处理这些问题，让自己真正承担起自己的责任来。”

1954年7月，周恩来总理出席日内瓦会议。7月21日下午是最后宣言通过的日子，周总理嘱咐当时的新华社记者下午不必去开会了，就在别墅里拿着最后宣言的初稿等通知，每通过一段就交给电台向北京发一段，会议对初稿有什么修改，即改即发，等全文发完，就大功告成了。

记者听从总理安排，每等来一个电话，就改正一段，然后用剪刀剪下来送往电台。由于记者的办公桌靠窗，原稿又打在极薄的纸张上，被剪成一段一段的原稿有的被风吹走了，记者没注意，以致发回北京的电文比别的通讯社发的少了好几段。

当发现这个问题时，《人民日报》已经印了24万份。总理知道后，非常生气，发了很大的火。可是当记者怀着极其惶恐的、等着挨批评的心情赶到时，总理只是淡淡地说：“你来了，我气也生过了，火也发过了，不想再说什么了。你到机要室去看看我给中央的电报，然后赶快补救，北京还等着呢。”在向中央亲笔写的电报里，总理一个字也没提到记者，只说他自己“应负失职之责，请中央给予处分”。

问人先问己，责人先责己。周恩来这种责任明确、敢于承担责任、不推诿责任的做法，值得我们每一位职场员工学习。

一个明确自己责任的人，往往具备以下3个特征：

⑴具备一种主动承担责任的精神。

⑵一个拥有责任感的人，会为他所承担的事情付出心血、劳动和代价，他会为达到一个尽善尽美的目标付出自己的全部努力。

⑶对工作善始善终。当事情出现危机，还不放弃责任的人，才是真正具有责任感的人；当情况于己不利，还勇于为事情的结果付出代价的人，才是真正无可替代的人。

责任到此，不能再推。对责任的推卸，只能是对公司或者对自己的一种伤害。坚守责任，则是守住生命中最高的价值，守住人性的伟大和光辉。

<<<第五章

责任藏在细节里

责任心决定工作质量

上海地铁一号线是由德国人设计的，看上去并没有什么特别的地方，直到中国设计师设计的二号线投入运营，才发现其中有那么多的细节被二号线忽略了。结果二号线运营成本远远高于一号线。

上海地处华东，一到夏天，雨水经常会使一些建筑物受困。德国设计师注意到了这一细节，所以地铁一号线的每一个室外出口都设计了三级台阶，要进入地铁口，必须踏上三级台阶，然后再往下进入地铁站。就是这三级台阶，在下雨天可以阻挡雨水倒灌，从而减轻地铁的防洪压力。事实上，一号线内的防汛设施几乎没有动用过；而地铁二号线就因为缺了这几级台阶，曾在大雨天被淹，造成巨大的经济损失。

德国设计师根据地形、地势，在每一个地铁出口处都设计了一个转弯，这样做不是增加出入口的麻烦和施工成本吗？当二号线投入使用后，人们才发现这一转弯的奥秘。其实道理很简单，如果你家里开着空调，同时又开着门窗，你一定会心疼你每月多付的电费。想想看，一条地铁增加转弯出口，省下了多少电，每天又省下了多少运营成本？

难道说中国设计师没有德国人聪明？其实未必。关键在于长期养成的对待工作的认真和精细。德国人常常显得严肃、认真，甚至刻板，可就是凭着这种一丝不苟、认真执行不打折的工作精神，使德国在二战后迅速成为世界经济强国。

真正有责任感的人会把工作视为自己的责任和使命，并依此建立自己内心的工作标准。无论有没有人监视，他们都会全力以赴地、虔诚地对待自己的工作。他们以高度的责任心和近乎完美的标准对待自己的工作，努力将工作做到尽善尽美。这种强烈的责任感如同一个巨大的保护伞，为企业更为自己遮挡了风雨，从而可以轻松自由地享受风雨后的彩虹。

1984年秋，德国退休专家局的二十几位专家来到了武汉市进行技术咨询服务，威尔纳·格里希作为专家组成员，按照自己的专业选择了柴油机厂为对口咨询服务的企业。

这位高个子、白头发的老头十分认真，他用半个月时间，深入该厂的每个车间、每道生产工序进行调查，发现了许多管理和技术上的问题，写下了十多万字的咨询意见，提了上百条合理化建议。然而这些意见和建议并没引起领导的重视，格里希十分痛心，他激动地说："要是我当厂长，决不这么干。"

这一句不经意的话，引起了当时武汉市领导的重视：格里希有40多年工龄，曾在德国、埃及等国担任过多年的厂长，责任心强，对我国十分友好。既然此人有此意向，何不就请他来试一试？于是，聘请格里希担任武柴厂长的意向很快被定下来。

这年11月，65岁的格里希被武汉市政府聘为武汉柴油机厂厂长，中国国企第一位"洋厂长"走马上任，成为轰动一时的新闻，并很快传遍了全国。

武柴是新中国第一台小型手扶拖拉机的诞生地，是全国首家拥有上万台生产能力的农机骨干企业。但在那个年代，人们还没有质量这一概念，武柴制造的柴油机噪声远播几里，油迹溅洒数米外，而德国人生产的柴油机可以放在办公室红地毯上工作，不影响隔壁房间的人办公。

有人问格里希，到中国担任厂长到底图什么？他说："主要是为了帮助提高武汉柴油机的质量，让中国农民得到好一点的农业机械。"

上任头一个月，格里希发现，加工车间流水线上有几台缸体紧固水箱的螺孔违反图纸规定，被钻穿了，他立即下令：停工检查。有人不以为然："过去不都是这么干的吗？又不影响性能，照样卖得出去！"听说这话，格里希发火了："决不能这样欺骗用户！我的目标是国际市场！”

格里希曾当着机械局领导的面，将几只汽缸摆在会议室的桌子上，他从汽缸里面一抓一大把铁砂，脸色铁青地说：“这绝对不是技术问题，而是责任心问题。”

在任两年间，格里希从严治厂，身体力行，其做法受到了我国企业界的普遍赞赏，也在相当程度上改变了武柴管理落后、质量低劣的面貌。

1993年4月中旬，73岁的格里希回“第二故乡”武汉“探亲”，先后三次到武柴，他最放心不下的，仍是武柴的产品质量。他拿出磁头检查棒伸进缸体孔道探测，发现有未清除干净的铁粉，面露愠色；用放大镜检查齿轮下的光洁度，发现有些波纹……老人的火气又上来。

正如格里希所说的这绝对不是技术问题，而是责任心问题。漫不经心的工作才会导致质量瑕疵。责任心是问题的核心，一个拥有强烈责任心的人不会放过工作中的任何一个细小的问题，更不会去给企业制造麻烦，去给产品抹黑。有责任心的员工会主动解决工作中的问题，会主动去落实工作中的任务。

很多年前，有一位住在罗德岛的老人，他殚精竭虑，砌了一堵石墙，就像一位大师要创作一幅杰作一样，其专注程度甚至有过之而无不及。

他翻来覆去地审视着每一块石头，研究这些石头的特点，思考如何把它放在最佳位置。砌好以后，从不同的角度，再细细打量，像一位伟大的雕刻家，欣赏着由粗糙的大理石变成的精美塑像，其满足程度可想而知。他把自己的热情都倾注在了每一块石头上。

每年，到他的农庄参观的人络绎不绝，他也很乐意解说每一块石头的特点，以及自己是如何把它们的个性充分展现出来的。

你会问砌一堵石墙有什么意义呢？这堵围墙已经存在了一个多世纪，这就是最好的回答。

对于尽职尽责的人来说，卓越是唯一的工作标准。他们不会对自己说“我已经做得够好了”，而是要求自己在每一份工作中都做到尽善尽美。在工作中习惯说自己“做得够好了”的人是对工作不负责任，也是对自己不负责任。每个人的身上都蕴含着无限的潜能，如果你能在心中给自己定一个较高的标准，激励自己不断超越自我，那么你就能摆脱平庸，走向卓越。

一位资深的职业咨询师说过：“你是否能够让自己在公司中不断得到成长，这完全取决于你自己。如果你仅仅满足于现在的表现，凡事都做到‘差不多’或者‘将就’的程度，那你在公司的地位永远都不能变得更加重要，因为你根本就没有做出重要的成绩。”

当老板赋予你一项重任时，一定要做出超越老板的期待的成绩，千万不要满足于得过且过的表现，要做就做到尽善尽美。在追求进步方面，不要做到适可而止，一定要做到永不懈怠；在知识能力方面，不要满足于一知半解，一定要做到精益求精——只有如此，才能确保自己能够高标准地完成老板交代的任务，尽到自己应尽的职责。

责任面前，没有“差不多”

在第二次世界大战中期，美国空军和降落伞制造商之间发生了分歧，因为降落伞的安全性能不够。

事实上，通过努力，降落伞的合格率已经提高到99.9％了，但军方要求达到100％，因为如果只达到99.9％，就意味着每1000个跳伞的士兵中，就可能有一个人不是死于敌人的枪炮，而是死于降落伞的质量问题。

但是，降落伞商却不以为然，他们认为99.9％已经够好了，世界上没有绝对的完美，根本不可能达到100％的合格率。

军方在交涉不成功时，改变了质量检查办法，他们从厂商前一周交货的降落伞中随机挑出一个，让厂商负责人装备上身后，亲自从飞机上往下跳。

这时，厂商才意识到100％合格率的重要性，奇迹很快就出现了：降落伞的合格率一下子达到了100％。

面对竞争日益激烈的市场环境，企业必须建立顾客利益至上的思想，完全满足客户的需求和期望，这就要求任何公司产品的质量都不允许出现半点瑕疵，对产品的品质追求“零缺陷”。如果抱有“差不多”的心理，对产品质量进行妥协，都可能对顾客造成百分之百的损失，而这对公司信誉造成的损失更是巨大。

“差不多”是我们在工作中经常抱有的一种心态，这种心态是坚决要不得的，我们每个人、每个企业，都要努力避免陷入这个误区当中去。无论做什么事情，一定要多问自己几次：“真的可以‘差不多’

吗？差的那一点会给自己、给公司、给客户带来什么不利影响？”从而完善自己的责任意识系统，努力把工作做到完美。其实，很多时候，我们所缺少的不是技术、设备、流程和理念，而是决心——消灭这种“差不多就可以了”的心理的决心。

半寸虽然不影响美观，但却严重影响在顾客心目中的形象。细微和周到的地方，反映了一个人认真的程度，也反映了他处理问题的能力。

细节在市场竞争中具有特殊位置，市场竞争越来越注意服务的竞争，谁注意服务的精细化，从小处着手把服务工作做细，谁就会在市场上更胜一筹。

当宝洁公司刚开始推出汰渍洗衣粉时，市场占有率和销售额以惊人的速度向上飙升。可是没过多久，这种强劲的增长势头就逐渐减缓了。宝洁公司的销售人员非常纳闷，虽然进行了大量的市场调查，但一直找不到销量停滞不前的原因。

于是，宝洁公司召集很多消费者开了一次产品座谈会，会上，有一位消费者说出了汰渍洗衣粉销量下滑的关键，他抱怨说：“汰渍洗衣粉的用量太大。”

宝洁的领导忙追问缘由，这位消费者说：“看看你们的广告，倒洗衣粉要倒那么长时间，衣服确实洗得干净，但要用那么多洗衣粉，计算起来很不划算。”

听完这番话，销售经理赶快把广告找来，算了一下展示产品部分中倒洗衣粉的时间，一共3秒钟，而其他品牌的洗衣粉广告中倒洗衣粉的时间仅为1.5秒。

就是在广告上这么细小的疏忽，对汰渍洗衣粉的销售和品牌形象居然造成了严重的伤害。这是一个细节制胜的时代，对于自己的工作无论大小，都要了解得非常透彻，数据应该非常准确，事实也应该非常真实，这样才能脚踏实地完成宏伟的目标。

我们不缺乏雄韬伟略的战略家，缺少的是精益求精的执行者。把握好每一个细节，不忽视身边的每一件小事，不放弃身边的每一件小事，我们就一定可以把工作做得更好更细。

1992年，美国国家品质奖服务奖的得主——丽滋·卡尔登饭店，在全球联网的电脑档案中，详细记载了超过24万个客户的个人资料。这就是成熟企业客户优质服务的标志，也是以小搏大的成功范例。

有一个小青年到北京来打工，由于身无长技，他就选择了靠近地铁13号线的一处地铁站卖粥，每天用小手推车推着两桶满满的粥。他卖粥的时候露着微笑，在他为顾客找零钞的时候，他总是把最好最新的钱给顾客。就因为有这样的一个小细节，每个买过他粥的行人每次从他小摊前走过都会想是不是要再买一杯粥。

企业正是通过细节服务才能在市场上长期立于不败之地。通过产品或服务革新以及改进运作系统，从细节上进行细化就能够确立企业发展优势。例如美国西南航空公司的无须转机的“点到点”服务以及戴尔公司的直销服务都是极具价值和创造性的发展战略，都能够在稳定的市场环境中创造发展机遇。

天下大事，必作于细。在小事情上敷衍、拖延、马马虎虎、对付迁就的人，难以真正和有效落实；而这样的企业，哪怕再轰轰烈烈于一时，也必将很快导致土崩瓦解的后果。

我们每一个人要想落实好自己的工作，要想把自己所在的企业缔造成真正的百年名企，就要强化精细意识，求真务实，不断追求卓越。讲细节，要细如绣花，在细节处着眼，脚踏实地，只有这样，才能造就真正“了不起的事业”。

从细节中看责任

一家公司正在招聘新员工。来了不少应聘的人，看起来一个个精明干练。面试的人一个个进去又一个个出来，大家看起来都是胸有成竹。面试只有一道题，就是“谈谈你对责任的理解”。对于这样的一个问题，很多人都认为简单得不能再简单。

然而结果却出人意料——一个人都没有被录取。难道这家企业成心不想招人？

“其实，我们也很遗憾。我们很欣赏各位的才华，你们对问题的分析也是层层深入，语言简洁畅达，令各位考官非常满意。但是，我们这次考试不是一道题，而是两道，遗憾的是，另外一道你们都没有回答。”经理说。

大家哗然：“还有一道题？”

“对，还有一道，你们看到了躺在门边的那个笤帚了吗？有人从上面跨过去，有的甚至往旁边踢了一下，却没有一个人把它扶起来。”

“对责任的深刻理解远不如做一件负责任的小事，后者更能显现出你的责任感。”经理最后说。

看来这位经理的挑剔确实很有必要，因为没有哪一位领导者会对如此没有责任意识的员工给予深深的信任，没有多少人可以面临大是大非的抉择，也没有多少人的责任感会受到大是大非的考验，那么就从小事来看看你的员工吧，看看他是否真的对企业有责任感。这也是考核员工的一个重要方面。

1965年，我在西雅图景岭学校图书馆担任管理员。一天，有同事推荐一个四年级学生来图书馆帮忙，并说这个孩子聪颖好学。

不久，一个瘦小的男孩来了，我先给他讲了图书分类法，然后让他把已归还图书馆却放错了位的图书放回原处。

小男孩问："像是当侦探吗？"我回答："那当然。"接着，男孩不遗余力在书架的迷宫中穿来插去，小休时，他已找出了三本放错地方的图书。

第二天他来得更早，而且更不遗余力。干完一天的活后，他正式请求我让他担任图书管理员。过了两个星期，他突然邀请我上他家做客。吃晚餐时，孩子母亲告诉我他们要搬家了，到附近一个住宅区。孩子听说转校却担心："我走了谁来整理那些站错队的书呢？"

我一直记挂着他。但没过多久，他又在我的图书馆门口出现了，并欣喜地告诉我，那边的图书馆不让学生干，妈妈把他转回我们这边来上学，由他爸爸用车接送。"如果爸爸不送我，我就走路来。"

其实，我当时心里就想，这小家伙决心如此坚定，又能为人着想，则天下无不可为之事。不过，我可没想到他会成为信息时代的天才、微软电脑公司大亨、美国首富——比尔·盖茨。

这是卡菲瑞先生回忆起比尔·盖茨小时候写下的文字。从中我们看出，许多伟大或杰出人物身上，总有优于常人之处或早或迟地显示出来。比尔·盖茨对待图书馆工作这样的小事，就已经表现出一种超乎同龄人的责任心，难怪他能在信息时代叱咤风云。

毋庸置疑，想成就一番事业，必须从小的事情做起，从细微之处入手。暂且不去谈论别的影响比尔·盖茨成功的因素，单就他从小就显示出来的做事态度，我们就能窥见他获得人生成就的端倪。

从一件小事可以反映出一个人的内心，也可以反映一个人的品质。如果一个人能够从身边的每件小事做起，对自己严格要求，对待工作严肃认真，就一定能够获得成功。

一粒老鼠屎坏了一锅汤，很多时候，一件小事情往往关系到事情的全部。一位管理大师说，小事影响品质，小事体现品位，小事显示差异，小事决定成败。可以说，无论是领导者、管理者，抑或是一个普通人，都不能不重视小事，不能不关注小事，可遗憾的是我们常常对很多小事情不屑一顾。难怪有人说，在中国，想做大事的人很多，但愿意把小事做细的人很少。我们不缺少雄韬伟略的战略家，缺少的是精益求精的执行者；不缺少各项规章制度，缺少的是对规章制度不折不扣的执行。

世界著名的CEO韦尔奇，其在管理学基础理论上并无振聋发聩的东西，但是他在通用电气（GE）公司20年的管理实践中身体力行的、为人们津津乐道的一些管理细节却令人敬佩。这些细节包括手写“便条”并亲自封好后给基层经理人甚至普通员工，包括能叫出一千多位通用电气管理人员的名字，还包括亲自接见所有申请担任通用电气500个高级职位的人等。在世界最令人钦佩的公司中，很少有哪家公司的老板能做到这样。

责任不分事情大小

有一位成功人士常常这样忠告他身边的人："责任无处不在，无论大事小事，都要全身心地投入，满怀责任感去完成它。对小事不负责，常常酿成大的恶果。"

在现实生活中，"做大事"是年轻人以及一些一直不得志的人向往的事情，因为在他们看来，做大事才有出头之日。可问题是，大事都是由小事构成的，"合抱之木，生于毫末。九层之台，起于累土"。即使让你修建万里长城，也得一块砖一块砖地垒，不做小事，又何来大事成功呢？正所谓：一屋不扫，何以扫天下？做不了小事，又如何做得了大事呢？

中国台湾地区富豪王永庆，早年因家贫读不起书，只好去做买卖。1932年，当16岁的王永庆在台湾嘉义开了一家米店时，小小的嘉义已有米店近三十家，竞争非常激烈。当时仅有200元资金的王永庆，只能在一条偏僻的巷子里承租一个小小的铺面。他的米店开办最晚，规模最小，更谈不上知名度了，没有任何优势。

怎样才能打开销路呢？王永庆感觉到要想米店在市场上立足，自己就必须有一些别人没有做到或做不到的优势才行。经过一番考察和思索，他决定在提高米的质量和服务上下功夫，形成自己的优势。

20世纪30年代的台湾，农村还处在手工作业状态，稻谷收割与加工的技术很落后，稻谷收割后都是铺在马路上晒干，然后脱粒，砂粒、小石子之类的杂物很容易掺杂在里面。所以，当时用于出售的稻米普遍夹杂着秕糠、砂粒、小石子等杂物，买卖双方也都习以为常，见怪不怪。

王永庆却从这一司空见惯的现象中找到了突破口。他带领两个弟弟一齐动手，不辞辛苦，不怕麻烦，一点一点地将夹杂在米里的秕糠、砂石之类的杂物拣出来。这样，王永庆米店卖的米质量就要高一个档次，因而深受顾客好评，米店的生意也日渐红火起来。

在提高稻米质量见到效果的同时，王永庆还超出常规，推行主动送货上门的办法，这一方便顾客的服务措施，大受顾客欢迎。

就这样，王永庆在米的质量和服务上找到了突破，使嘉义人都知道在米市马路尽头的巷子里，有一个卖好米并能送到顾客家的王永庆。有了知名度后，王永庆的生意更加红火起来。结果，经过一年多的资金积累和客户积累，王永庆决定自己办个碾米厂。要把原来的小米店扩展为碾米厂，原来的铺面已经不够用，王永庆便在离最繁华热闹的街道不远的临街处租了一处比原来大好几倍的房子，临街的一面用来做铺面，里间则用作碾米厂。就这样，把事情当作事业来做的王永庆，就从小小的米店开始了他后来的大事业。

把细微之处做到极致，便能扭转乾坤，小事可能是别人熟视无睹却忽略的细节，小事也可能是举手之劳与人方便，但做好这些，却具有很大的现实意义。

在现实中，工作是件很棘手的事。其实工作很简单，只要我们从心底里实实在在从小事着眼，工作中又踏踏实实从细节着手，没有不“让客户100%满意”的道理，也不可能不把企业做大做强。

在工作中，我们每一个人都没有必要总是想到做什么样的事才能成大器，工作图名图利，唯恐有名有利的事漏了自己，想尽办法也要沾点光，对那些微不足道的小事看不上，不愿意去做。

成功不是偶然的，有些看起来很偶然的成功，实际上我们看到的只是表象，一个人如果想要成功，都必须具备一种锲而不舍的精神、一种坚持到底的信念、一种脚踏实地的态度、一种发自内心的责任心。

在荷兰，有一个青年农民来到一个小镇，找到了一份在镇政府看门的工作。他在这个门卫的岗位上一直工作了60多年，一生没有离开过这个小镇，也没有再换过工作。

也许是工作太清闲，他选择了又费时又费工的打磨镜片作为自己的业余爱好。就这样，他一磨就是60年。他是那样的专注和细致，锲而不舍，他的技术已经超过专业技师了，他磨出的复合镜片的放大倍数，比专业技师磨出的都要高。借着他研磨的镜片，他终于发现了当时尚未知晓的另一个广阔的世界——微生物世界。从此，他声名大振，只有初中文化的他，被授予了巴黎科学院院士的头衔，就连英国女王都到小镇拜会过他。

创造这个奇迹的小人物，就是科学史上鼎鼎有名的、活了90岁的荷兰科学家万·列文虎克。

他老老实实地把手头上的每一个玻璃片磨好，用尽毕生的心血，致力于每一个平淡无奇的细节的完善，最后，他终于在细节里看到了自己更广阔的前景。

一花一世界，一沙一天堂。工作实质上并没有优劣之分，每一个工作过程都成就了另一个过程，只有环环相扣，整体工作才会和谐美好。没有哪一个人的付出是没有意义的，每个人各就各位，努力尽责并扮演好自己的角色，我们才可以顺利地完成一份共同的责任——让企业发展得更好！

很多时候，一件看起来微不足道的小事，或者一个毫不起眼的变化，却能改变人的一生。每个人所做的工作，都是由一件件小事构成的。车站的站务员每天的工作就是引导乘客进出站口，回答顾客的提问；清洁工便是打扫车站、保持车站的整洁。也许你每天所做的可能就是接听电话、处理文件、参加会议之类的小事，你是否对此感到厌倦，是否因此而敷衍应付，心里有了懈怠？

在约翰·肯尼迪总统眼里，任何细枝末节都有特别重要的意义。在其就职典礼的检阅仪式中，肯尼迪注意到海岸警卫队士官生中没有一个黑人，便当场派人进行调查；他在就任总统后的第一个春天发现白宫的草坪长出了蟋蟀草，便亲自告诉园丁把它除掉；他发现美国陆军特种部队取消了绿色贝雷帽，便下令予以恢复；尤其使人感到意外的是，肯尼迪在就任总统后不久举行的一次记者招待会上，竟然胸有成竹地回答了关于美国从古巴进口1200万美元糖的问题，而这件事只是在此前有关部门一份报告的末尾部分才第一次提到。

身为总统，肯尼迪巨细都抓的风格非但没有被美国人指责，反倒因此使自己的形象更加丰满。同肯尼迪相比，美国的许多总统似乎都不逊色。其中，富兰克林·罗斯福总统是凭借惊人的记忆力来记住诸多小事的。第二次世界大战中，有一条船在苏格兰附近沉没，沉没的原因是鱼雷袭击还是触礁，一直没有结论。罗斯福则认为触礁的可能性更大，为了支持这种立论，他滔滔不绝地背诵出当地海岸涨潮的具体高度以及礁石在水下的确切深度和位置。这令许多人折服。罗斯福更拿手的绝活是进行这样一种表演：叫客人在一张只有符号标志而没有说明文字的美国地图上随意画一条线，他都能够按顺序说出这条线上有哪几个县。

林登·约翰逊总统也曾在细枝末节上有过出色的表现。有一次，约翰逊刚刚在国会参议两院联席会上结束致辞，一位参议员便跑上去向他表示祝贺。约翰逊说："对，大家鼓了80次掌。"这位参议员立刻跑去核对，会议记录，竟然查实总统丝毫没有说错。显然，约翰逊在演讲的同时，必定在仔细数着会场上鼓掌的次数。

认真对待每一件事都算是做大事，固守自己的本分和岗位，就是最好的贡献。如果你能执着地把手上的小事情做到完美的境界，你同样也会成为一个了不起的人物！

对工作的细节要高标准、严要求

1987年11月初，中国建筑第二工程局的机械加工队，承揽了广东省大亚湾核电站部分塔吊安装工程，由武某负责具体安装指挥。

1988年1月13日上午，10号塔吊的前后臂和配重块以及主要部件已基本安装完毕。塔吊回转以上部分未与塔身连接，只靠爬身套架支撑，塔吊处于顶升准备状态。

为安装平台围栏接板，武某违反塔吊不准斜吊的规定，叫起重工王某指挥用配合安装的9号塔吊牵引10号塔吊前臂转动，致使10号塔吊套架处弯折，向南倒塌。

拴在前臂上的9号塔吊钢丝绳被拉断。站在前臂端的起重工王某随前臂倒塌被砸死，平台上的电气技术员索某被摔死，塔基南面的起重工杜某被配重块压死，路过现场的职工方某被砸断腿，正在塔上安装的工人胡某等四人随塔吊倒下受轻伤，9号塔吊司机田某因钢丝绳被拉断而受伤，直接经济损失76万余元。

事故发生后，深圳市人民检察院依法立案进行侦查，并请有关专家对事故原因进行了分析鉴定。鉴定意见归纳起来，塔吊倒塌的原因是：

——安装塔吊上部时，旋转台只安放在塔身标准节上端，没有把上下两端的销钉孔用销钉锁住固定，塔吊处于极不稳定状态，为事故埋下了隐患。

——塔吊前臂长29米，只伸出17.9米，臂重9.8吨；塔吊后臂长7.5米，管重6吨，加上配重22.5吨，共28.5吨。前后臂不平衡，产生了后倾力。

——塔吊处于准备顶升状态，上下部分没有用销钉连接紧，在这种情况下，塔吊只能承受压力，不能承受拉力，用9号塔吊(在上)拉10号塔吊前臂(在下)，必然产生3个力：向上的拉力使之增加后倾、作用于塔身的推力、旋转力使后臂往外套架危险的开口处扭转。在这三个力的作用下，塔吊迅速向南弯折倒塌。这是由于安装的程序不对，改变了塔吊的受力状态而发生倒塌，而不是塔吊本身的质量不好而引起倒塌的。

这起事故的原因就是因为没有遵守操作的标准，从而致使事故的发生，这是沉痛的教训和血的代价。如果我们留心自己的生活，就会发现轻率和疏忽所造成的祸患是不相上下的。许多人之所以失败，就是败在做事不够尽责、轻率马虎上。无数人因为养成了糊弄工作、敷衍了事、低标准的工作态度，而导致自己一生不能出人头地。

标准是做任何事情的最低要求。一个认真工作的员工应当始终坚持自己或公司的做事标准，时刻要求自己遵循公司的信条和做事准则，始终不渝。

按标准做事是做好工作的最起码要求，如果你一贯都不能坚持标准和质量，你就会自然而然地按照自己习惯的方式去做事，做得一般就自认为可以了。放松标准后，各种各样的问题会接踵而来，我们的客户就会感觉越来越不好，他们或者有怨言，或者离我们而去。失去了衣食父母，我们也就失去了事业的土壤，到最后损失最大的还是我们自己。

自己要求自己的标准，必须远远高于市场对你的要求标准，你才可能被市场认可。同理，作为一名员工只有以高标准严格地要求自己，你才能赢得老板的信任和器重，获得机会和提升。

在激烈的竞争中，万事皆需要高标准、严要求。土豆条炸煳了、牛肉饼变质或不够分量、店堂不够清洁、音乐不够优美、桌椅板凳不够舒适等等，都是麦当劳公司绝对不能容忍的。它有一个“QSCV战略”，即：讲究营养、味美的质量(Quality)，令人满意的服务(Service)，清洁卫生的环境(Cleanness)，合理的价格(Value)。凡不符合这四项要求的，经理要被开除，分店要被吊销经营许可权。

在现代社会，对待工作“高标准、严要求”早已成为企业自身生存与发展的不二法则。要知道，任何一家企业的久盛不衰，以及它的成功都是与它对自身各个环节的“高标准、严要求”分不开的。

美国一家公司在韩国订购了一批价格昂贵的玻璃杯，为此美国公司专门派了一位官员来监督生产。来到韩国以后，这位官员发现，这家玻璃厂的技术水平和生产质量都是世界第一流的，生产的产品几乎完美无缺，他很满意，就没有刻意去挑剔什么，因为韩方自己的要求比美方还要严格。

一天，他无意中来到生产车间，发现工人们正从生产线上挑出一部分杯子放在旁边，他上去仔细看了一下，没有发现两种杯子有什么差别，就奇怪地问：“挑出来的杯子是干什么用的？

“那是不合格的次品。”工人一边工作，一边回答。

“可是我并没有发现它和其他的杯子有什么不同啊？”美方官员不解地问。

“你仔细看，这里多了一个小的气泡，这说明杯子在吹制的过程中漏进了空气。”

“可是那并不影响使用啊？”

工人很自然地回答：“我们既然工作，就一定要做到最好，任何的缺点，哪怕是客户看不出来，对于我们来说，也是不允许的。”

“那么这些次品一般能卖多少钱？”

“10美分左右吧。”

当天晚上，这位美国官员给总部写信汇报：“一个完全合乎我们的检验和使用标准、价值5美元的杯子，在这里却被无人监督的情况下的员工用几乎苛刻的标准挑选出来，只卖10美分，这样的员工堪称典范，这样的企业又有什么可以不信任的？我建议公司马上与该企业签订长期的供销合同，我也没有必要再待在这里了。”

的确，高品质的产品和高度的信誉从根本上都源于企业对于各个方面的“高标准、严要求”。当我们了解到了上例韩国公司对于生产杯子的高标准和严要求后，便不难理解例中美国官员“没有必要留在这里”的感慨了。

永远不要退而求其次。只有坚持高标准、严要求，才能在任何情况下都能立于不败之地。作为一个企业，要在管理中抓细节；作为普通员工更应从细节做起，一丝一毫不可忽视。只有这样，企业才能发展，员工才会进步。

一个人成功与否在于他是不是做什么都力求做到最好。成功者无论从事什么工作，都绝对不会轻率疏忽。因此，在工作中你应该以最高的规格要求自己，能完成100%，就绝不只做99%，尽可能地把工作做得比别人更快、更准确、更完美，动用你的全部智慧。对于员工来说，以最高的标准要求自己，在工作的时候，就意味着做到让客户百分之百满意，让客户感受到超值的服务。这就是卓越员工工作的唯一标准。这样的标准在实际工作中，一方面将造就优秀的员工，另一方面将造就成功的企业。

一位管理专家一针见血地指出，从手中溜走1%的不合格，到用户手中就是100%的不合格。为此，我们要赢得成功，就应当自觉戒除糊弄工作的错误态度，为自己的工作树立严格的标准。要自觉地由被动管理到主动工作，让遵守规章制度成为每个职工的自觉行为，把事故苗头消灭在萌芽之中。

一个人要想把事情做到最好，在他心目中必须有一个很高的标准，不能是一般的标准。在决定事情之前，要进行周密的调查论证，广泛征求意见，尽量把可能发生的情况考虑进去，以尽可能避免出现1%的漏洞，直至达到预期效果。

第六章

责任是执行力的核心

落实责任是解决问题的关键

汪丽先以坚忍不拔的毅力、坚定不移的信念，通过近3年的努力，使自己从一个普通的业务员成长为优秀团队的领导者，演绎了一段从家庭主妇向团队指挥者转变的传奇乐章，成为开放在通山新华的一朵绚丽的玫瑰。“只要方向对了，就不怕路远”是很多企业的座右铭，汪大姐也非常认可这句话，她时常和自己的队员说，只要有了目标，就持之以恒地去做，无论前路是否荆棘满地，只要努力过，就无怨无悔。起初，汪大姐来保险公司，由于业务不熟，工作辛苦，她丈夫坚决要求她辞职，她也一度有过“动一动”的想法，但是通过反复的思虑，她认为既然选择了保险行业，就一定要干出名堂来。随着时间的推移和取得的相关成绩，她丈夫也逐步认可她的工作并给予极大的支持，最近还加盟新华保险干起了“夫妻档”。

没有落实一切都是空谈。“天下大事，必作于细，古今之事，必成于实”，这句至理名言牢牢烙印在她脑海里，她的一言一行、一举一动都以此为行动准则，她深知想到就要做到，做到就要看到结果，否则一切都是纸上谈兵，一切都是空中楼阁。基于这样的信念，往往在狂风暴雪里能看到她的脚印，在烈日炎炎下能看到她的汗水，在轧账的最后一刻能看到她交单的身影。通过自己不懈的努力，从对保险一无所知到现在的龙城圆桌会——无不印证她务实的工作作风、踏实的工作态度和必胜的工作信心。一直以来，她也在不断地完善自己的销售技能，不断刷新保费业绩，为更广大的客户提供了保障，也为企业创造了利润。

企业的发展需要优秀的决策者，同样需要不折不扣的执行者。如果没有人将决策者的思想和战略不折不扣地落实下去、贯彻下去，再伟大的设想也只能是空想。当前，落实力已经被越来越多的企业所重视。无论什么时候，企业都在寻找积极主动、不折不扣地完成任务的落实型员工，善于落实的员工也是企业中不可缺少、不可替代的人。

落实一词的书面解释是使计划、措施等通过周密的研究，达到具体明确，切实可行。

落实，是实践，是把嘴上说的、纸上写的变为具体的行动，是把贴在墙上的蓝图变为改造世界的实践；落实，是人们认识世界、改造世界的一个环节，是联结认识与实践、理想与现实的一座桥梁；落实，是一个过程，是一个环环紧扣的链条；落实，凝聚着心血和责任，体现着作风和意志，反映着一个人的能力和水平。

落实不仅是工作中不可或缺的一环，更是至关重要的一环。目前，国内很多企业在进行战略规划的同时，忽视了企业文化的同步建设和提升，种种顾此失彼的逻辑和过程谬误，导致了战略规划要么收效甚微，要么中途夭折甚至最终“流产”。因此，应当正确地认识到：落实是一切工作的重中之重，必须引起企业的密切关注。

任务的关键在于落实。企业能够赢得市场，站稳脚跟，落实到位是其制胜法宝之一。落实不到位，任务就不能按时完成；落实不到位，客户就会对企业失去信心；落实不到位，员工就不能有一个良好的工作环境；落实不到位，直接影响着企业的存活。

创建于1995年的“红高粱”在郑州开出第一家中式快餐店获得成功以后，创始人乔赢便以“挑战麦当劳”的口号一夜成名，被冠以“中国连锁快餐领头羊”的名号。伴随着知名度的上升，“红高粱”开始了高速的连锁扩张，在资金不足的情况下，两年中先后在深圳、上海等20多个城市发展了50多家连锁店。由于企业扩张太快，资金没有落实到位，“红高粱”陷入资金危机，管理上也趋于失控，各地的连锁店已经无法统一管理，产品质量无法保证，最终导致“红高粱”在客源流失和资金缺乏的情形下，于1998年倒闭，乔赢也因为被控非法集资而锒铛入狱。

除了“红高粱”的惨败之外，“荣华鸡”的退出也同样引人注目。“肯德基开到哪儿，我就开到哪儿！”是1994年“荣华鸡”在北京开第一家分店时的豪言壮语。它在成立之初的两年内达到了单店150万元的单月销售额纪录，但由于扩张速度太快，管理上缺乏标准化，很多工作无法落实到位，最终失去了消费者。6年后，北京的最后一家“荣华鸡”在安定门歇业。一些专业人士在对“荣华鸡”的失败找寻原因时曾指出，“荣华鸡”的失败缘于在管理上缺乏标准化、工作落实不到位。当“荣华鸡”在初期进行大规模扩张时，一方面在产品标准化上，对原料质量、食品加工方法等没有严格的限定；另一方面在服务标准化上，对员工的文明规范以及店堂环境设置等没有具体的标准要求和严格的质量监控体系，结果导致每家店的产品和服务质量参差不齐，最终失去了消费者。

好的思想靠行动，好的概念靠运作，好的制度靠实施。马云曾经说过：“比起一个一流的创意、三流的执行，我宁可喜欢一个一流的执行、三流的创意。”有些人在接受任务时，出于或急于出成绩、或急于树形象、或心情浮躁、或好大喜功等目的，往往只注重喊一些激动人心的“口号”，做一些引人注目的“宣传”，发一些空洞无物的“指示”，而对于工作落实的具体方法、关键措施、意见建设，往往很少花心思、动脑筋、费精力，在“口号”上雷声大，在落实上雨点小，必然导致结果上的不尽如人意，最终走向失败的结局。

任何一项工作从制定目标到出成效，无非经过从制定目标到拟订措施再到落实措施，最后出成果这几个环节，在这几个环节中，“落实”，是最关键的一环，如果没有“落实”这个行动的环节，那么，再宏伟的目标和再过硬的措施都将成为泡影，成果必将大打折扣，甚至为零。

为了适应市场的发展，1999年宝洁公司把中国的销售渠道做了巨大的调整：取消销售部，代之以客户生意发展部(CBD)，打破4个大区的运作组织结构，改为按照渠道建立的销售组织。宝洁公司提出了全新的分销覆盖服务的概念，全国的分销商数目由原来的三百多个减少到一百多个。

然而，并不是所有的分销商都接受渠道新政，有的分销商拒绝去异地开办分公司，在当地的销售也不那么积极了，宝洁的产品在很多局部地区市场出现空白。分销商的铺货、陈列等工作也变得马马虎虎起来，宝洁的渠道新政在落实时已经严重变形，无法将产品在规定区域内有效地分销，有效地渗透到应该到达的受众和终端。

分销商对渠道政策理解和落实的不到位、不配合，使渠道运作偏离了原来设定的轨迹，宝洁公司当年应收账款迅速上升，呆、死账近亿元，利润也迅速下降。

其实，这种渠道政策变形的现象非常普遍，如总部制定的政策区域不落实、中间商不配合厂家的政策、零售商不配合厂家的政策等等。所引起的渠道管理问题也比比皆是：总部与区域之间的矛盾、决策层与落实层之间的矛盾、渠道管理人员与一线业务人员之间的矛盾。

甚至连中国优秀的企业联想集团，也经常面临落实力的难题。联想在1999年实施ERP改造时，业务部门不积极落实，使流程设计的优化根本无法深入。最后柳传志不得不施以铁腕手段，才让ERP计划得以落实到位。

戴尔曾把他的直销模式写成书，广为传播，不少企业争相模仿，但是没有一家企业能够超过戴尔集团，原因只有一个，它们缺乏对这一模式的落实力！

想法再好，不落实就是零

一天，老鼠大王组织召开了一个老鼠会议，紧急商讨怎样对付猫吃老鼠的问题。

老鼠们踊跃发言，出主意、提建议，会议开了半天，也没有一个可行的办法。这时，一只号称最聪明的老鼠站起来说："据事实证明，猫的武功太高强，死打硬拼我们不是它的对手。对付它的唯一办法就是——防。""怎么防呀？"大家提出疑问。"给猫的脖子上系个铃铛。这样，猫一走动铃铛就会响，听到铃声我们就躲进洞里，它就没有办法捉到我们了！""好办法，好办法，真是个聪明的主意！"老鼠们欢呼雀跃起来。

老鼠大王听了这个办法以后，高兴得什么都忘了，当即宣布散会举行大宴。可是，第二天酒醒以后，它突然觉得不对劲，于是又召开紧急会议，并宣布："给猫系铃铛这个方案我批准了，现在开始落实。"

"说干就干，真好真好！"群鼠仍然激动不已。

"那好，有谁愿意接受这个任务？请主动报名吧。"

等了好久，会场里一片寂静。于是，老鼠大王命令道："如果没有报名的，我就点名啦：小老鼠，你机灵，你去系铃铛。"老鼠大王指着一只小老鼠说。小老鼠一听，马上浑身抖作一团，战战兢兢地说："回大王，我年轻，没有经验，最好找个经验丰富的吧。"

"那么，最有经验的要数鼠爷爷了，您去吧。"紧接着，老鼠大王又对一只爷爷辈的老鼠发出命令。

"哎呀呀，我这老眼昏花、腿脚不灵的怎能担当得了如此重任呢，还是找个身强体壮的吧。”鼠爷爷磕磕巴巴，几近哀求地说道。“那谁去呢？”于是，老鼠大王派出了那只出主意的最聪明的老鼠。这只老鼠“哧溜”一声离开了会场，从此，再也没有见到它。老鼠大王一直到死，也没有实现给猫系铃铛的夙愿。如果只是开会，而没有落实，那么，一切都等于零。

开会，对我们而言再熟悉不过了。开会似乎已经成为工作中不可缺少的一部分，人们习惯了无论遇到什么问题，都要开会讨论讨论、研究研究。然而，我们又不得不承认，绝大部分的会议没有起到它应有的作用。我们常常遇到这样的情况：开会的决议本应很好地促进工作的开展，却在实际工作中并不见成效。究其原因，是我们没有将会议的内容予以落实。如果只是开会，而没有落实，那么，一切都等于零，就像故事中所表现的一样。

铃铛系不到猫脖子上，问题就得不到解决，老鼠就避免不了被猫吃的危险。必须明确落实到位，这样才有明白的责任和过错失误追究。企业也一样，想要达到某种目的，必须要有可行方案；仅有方案也不行，还要落到实处。大大小小的文山会海如果不去落实的话就等于零，光有好的战略远景远远不够，有好的执行和落实，才能得到想要的结果。没有落实的行动永远都是纸上谈兵。开了会，制定了方针政策，就必须毫无借口地落实责任。

现在好多部门对于上级的工作要求往往“高度重视”，总要开个轰轰烈烈的会议，传达精神、强调意义、部署工作、严格要求，可此后便再无下文，于是“开会就是落实”成了形式主义的代名词。

开会固然是有效落实责任的手段，但是，绝不能为开会而开会。正如一副对联所写的：今天开会明天开会后天开会天天开会，你也在讲我也在讲他也在讲人人在讲。横批：谁抓落实。这样的会议有什么意义？落实责任，就要真抓实干，会议结束后把会议的内容落实到位才是开会的最终目标。

卫留成说，他就任海南省省长的第一个月，他亲自做出的57个批件，只落实了2件，其他的要么不知下落，要么“正在办理”。有关部门2002年4月提出的表扬6名援藏干部的文件，竟然经过两年半的时间才“旅行”到他的手里。

实际上，这种现象并不罕见。随处可见的差不多和不到位；无处不在的浅尝辄止和虎头蛇尾。满足于一般号召，缺乏具体指导；遇事推诿扯皮，办事不讲效率等，都是没有把制度真正落实的具体表现。

白银市工商行政管理局局长王庆邦说：“不可否认，推行部门或行业文化都是企业的一个美好的愿望，也是一个艰难的过程。想把一系列严格的管理制度和先进的工作理念彻彻底底地落实到每一个人的思想意识中，落实到具体的实践行动中谈何容易，因此，工商文化建设不是一蹴而就的事情，如何避免这项工作流于形式，变成中看不中用的花架子，是我们从一开始就最为关注的问题。”

1996年，北京某集团公司在谋求变革的道路上迈出了第一步，邀请了著名的咨询公司麦肯锡为其设计集团的主业连锁经营方案；同年，请安达信咨询公司开发了计算机管理信息系统。1997年，请麦肯光明广告公司进行了市场营销和广告总体策划。但是，这所有的一切都仅仅只落在了纸上，而领导和员工没有采取任何行动。耗巨资500万请麦肯锡做的战略规划方案，厚厚的一大摞，却封存在档案室里。虽有好的方案，但没有人去落实，所以无异于海市蜃楼，说与做背离，使得北京某集团公司最终失去了在市场上重塑第一店的机会。

北京某集团公司之所以出现上述这种情况，其根本原因就在于员工和领导没有把工作落到实处。这个案例再次向我们阐述了行动的重要性。

一般人落实无效的通病是想得多、想得好，一到具体落实就退缩，这势必会使做事的效率降低。有了认知而不去行动，落实的达成也只能是空想，要想达到有效落实就更是美丽的泡沫。知道却没有做到，无疑将成为语言的巨人、行动的侏儒。所以要将认知落实到行动中去，通过行动力的提升，来达到提高落实效率的目的。

当前，多数部门、行业对落实的问题极为重视，动脑筋、想办法、下功夫，出台了不少政策，制定了不少标准，提出了不少要求，在质和量两方面都进行了细化、具体化，可谓用心良苦，但是，“橘生淮北则为枳”的现象仍然时有发生。其实政策再好、制度再全、标准再高、要求再严，如果具体执行的人不认真、不负责、不尽心，其效果可想而知。

只图形式，不问实效，以会议落实会议，靠文件落实文件，习惯于当“收发员”“二传手”，层层喊落实，结果层层不落实；有的干部落实不力，照抄照搬，部署工作时雷声大，落实工作时雨点小，虎头蛇尾，有始无终，表面轰轰烈烈，热热闹闹，实际上没有解决什么根本问题；有的遇事推诿，不负责任，遇事能推则推，能躲就躲，能应付则应付，有风险的工作不愿干，有困难的工作不去干，得罪人的工作不想干。

实际工作中，之所以会出现一些重大决策没有很好地落实到位、一些重要政策在落实过程中打了折扣、一些重大工程在实施过程中进展缓慢等现象，究其原因，往往不是方向不明、道理不清、招数不对，而是失之于用心不够、责任不清、落实不到位。

企业在发展过程中会有很多问题，但急需解决的问题仍然是落实力不强的问题。主要表现为：不能将好的思路落实于具体落实时间表上，导致好的思路和策略成为空谈；安排工作不到位，落实责任拖拖拉拉；落实过程敷衍了事。落实力低下是企业管理中最大的漏洞，再好的策略也只有成功落实后才能够显示出其价值。

衡量人才标准：责任能力

为什么上级要求我们去拜访一位女客户，我们却走访了很多男客户；为什么老板要求我们去市场了解一下产品，我们却坐在饭店里吃吃喝喝。落实不到位归根到底是责任心的问题，责任不到位从而导致执行扭曲。

员工最宝贵的精神是落实的精神，企业最关键的落实是责任的落实。落实任务，先要落实责任，因为责任不清则无人负责，无人负责则无人落实，无人落实则无功而返。落实责任，是抓好工作落实的重要保证。

责任的多少、大小、轻重其实并不重要，关键的是要把责任落实到位。责任落实了小职员也可以干出惊天动地的事业。美国标准石油公司的第二任董事长阿基勃特曾经是一位小职员，但由于他的责任感和对责任的真正的履行，使他成为了这家大石油公司的第二任董事长。责任不落实，一个小小的失误就可能酿成大祸，吉林中吉百货大厦不就是毁在一个小职员没有踩灭的一个小小的烟头下吗？

成败关键在落实，一个极其微小的责任不落实都有可能导致企业巨大的损失。

广州一个家电制造有限责任公司曾发生过这样一起管理“事故”：3号车间有一台机器出了故障，经过技术科的工作人员检查，发现原来是一个配套的螺丝钉掉了，怎么找也找不到，于是只好去重新买。可是根据公司内部规定，必须先由技术工作人员填写采购申请，然后由上级审批，之后再经过采购部部长审批，才能由采购员去采购。

可是，问题又出现了：市内好几家五金商店都没有那种螺丝，采购员又跑了几家著名的商场，也没有买到。

几天很快就过去了，采购员还在寻找那种螺丝钉，可是工厂却因为机器不能运转而停产。这还得了！于是，公司的其他管理者不得不介入此事，认真打听事故的前因后果，并且想方设法地寻找修复的方法。

在这种“全民总动员”的情况下，技术科才拿出了机器生产商的电话号码。于是，采购员打电话问哪里有那种螺丝钉卖。对方却告诉他：你们那个城市就有我们的分公司啊。你去那里看看，肯定有。

半个小时后，那家分公司就派人上门送货来了。问题解决的时间就那么短，可是寻找螺丝钉，就用了一个星期，而这一个星期公司已经损失了上百万元。

很快，工厂又恢复了正常的生产运营。在当月的总结大会上，采购科长将这件事情又重新提了出来，他说：“从这次事故中，我们很容易就能看出，公司某些工作人员的责任心不强。从技术科提交采购申请，再经过各级审批，到最后采购员采购，这一切都没有错误，都符合公司要求，可是结果却造成这么重大的损失，问题在哪里？竟然是因为技术科的工作人员没有写上机器生产商的联系方式，而其他各部门竟然也没有人问。”

在责任面前我们每个人都应该认识到，责任不分大小，关键在于落实。公司和单位的决策，你不落实，就是对组织的不负责任；不把自己的工作做好，不认真落实责任，就是对自己前途的不负责任。

有些员工常常感叹工作落实难、难落实，究其原因，主要是责任意识不强造成的。有的敷衍塞责、拈轻怕重，遇到困难绕道走；有的把责任心挂在嘴上，在抓落实上却无动于衷、无所作为，工作没起色，更没特色。我们每个人无论面对的责任是大是小，无论做什么工作，在什么岗位上，都应该自动自发地落实自己的责任，必须把强化责任意识放在心上，落实到行动上，用强烈的责任心推动工作落实。

1962年5月8日凌晨1时15分，大庆油田最早建成投产的中一注水站突然起火，熊熊大火疯狂肆虐，不到三小时全部厂房被烧成一片灰烬。主管一线生产工作的宋振明认为：这场大火暴露出来的问题，主要是生产管理中的岗位责任制不明确。会战总指挥康世恩充分肯定了这一看法，并提出组织12个工作组到不同工种的单位蹲点，总结群众经验，建立岗位责任制。宋振明同志带队到北二注水站蹲点，他总结群众经验，制定出“交接班制”“岗位专责制”“巡回检查制”“维修保养制”，以后，又加上其他单位总结的“岗位练兵制”“安全生产制”“经济核算制”，形成了完整的基层岗位责任制。从1962年到1964年，宋振明同志不辞劳苦，呕心沥血，紧紧依靠油田广大干部和工人，由点到面，从无到有，先后组织制定并全面推行了“基层生产责任制”“基层干部岗位责任制”和“机关干部岗位责任制”，形成了具有大庆特色的以岗位责任制为基础的管理体系。

岗位责任制是大庆油田最基本的生产管理制度，它是社会主义企业按照生产、工作岗位的职责所建立的一种管理制度。岗位责任制的建立，把全部生产任务和管理工作，具体落实到每个岗位和每个人身上，使油田事事有人管、人人有专责、办事有标准、工作有检查，大大增强了职工的责任意识和任务落实到位的观念，提高了生产条件的合理利用水平，保证了生产持续不断地向前发展。这种符合现代工业实际的科学管理制度，保证了生产的有序进行，推动了企业的稳定发展，并在实践中不断完善。

学习大庆油田的岗位责任制，要求我们在工作中要主动思考问题，积极解决问题，并明确自己的任务，理出任务表，细化每项工作，看看哪些工作还没有到位，应该怎样解决，尤其是要和哪些相关部门进行协调，要主动去联系，并落实任务。只有加强部门岗位责任制，提高责任感，增强责任意识，才能在各项活动中圆满完成任务。

责任是被赋予了具体的岗位或者职务，但责任却是由具体的岗位或职务上的人来承担，因此，承担责任的能力，就成了衡量企业人才的标准——我们称之为“责任能力”。

只有落实责任，才是落实任务、对结果产生作用的真正力量。只有靠落实责任，我们的单位和企业才能更加欣欣向荣；只有靠落实责任，战略才能隆隆推进，崭新的未来才能扑面而来；只有靠落实责任，个人的潜力才能得到无限的开发，个人才能一步步走向成功。

责任心促进执行力

有个落魄不得志的中年人每隔三两天就到教堂祈祷，而且他的祷告词几乎每次都相同。

“上帝啊，请念在我多年来敬畏您的分上，让我中一次彩票吧！阿门。”

几天后，他又垂头丧气地回到教堂，同样跪着祈祷：“上帝啊，为何不让我中彩票？我愿意更谦卑地来服侍您，求您让我中一次彩票吧！阿门。”

到了最后一次，他跪着重复他的祈祷：“我的上帝，为何您不垂听我的祈求？让我中彩票吧！只要一次，让我解决所有困难，我愿奉献终身，专心侍奉您。”

就在这时，圣坛上空发出一阵宏伟庄严的声音：“我一直垂听你的祷告。可是——最起码，你也该先去买一张彩票吧！”

在制订了一个明确的计划之后，关键是要落实在行动上，否则你到死都会像以前那样将工作无休止地拖延下去。落实是根本，我们要把行动真正落实到日常工作中，不能只说不做。不管从事什么事业，当有了一项工作或任务后，就应该当机立断，立即落实。

管理学上的格瑞斯特定律指出：“杰出的策略必须加上杰出的执行才能奏效。”一个组织有了远大而明确的目标，有了周密的计划和好的战略规划，并不一定能确保成功。很多组织并不缺乏目标，也不缺乏战略，更不缺乏人才和好的组织架构、崇高的核心价值及理念，但最后它们却失败了，究其根本，问题出在行动上。

一打纲领不如一个行动，一次行动胜于百次空谈。说一千道一万，关键在行动。没有行动，任何口号都没有意义。落实任务必须言行一致，见诸行动。

员工是落实任务的主体。毋庸讳言，在有些员工身上，存在着一种不好的现象，那就是对领导的精神和要求，往往只停留在一般表态上、认识层面上，以及规定措施上，至于如何将其落实到行动，则考虑不多、抓得不力，雷声大、雨点小，其通病是“说得多，做得少”，“有唱功，没做功”，做了“语言的巨人，行动的矮子”。

德摩斯梯尼是古希腊的雄辩家，有人问他雄辩术的首要之点是什么？他说：“行动。”

第二点呢？“行动。”

第三点呢？“仍然是行动。”

凡事若不抓“落实”，最终导致所提出的“规划”“计划”等，多是“写在纸上、挂在墙上、停在嘴上”，部门之间工作互相推诿扯皮，“皮球”踢来踢去，办事效率低，原有的计划往往落空，从而贻误大好时机，不仅阻碍个人事业发展，还严重损害了公司利益。

我们都知道“思想是行动的先导”，没有思想的解放和观念的更新，就不可能有适应科学发展观要求的实际行动。但思想不等于行动，思想解放了还须有相应的行动。如果没有行动，不付诸实践，任何思想就会停留在口头上、会议上和文件中，不仅难以取得实际效果，还会贻误战机。因为行动滞后，致使起个大早，也只能赶个晚集，甚至连晚集也赶不上。在工作的过程中，有时候发展的思路不能说不新，规划不能说不宏伟，气魄不能说不大，但就是落不到实处，往往是热闹一阵子就过去了，预期的效果根本没达到。所以说工作不能只看嘴上怎么说，纸上怎么写，归根结底在落实。能不能付诸实践，落实任务，是对一个人办事能力强弱的最实际的检验。

有一次，德国科利银行招聘经营管理职员。有一位年轻人参加了应聘。

总经理请他谈一谈公司的未来。他回答说：“我认为公司的发展应当是秩序化的管理，而不是什么关于未来的夸夸其谈。因为我到您这里的时候，已经看到了公司的不良现状……”

他的发言十分精彩，但在他滔滔不绝地阐述完自己的观点时，总经理说：“你是到本公司面试的第109个人，其中有84个人持有与你一致的观点。”

年轻人不免感到十分失败和沮丧，他礼貌地起身告辞。走到门口的时候，发现地上有一个钉子，他捡起来装在口袋里，离开了公司。

一个星期后，他接到了公司的录取通知。他惊讶地问总经理：“我的回答不是没有什么特别之处吗？”总经理说：“那些道理很多人都会说。重要的就是你离开时捡钉子的行为，让我很满意。要知道，有多少面试的人都只会长篇大论，而不会在实际中务实地去做。只有你这么做了，这证明你非常务实！”

这位务实的年轻人就是后来的德国科利银行公司总裁克劳斯特·宾。

马云曾经说过：“理念如果不落实在行动上，只是一堆废纸。”他是这么说的，也是这么做的。15年前，他为互联网着迷被称为互联网狂人时，他把互联网的梦通过用阿里巴巴这样一个带有神话色彩的名字命名的公司实现了。但他并没有止步于此，他频频地进行国际交往，他好学，他在前沿的思考，他最新的阿里巴巴的推出，这一系列的落实行动让他站到了一般人难以企及的高度。其实，脚在地上，心在远方，做到这两者之一都不容易，要将这两者结合起来更是难上加难。

2004年在北京举办的“杰克·韦尔奇与中国企业高峰论坛”上，中国的企业家曾这样问杰克·韦尔奇：“我们大家知道的都差不多，但为什么我们与你的差距那么大？”杰克·韦尔奇的回答是：“你们知道，但是我做到了。”这个答案简单得出人意料，但却道出了管理的真谛：知道更要做到！

我国明朝思想家王明阳有一个思想体系叫作“知行合一”，他指出人的活动是有目的、有意识的，如何使人的主体和客体联系起来，关键在于“求理于吾心”，也就是“知行合一”。目前，国内企业普遍缺失落实力、执行力，知行的重要性被提高到了空前重要的地位。“知”的作用固然不可忽视，但“行”才是将目的转化为结果的关键所在。

“要我落实”不如“我要落实”

知名企业家李开复说：“不要再被动地等待别人告诉你应该做什么，而是应该主动地去了解自己要做什么，并且仔细地规划，然后全力以赴地去完成。想想在今天世界上最成功的那些人，有几个是唯唯诺诺、等人吩咐的人？对待工作，你需要以一个母亲对孩子般那样的责任心和爱心全力投入，不断努力。果真如此，便没有什么目标是不能达到的。”

1995年，曾经在远大发生过这样一件事情：一台运料汽车在厂区里面漏了油，吃中餐的时候，几百个员工路过那里看见了一大摊油迹，都无动于衷。后来张跃看到了，当时就火冒三丈，下令以这件事情作为公司的典型，召开全体管理人员会议来谈这个问题。张跃认为：如果哪一天发现在远大的路面上有一摊油，或者有一摊泥土没有人去打扫，而又恰巧被正在上下班的几百名员工看见了，这将比远大一台机器发生重大质量事故还要严重！因为这会给员工留下一种印象：公司对质量要求不苛刻！那么他在工作中间就可以随便一点，有意无意地可能就会多少犯一点错。试想，一千多个工人当中，七八百个工人都犯一点点错，这对企业的发展乃至生存意味着什么？如果在关键的时刻出这样的问题，整个企业都会被毁掉！对这件事，人们至今仍然印象很深，因此类似的事情后来远大就再也没有发生过。

张跃认为：企业管理除了要靠制度外，还必须讲究“自觉性”。后者可以依靠环境，因为人是无时无刻不受环境影响的。要求员工确保产品质量，光靠文件、图纸、质检员等是做不到的。而当员工看到偌大的厂区每根草都是整齐的，每一条道路没有一丁点儿脏物，车间每一块地板都没有灰尘，生产、办公、生活设施见不到半点缺损、破旧时，员工们就会下意识觉得自己不能马虎对待手头上的工作。

的确，在落实的过程中，员工除了“做”是远远不够的，还要有工作意愿（动机），即要自动自发。所谓的自动自发不是一个口号一个动作，而是要充分发挥主观能动性与责任心，在接受工作后应尽一切努力，想尽一切办法把工作做好。

在工作中，仅仅有制度是不够的，制度需要不断地完善；仅仅完善也是不够的，还需要由表及里的升华。升华为员工自发的行动，变“要我落实”为“我要落实”，这是主动性觉悟提升的重要表现，也是一个企业得以长久发展的内在驱动力。

1997年，毛永刚被招进微软时负责做Word。当时他只有一个大概的资料，没有人告诉他该怎么做、该用什么工具。和美国总部交流沟通，得到的答复是一切都要靠自己去做。在没有硬性规定测试程序和步骤的情况下，他根据自己对产品的理解，考虑到产品的设计和用户的使用习惯等，发现了许多新的问题。结果他发挥了自己最大的主动性，设计出了用户最满意的产品。

没有主动的落实心态，在落实的过程中就难免会工作做不到位，因此，在落实的过程中，一开始就要有积极主动的心态，将“要我落实”变为“我要落实”，并且矢志不渝地坚持下去。自觉性越高，责任心越强，执行也就越到位。关于这一点，微软中国研发中心的桌面应用部经理毛永刚深有体会。

1992年的秋天，上海街头梧桐叶黄了，诱人的糖炒栗子满城飘香。这天，温州某五金机械厂的一位员工在上海联系客户。当他来到这个热闹非凡的街头时，忽然看见一家食品店门口正排着长长的队伍，原来，这些人正在等着买店里的糖炒栗子。这个不经意的画面立刻引起了他的注意，并促使他疾步上前一探究竟。

通过仔细观察，他发现那些急于尝鲜的上海人买了糖炒栗子后都猴急似的咬着、剥着吃。而这样做的后果是他们常常把栗子内核弄得四分五裂，一副狼狈的吃相十分不雅。

吃栗子既然这么不方便，那能不能搞个剥栗器呢？他拿出笔马上画出了剥栗器的草图，并开始琢磨关于剥栗器的各种问题：材料用镀锌铁皮，成本每只0.15元，出厂价0.30元……10分钟后，他把设计图传真给了机械厂的总经理，总经理看了很欣赏他的这种独特想法，认为这项发明肯定能得到顾客的欢迎，不过，上市要越早越好，争取在两个月之内搞定。

他笑了："两个月？我一个星期后就送货上门！"

经理不相信，担忧地说："这审批、核价什么的，没两个月怎么行呢？"

这位员工神秘地笑了笑，没有说什么。

当晚，他用传真将剥栗器草图传回了他在温州家乡的工厂，一副模具两个小时就出来了，冲床开始运转。3天后，一卡车剥栗器涌进了大上海，大大小小商店门口的糖炒栗子摊主成了剥栗器的主要经销商。

这个秋天，一个小小的类似于汽水瓶盖的剥栗器至少为企业创造了4万元利润，这位员工也因此得到了公司的嘉奖。

对这位员工而言，工作充满使命，所以他具有主观能动性。主动想办法积极落实。而不是把工作看作是一件分外之事。

一些企业中，不少员工只是将工作当成一件养家糊口、不得不从事的差事，谈不上什么使命感。甚至有很多员工认为，我出力，老板出钱，等价交换，谁也不欠谁的，谁也不用过分认真。他们像老牛拉磨一样，懒懒散散，无法让工作得到有效的落实。

<<<第七章

从我做起，打造企业责任链

蝴蝶效应：没有孤零零的责任

一只蝴蝶在巴西轻拍翅膀，可以导致一个月后得克萨斯州的一场龙卷风。没有孤零零的责任，员工不仅要关注自己的责任还要关注是否对其他环节产生了消极影响。

某企业的一位仓库保管员，在夜里值班的时候违反规定酗酒后，沉沉地睡了过去。恰巧当天晚上，企业厂长路过仓库时“心血来潮”地去仓库转了转，发现了这位倒霉的保管员。厂长顿时火冒三丈，大声呵斥：“要是发生了火灾和盗窃怎么办？”这位睡眼惺忪的保管员借着未醒的酒劲，也大声地说：“发生了问题，我负责！”在这漆黑一片、四下无人的夜晚，这位保管员的责任看起来是那么的单独和孤立，似乎与任何人都毫无关联。

这位保管员的“出了问题我负责”的豪迈，是愚蠢的无知！保管员的岗位责任，只是企业组织里成百上千个责任中的一个，它和企业组织里其他的责任紧密相连，构成了企业组织紧密有效的责任链。如果保管员的岗位责任缺失，它将沿着组织的责任链，导致一系列的责任缺失——假如仓库因保管员的失职而发生火灾或盗窃，接下来会发生什么？生产部将因领不到原材料而被迫停止生产，销售部会因生产部的停产而无法履行销售合同，财务部将因销售部不能履约而无法按计划回收应收款……

一个看似不起眼的责任缺失，就这样导致了一连串的“责任链倒塌”。如果一个企业没有构建系统的、完整的责任体系，所谓承担责任的豪言壮语，只能是美丽的泡影。

一般意义来说，传统企业组织里的“被管理者”，总是面向自己直接上一级“管理者”承担责任，而不是面向下一道工序或市场客户承担责任——显然，这是向上的、单向的责任关系，而并不是向左或向右的、双向的责任关系。事实上，单程责任的车票，并不支撑业务流程再造的流畅运行。

现代企业组织所遵循的是这样一个基本逻辑：企业组织的绩效实现能力，既不是来自于传统的命令与控制能力，也不是来自于单纯的岗位职责清晰，而是来自于企业构筑一个组织的“责任流程”的能力。

假如没有组织责任流程的存在，那么，一个流水线上的工人，无论他以怎样强大的责任心超额完成工作任务，他所制造的产品都可能是“增加库存而工作”，事实上，1+1+…+1式的清晰的岗位责任的堆积，并不能自动实现企业组织目标。所以我们不仅仅只关注自己分内的事情，还应该关注整个流程。

一个岗位上的员工，究竟是对直接上级承担责任，还是对下一道工序承担责任？一个具体的部门，究竟是对部门任务指标承担责任，还是对企业组织目标承担责任？一个企业的最高管理者，究竟是面向内部个人任务承担责任，还是面向外部承担顾客责任？

2009年6月29日凌晨2点40分许，郴州市中心的郴州火车站，一声巨响划破了夜空的寂静。正在车站站台上送行的人们目睹了惊心动魄的一幕。在距离火车站出站口不到20米的地方，飞驰而过的K9017次列车一头撞上了刚刚启动准备出站的K9063次列车，造成3人死亡，60余人受伤。

K9017次列车制动失效，是事故的主要原因。K9017次列车编组18辆，均为25G型客车，由中国南车股份有限责任公司南京浦镇车辆有限公司生产，2009年5月4日出厂，配属广铁（集团）公司长沙车辆段。该车在南京浦镇车辆有限公司生产中，客车车间三工区六工位员工冯龙安装第二位车辆制动软管时，违反操作规定，在没有确认折角塞门防尘堵是否全部取出的情况下，就安装了制动软管，致使防尘堵底盖遗留在折角塞门内，该防尘堵底盖在制动风管内呈游离状态。6月29日，列车运行至京广铁路郴州站，司机在进站前进行减速制动时，制动管风压将防尘堵底盖吸附在软管接头端部，造成制动主管风道堵塞，列车第二至十八位车辆制动力突然丧失，导致事故发生。

事故直接责任者冯龙因涉嫌犯罪已移交司法机关处理。南京浦镇车辆有限公司主要领导、分管领导和其他相关责任人等14人，被提出了责任追究意见。

由于冯龙和南京浦镇车辆有限公司领导在工作中失责而最终导致了火车相撞。我们在工作中不能只抱着完成工作的想法，而应该对流程负责、对产品的质量负责、对责任负责。

在每一个企业组织运营过程中，总是会形成相对稳定的人与人的责任关系。各个部门和各位员工始终是以整体形象出现的，在落实过程中，哪一个环节一旦发生问题，各个部门都应该主动地承担责任，跟踪自己的责任，是否能出上一份力，是否可以有一些积极建议，或者在下一个工作阶段针对问题做出一些改进，从而有助于在流程上更好地落实工作。

企业中的“责任共同体”

在一个企业组织中，岗位与岗位之间、员工与员工之间其实是责任链的关系，即彼此之间犹如一台高速运转的机器中相互咬合的齿轮，每一个齿轮都直接面向与自己咬合的齿轮。如果某一个环节缺失了责任，责任链就会断裂，从而产生无法预测的危机。

为了避免责任链的断裂，就需要我们每一位员工都坚守自己的岗位，落实好自己的责任。下面这个故事中的管理者就认识到了构建责任链的重要性。

2001年1月26日，爱立信公司宣布了一条爆炸性的消息——决定将手机生产外包。这就意味着，作为手机市场“三国演义”中的重要角色——爱立信，将从与西门子和诺基亚公司的手机市场竞争中撤出。2000年，手机业取得的骄人业绩表明，手机制造是一块“香饽饽”，为什么爱立信偏巧在这个时候撤出呢？当然，撤出的原因有很多，但是最重要的一个原因是一场10分钟的小火灾。

2000年3月17日晚上8点，美国新墨西哥州，飞利浦公司第22号芯片厂的车间发生了一起火灾。火灾持续了10分钟，破坏了正在准备生产的数百万个芯片。更严重的是，飞利浦公司需要几星期才能使工厂恢复生产。

这家工厂是爱立信供应链中的一环，为爱立信公司提供多种重要的零件和芯片。它的作用在于：20世纪90年代中期，爱立信公司为了节省成本，简化了它的供应链，基本上排除了后备供应商。也就是说，有几种芯片只能由该工厂提供。当飞利浦公司将发生火灾的消息告诉爱立信公司时，爱立信的工作人员根本就没意识到后果的严重性，因为这只是一场只有10分钟的小火灾，他们仍然按部就班地安排工作。

责任链倒塌的严重后果很快产生：在市场需求最旺盛的时候，由于飞利浦公司的供应跟不上，供应链中又没有其他的后备设备供应商，没有其他公司生产可替代的芯片，爱立信便失去了一个大市场。爱立信公司的官员透露，撤出市场相当于损失4亿美元的销售额，市场份额也由一年前的12%降至9%。有人说，这场小火灾“烧掉”了爱立信，却成就了诺基亚。

其实，真正毁掉爱立信的不是火灾，而是爱立信公司内部那条责任链的倒塌。诺基亚的相关人员反应迅速，将准确的信息传达给高层，但是当时对爱立信来说，火灾就是火灾，没有人想到它会带来这么大的危害，没有人去延续那条责任链。爱立信公司负责海外手机部门的华尔比先生直到2000年4月初还没有发现问题的严重性。他后来承认：“我们发现问题太迟了。”

“负责海外手机部门”的岗位责任，只是企业组织里成百上千个责任中的一个，但这个小小的责任就足以让整个企业的生产停顿下来，市场份额大幅下滑。

由此可见，企业工作中的失败，常常不是因为“十恶不赦”的错误引起的，而恰恰是那些一个个不足挂齿的不落实责任的细节积累而成的。

其实，在企业组织中，一切关系都是责任的关系，每一个看似独立的责任，都与上下、左右的关联者构成责任链，比如横向的岗位与岗位之间是责任关系，纵向的上级与下级之间也是责任关系，等等，它们之间形成了环环相扣、相互依存、互为责任的责任链。每一个责任和岗位都被与其相关联的责任驱动着，由此形成了组织源源不断的动力与效率，如果哪一环的责任或岗位出现了责任的混乱，或者应该承担的责任没有承担起来，企业组织里的责任链就会像多米诺骨牌一样倒塌下去。

在一次中小企业管理研讨会上，一位企业老板讲述了发生在自己公司的一个案例。有一段时间，他的企业频频出现产品不合格的问题，于是管理者们聚集在一起，讨论解决方法。最后，他们商议出了一种前所未有的方法来解决产品的质量问题。

这个方法就是推行上下工序的索赔制度，简单说来就是，当一道工序出现问题的时候，处于这一工序的员工有权向上一道工序的员工追究责任，直到找到问题为止。所以，每一道工序的员工都有责任去监督上一道工序的质量问题。为保证这一制度的顺利执行，企业还专门成立了以工人为主体的索赔仲裁委员会，专门处理员工的责任纠纷问题。到最后，70%的纠纷都由员工自己处理。

一件件事情总是环环相扣，形成系统。工作中任何一个责任不落实，都将事关全局，牵一发而动全身。每一个细小的责任所产生的后果不断扩大，就不再是微不足道、可有可无的小责任。所谓大责任，也都是由许多小责任组成的，忽视任何部分，结果都可能会功亏一篑。

为了避免责任的缺失或断裂，为了避免“责任链”像多米诺骨牌一样倒塌下去，每一个员工都应该认识到责任链的重要性，“勿以善小而不为，勿以恶小而为之”，无论如何都要坚守自己的岗位，落实自己的责任。在工作中，要做到人人都负责，每一个责任都落实，不让任何一根责任的链条断裂，从而为企业的顺利运行保驾护航，使自己的事业之舟扬帆远航。

构筑企业责任链的体系是：

1.以企业组织的责任使命，确认并设计企业组织的责任结构、部门岗位。

2.为每一个岗位确立明确、清晰和有限的岗位责任。

3.以个人的“责任能力”为标准，确认责任岗位的责任承担人。

4.以完整有序、纵横交错的企业组织责任链，推动企业组织的责任使命，从而实现企业的发展。

5.以有效的“责任权重”的激励和处罚，来迫使每一个人承担其必需的责任。

6.以培育企业良好的“责任价值观”，形成以承担责任为荣的良好的企业文化精神氛围。

责任有界限

有一天，美国经济学家葛尔布莱回到家后感觉疲惫不堪，他想睡一个好觉，于是特意吩咐自己的女佣，无论是谁来电话，都不要打搅他。葛尔布莱先生刚刚入睡，女佣就接到了约翰逊总统打来的电话。女佣用一种十分客气、委婉的语气对总统解释说："葛尔布莱先生刚从国外讲学回来，很疲劳，刚刚入睡。请总统先生原谅，我暂时还不能叫醒他。"

约翰逊说有要紧的经济政策问题要同葛尔布莱商量，执意要女佣叫醒他。女佣耐心地解释说："不，总统先生，他身体有些不适，方才曾特意嘱咐过我，他不接任何人的电话。我现在为他工作，为他负责，而不是为你工作。待他睡醒之后，我一定将你打来重要电话的事情及时地转告他。何况只有在他休息好之后，才能精力充沛地同你讨论经济政策问题，你说对吗，总统先生？"

这位女佣说得有理有据，滴水不漏，约翰逊心服口服，只好放下电话。葛尔布莱睡醒之后，立刻去见总统，并表示了深深的歉意。没想到约翰逊总统毫无怪罪之意，反而对他的女佣大加赞赏，并建议说："请转告你的女佣，如果她愿意，那就请她到白宫来工作，这里需要像她那样的人。"

这位女佣的行为为我们的工作提供了一个十分有益的原则：清楚自己要为什么负责，并认真负起自己的责任。在落实责任过程中，要学会补位，同时也要学会承担适当的责任，不要越权越位，做好自己该做的事情。

在一家企业里，每个人都有自己的责任。但要区分责任和责任感是不一样的概念，责任是对任务的一种负责和承担，而责任感则是指一个人对待任务的态度，一个员工不可能去为整个公司的生存承担责任，但你不能说他缺乏责任感。所以，认清每一个人的责任是很有必要的。

认清自己的责任，还有一点好处就是，能减少对责任的推诿。只有责任界限模糊的时候，人们才容易互相推脱责任。在企业里，尤其要明确责任。

责任是对任务的一种负责和承担，而责任感则是指一个人对待任务的态度。然而在现实生活中，很多人在工作中对责任的认识往往容易出现两个“极端化”的情况，总会承担一些不适当的责任，要么是不负责任，要么就是负不该负的责任。下面故事中的翁维就是一个这样的人。

一次，老板派李先生去联系广告公司，给公司重新制作一则广告。李先生是公司的谈判高手，自然在广告费用问题上能帮助公司省一笔。但当李先生找到一家距离公司最近的广告公司时，却遇上一个新手。这个新手就是该广告公司的一名业务员，名字叫翁维。他没有和其他人一样问李先生公司需要制作什么风格、什么价位、适合什么消费人群的广告，而是和他先神侃了一番。

他先问李先生公司发展情况怎么样、在公司做什么职位、有没有前途……半小时后，李先生急了，就不客气地说：“我是来谈广告制作的事情，跟这些有什么关系？”

谁知道，翁维却说：“我还以为你不着急呢！我虽然是搞设计的，但是和你谈判的人还没有来。再说了，我也不懂怎么和你谈。”

“那你们公司和我谈判的人什么时候来？”

“不知道。”

李先生没说话，扭头就走了。“不是负责这件事情的，你还和我瞎扯什么？”

在这里，业务员翁维的行为就是承担了不恰当的责任。作为设计师，你只管设计出好广告就可以了，这就是承担了你应该承担的责任。

“事不关己，高高挂起”固然不对，但是侵犯别人的责任也是一种错误。只有认清自己的责任，才能知道该如何承担自己的责任，正所谓“责任明确，利益直接”。也只有在认清自己的责任时，才能知道自己究竟能不能承担责任。

并不是所有的责任自己都能承担的，也不会有那么多的责任要你来承担，生活只是把你能够承担的那一部分给你。学会认清责任，是为了更好地承担责任。首先要知道自己能够做什么，然后才知道自己该如何去做，最后再去想怎样做才能够做得更好。

詹姆斯·麦迪逊独具慧眼，在《联邦主义者文集》第63节中给“责任”做了明确的界定：“责任必须限定在责任承担者的能力范围之内才合乎情理，而且必须与这种能力的有效运用程度相关。”不成熟的人还不能完全具有承担责任的能力。

这是一个不言自明的道理：世上做过的事都是由某些人去做的，这些人有能力去完成它。我们必须独自承担或与他人共同承担的责任，依社会结构和政治体制而变更，但唯有一点不会改变——越是成熟，责任越重。

在一个企业里工作，首先你应该清楚你在做些什么。只有做好自己分内工作的人，才有可能再做一些别的什么。相反，一个连自己工作都做不好的人，怎么能让他担当更重的责任呢？总有一些人认为，别人能做的自己也能做，事实上，就是这样的一些人才什么也做不好。一位成功学的大师说过：“认清自己在做些什么，就已经完成了一半的责任。”

领导更放心授权给负责的人

授权是担任一定管理职务的领导者在实际工作中，为充分利用专门人才的知识和技能，或出现新增业务的情况下，将部分解决问题、处理新增业务的权力委任给某个或某些下属。诸葛亮一生英名，却不善于授权，以致壮志未酬，客死五丈原，他的死因就是过度劳累、事必躬亲，结果积劳成疾，不治而亡。

某个管理学家死后，很幸运地到了天堂。天堂里其实没有什么事可做，管理学家感到很无聊，于是，他想学点什么东西，学什么呢？天堂里也似乎没有什么可学的啊。就在他思考着学什么时，上帝来到了他的面前。哦，有了，上帝管着天下那么多人和天上那么多神，可他并不觉得累，一定在管理上有独到的秘诀，我何不向上帝学管理呢？

他走上前去，恭恭敬敬地请教：“上帝，请问你管理那么多人和那么多神，你是如何管理的？你的精力够吗？”

上帝笑了笑说：“我只管两头——源头和结果，至于中间，那是他们自己的事了。”上帝如何管理两头呢？就是授权和考核，至于过程嘛，让被管理者“自我管理”。

对了，上帝最后还说了一句话：“亲力亲为的管理者，是贱骨头，生就的奴才，不配做管理者！”

一个人的能力总是有限的，即使“日理万机”，要把所有的事都照顾过来，都办好，那也是不可能的。领导者应拿出一部分权力分给属下，自己要做的只是以权统人。

在我们身边，常可看到这样的领导，勤勤恳恳，早来晚走。无论大事小情，样样亲力亲为，的确十分辛苦，但所负责的工作却常常杂乱无章，眉毛胡子乱成一团。而这些领导则像陀螺一样，从早转到晚，你问他在忙什么，他可能张口结舌。事事都管、都抓，结果必然是什么也管不好。

从1990年起，联想就开始大量提拔和使用年轻人，几乎每年都有数十名年轻人受到提拔和重用。联想对管理者提出的口号是：你不会授权，你将不会被授权；你不会提拔人，你将不会被提拔。

柯维博士认为：“现代社会许多大小公司的老板、部门主管早已被信息、电讯、文件、会议掩盖得透不过气来。几乎任何一项请求报告都需要他们审阅，予以批示，签字画押，他们为此经常被搞得头昏眼花，根本无法对公司重大决策做出思考，在董事会议上他们很可能是最为无精打采的一类人。难道这就是所谓的管理者吗？有必要要求他们过目每一份文件吗？细到内务部门发文稿这类小事，都有可能摆上他们的办公桌，而又为等待他们的批阅，这项工作也许会拖到下个礼拜，直等到老板自己没有稿笺可用的时候，他们才会想起叫来内务总管训斥一顿。而积满灰尘的报告会使局面变得非常之尴尬、不愉快。

企业高层领导者有效发挥人才的价值，让合适的人做合适的事，是提高执行力的重要途径之一。

美国第一代钢铁大王安德鲁·卡内基的发迹，关键在于他善掌“万能钥匙”。他起家之时两手空空，但到去世时已拥有近20亿美元的资产。

人们对于这位“半路出家”的“钢铁大王”的成功感到十分的迷惑不解。

其实，卡内基的成功除了他有可贵的创造精神外，还有一点非常关键，就是作为企业的领导者，他善于识人和用人。卡内基说过：“我不懂得钢铁，但我懂得制造钢铁的人的特性和思想，我知道怎样去为一项工作选择适当的人才。”这正是他一生事业旺盛的“万能钥匙”。

卡内基曾说过：“即使将我所有的工厂、设备、市场、资金全部夺去，但只要保留我的技术人员和组织人员，4年之后，我将仍然是‘钢铁大王’。”

卡内基之所以如此自信，就是因为他能有效地发挥人才的价值，让合适的人做合适的事。卡内基虽然被称为“钢铁大王”，但他却是一个对冶金技术一窍不通的门外汉，他的成功完全是因为卓越的识人和用人才能，他总能找到精通冶金工业技术、擅长发明创造的人才为他服务。比如，世界出色的炼钢工程专家之一比利·琼斯，就终日在位于匹兹堡的卡内基钢铁公司埋头苦干。

企业的人才有时就像企业生产产品所需要的材料一样，必须十分合适，如果所选的人才不合适，就无法满足企业的需要。

如何提高执行力，其关键的一点是企业高层管理者找到合适的人，并发挥其才能。执行的首要问题实际上是人的问题，因为最终是人在执行企业的策略，并反馈企业的文化。柯林斯在《从优秀到卓越》中特别提到要找“训练有素”的人，要将合适的人请上车，不合适的人请下车。

好的管理者，自己的能力不一定要有多强，只要懂得信任、懂得授权、懂得员工的特长与差距，就能团结比自己更强的力量，从而提升公司整体的落实能力。

管理者是战略执行最主要的主体，这并非说管理者事必躬亲。作为管理者，必须重视对下属执行力的培养，执行力的提升应该是整个企业范围内的事情，而不是管理者的专利，但管理者在其中所起的作用非常巨大，他就像一个火车头，有意识地对企业进行引导，从而使执行成为一个企业的核心元素。管理者如何提升下属的执行力，是企业总体执行力提升的关键。

1.向下属授权

一个人的能力毕竟是有限的，就算一个企业管理者每天很努力地工作，最终也会因精力不济而顾此失彼。结果，你每日叫苦不迭地

“忙”，员工们闲得百般无聊，工作缺乏动力和责任心，变得越来越没有执行力……

“无权不揽，有事必废。”一个不愿授权、什么都干的管理者什么也干不好。

2.向下属布置工作

在实际生活中，常常可以看到这样的管理者，他对一个新来的员工，首先表示欢迎他到这个单位来工作，然后让他与原有的人见见面，向他简单介绍几句本单位的情况，再三言两语交代一下他做什么工作，就扔下他不管了。另有一些管理者在布置工作时，常常犯一种毛病，就是从来不明确地告诉下属干什么、怎么干，他以为自己了解和掌握的东西，下属也应该懂得；或是有意识地不向下属交底，放任不管，而当下属的工作没有达到他所要求的标准时，他就批评一顿。这些做法都是不当的。管理者向下级布置工作的正确做法应当是：

(1) 任务与职能相称。这里有两层意思：一是你分配给下属的任务应当是他职责范围之内的，是属于他岗位责任制范围之内的事；二是所分配的任务要与他的能力相一致，有能力的人就多分配给他重要的活儿。此外，在工作量上也要考虑，工作交代得太多，会使他感到承担不了，太少又使他感到英雄无用武之地。

(2) 交代必须明确。管理者在布置工作时，以下各项应当一目了然：①什么任务，属于什么性质，有什么意义；②应达到什么样的目标和效果；③什么时候完成；④向谁请示汇报；⑤应遵循哪些政策原则；⑥执行任务者在人、财、物和处理问题方面有哪些权力；⑦步骤、途径和方法是什么；⑧可能出现哪些情况，需要注意什么问题。

当然，以上各项要因人因事而异。重要的事就要交代得严肃、明确、具体，简单的事就可以粗略一些；对于头脑聪明、经验丰富、一点就透的人，可以简明扼要，不必耳提面命，啰啰唆唆；对于新手和能力差的人，要尽可能把想到的东西都告诉他，使他少走弯路。

(3) 要同下属商量。下达指令、布置任务之前，自然要有充分准备，把问题想得周密些。但在向下属交代的时候，还是应当以商量的语气。对于自己感到不太有把握的意见，要虚心向下属征询，如果下属的建议有道理，就要及时采纳。在一般情况下，不要形成管理者居高临下，员工俯首听命、机械服从的僵硬气氛。事实证明，在布置任务时只有对下属抱着信任、尊重、平等、虚心的态度，下属才容易理解，乐于接受，才能更好地执行。

共同构建负责任的企业文化

在当前竞争激烈的情况下，几乎任何一家企业都在宣扬自己的文化和价值观。任何一个员工进入企业，都有义务接受企业的共同目标和公认的价值观。

不同的认同会产生不同的结果。企业文化是企业的核心价值观，各个员工的价值观可以各不相同，但是必须围绕在一条主流的价值观周围，受其指导与约束，这个主流的价值观，问题的关键在于这一价值理念是否真正被员工认同，员工是不是自发地执行这个价值观。只有当企业员工自主地按企业价值观执行时，这个企业才能形成有价值的企业文化。

赵晓东从事主板的研发工作已有三年，始终升不上去，他常自我解嘲：自己是玻璃瓶里的苍蝇，前途光明，没有出路。赵晓东的技术很好，不管是老机型或是新机型，到他手上就万事OK，可是他恃才傲物，经常与主管领导发生争吵，经理对他还真头疼，因为他是这行业的鬼才，他比主管还专业，许多领域内的新信息，他都知道。可主管领导总觉得他从来都不积极主动工作，觉得他对公司不忠心，一直在考虑是炒掉他还是好好做做他的思想工作。

没有真正地把企业精神贯彻下去，是在认同这一环节出了问题。员工们根本不会自发地努力工作而是每天都在混日子。这样下去企业早晚会走上绝路，这也是“众酒成水”的原因。

如果你拒绝接纳公司的风范，那你根本不适合待在这家公司。如果你不真心相信沃尔玛对顾客的狂热奉献，那你就不适合在沃尔玛；如果你不能被宝洁化，那你就不属于宝洁。

如果没有员工的认同，就没有员工的自觉行动，嘴上说的与实际做的不相符合。你说你的，我干我的，员工不关心企业的发展与存亡，激发不出员工的工作热情，缺乏前进的动力、创新的能力，很难使企业保持长久的生命力。

企业的发展、壮大，要靠一群有责任感的人，企业愿意信任一个能力一般却有强烈责任感的人，而不愿重用一个马马虎虎、视责任为无物的人，哪怕他能力非凡。同仁堂下属的药材公司就有这么一位负责任的人，他叫郭金生，人称“药材质检界的包青天”。

2003年，“非典”疫情在北京蔓延期间，药材公司承担了“非典”用药任务。在防“非典”八味方推出后，北京开始出现了抢购风潮，药品供不应求。当时，供应价格每天看涨，质量却参差不齐，鱼目混珠的现象不时发生。郭金生负责此次药品检验工作。

有一天，郭金生的一位大学同学打电话找到他，说要请他一起聚聚。郭金生去赴了约，在寒暄、回顾同学时代之后，郭金生才明白这次聚会远没有他想象得那么简单。

原来，这位同学是来帮别人当“说客”的。在三周之前，同仁堂准备从一家公司买入药材，在验货时，郭金生发现这批货有严重的质量问题，以次充好。肯定是那家公司在搞鬼，想趁着“非典”的时机“浑水摸鱼”。自然，郭金生将这批药材挡在了门外。而那家公司的老板，就是面前这位同学的小舅子。

面对四年“同窗情”，面对老同学的苦口婆心，面对对方隐约透露的“回扣”，郭金生毅然地拒绝了同学的请求。

郭金生边给同学斟酒边说：“哥们，今天这顿饭我请你，算我给你赔罪——你说的那件事，我不能办。我知道你这个说客夹在中间也不好做，但是，你要想想啊，那是什么？是药啊，是救人的！如果我接了这批劣质药材，生产出的东西弄不好会吃死人的啊！你知道吗？我每一次检验药材，就像在检验我自己的良心，我不能对不起我的良心，我也不能让假药、劣药从我手中溜走。希望你能理解我啊！”就这样，又一批劣质药材被郭金生挡在了大门之外。

后来，郭金生在领导推荐下，晋升为高级工，并荣获北京市高级技术能手称号。

同仁堂自古有着“炮制虽繁必不敢省人工，品味虽贵必不敢减物力”的堂训，讲求“质量即是生命，责任重于泰山”。同仁堂发展至今已三百余年，历代成员都严格遵守古训，同仁堂的文化与声誉也就在一个个“郭金生”的行动中代代传承。

一位让企业信赖的员工，才能有机会展现自我能力。所以，对工作不负责任的人才是一些真正的傻子。看似有点“傻气”的对工作负责、实干苦干的人，才是真正的聪明人，才能“立大事”。

当然，责任胜于能力，并不是对能力的否定。一个只有责任感而毫无能力的人，也是无法得到重用的，因为责任需要用业绩来证明，业绩要靠能力去创造。

在能者多劳、能者多得的思维导向下，整个社会普遍崇尚个人能力，而忽视了对人的道德要求。由于缺乏责任感，企业无法信任员工，员工也无法信任企业。这种思维理念使企业和员工之间完全变成了交易行为，相互的失责大大增加了管理成本，频繁跳槽也使员工增加了个人成长的机会成本。因此，提倡责任胜于能力的理念，是为了倡导员工与企业和谐相处、共同发展。责任与能力是辩证统一的关系，重视责任、强调贡献，才能使个体的能力得到有效发挥，才能使我们不仅尊重能力，更要尊重人的价值、人的生命品质。

有一次坐公共汽车，等了很久，公共汽车终于来了，大家“呼”的一声蜂拥而上，有限的空间立刻挤得密不透风。也许是压得太沉，车子走了一段路后，“吭”地一下在马路中央抛锚了。司机下车检查了半天，无奈地对大家说：“没办法，请大家帮帮忙，把车子推到路边。”

大家只得下车，只有3个人下车后主动来到车后，和司机一起推车；一部分人在旁边看着，嘴里不断地埋怨；还有些人或许有“急事”，准备另找车子。

开始，4个人吃力地推着，但推不动车子，在司机的再三招呼下又加入3个人。人多力量大，很轻松地就将车子推到了路边，推车的人没有一句怨言。

在我们的工作中经常会遇到“抛锚”的情况，也有像上面那样的3种人：

(1)有的人会有一种强烈的责任感，会主动承担起自己的责任。

(2)有的人会持观望的态度。

(3)还有人毫无责任感，身边的事似乎与己无关，遇到问题不闻不问，一走了之。

其实，这辆车子就好比是我们的国家、我们的企业，富也好，穷也罢，都是我们大家的：车况好时，我们坐在上面很快就能到达目的地；车子坏了，走不动、推不动时，我们不能抛弃它，要爱惜它，尽自己的力量帮助它，更要明白这是我们的责任！只有人人尽了自己的责任，车子才会再次发动起来，载着我们前进。

意识到自己的责任有多大，承担起自己的责任，相信你所在的企业会因为你的这份责任感而变得更加强大，整个社会会增一分和谐、少一分不安，而你的人生也会因此拥有更多的卓越和精彩。

第八章

责任保证业绩，责任提升业绩

业绩是检验责任的最有效标准

古罗马皇帝哈德良曾经碰到过这样一个问题。

皇帝手下的一位将军，觉得他应该得到提升，便在皇帝面前提到这件事，以他的长久服役为理由。“我应该升到更重要的领导岗位，”他说，“我参加过10次重要战役，对您是忠心耿耿。”

哈德良皇帝是一个对人才有着高明判断力的人，他并不认为这位将军有能力担任更高的职务，于是他随意指着绑在周围的战驴说：“亲爱的将军，你看这些驴子，它们至少参加过20次战役，可它们仍然是驴子。”

经验与资历并不是衡量能力的标准，更不是创下业绩的证明。有些人有十年的经验，只不过是一年的经验重复十次而已。一位房地产销售总监说：“所有企业的管理者和老板，只认一样东西，就是业绩。老板给我高薪，凭什么呢？最根本的就要看我所做的事情，能在市场上产生多大的业绩。”这就是一个以业绩论英雄的时代，这就是一个以业绩作为标准来检验一切的时代。

“利润至上”是每个公司的原始推动力，是公司存在、发展乃至服务社会的根本。因此，老板们都希望员工头脑中有一个简单却至关重要的概念，那就是每一个公司的员工都有责任尽力为公司创造业绩。业绩是检验一切的标准，能创造业绩的员工是公司最宝贵的财产，因为他创造的业绩是公司发展的决定性条件。

小智和小柏来自于同一所高校，在学校他们是同一届的优秀毕业生，很受老师器重。毕业后他们一起进入了一家知名企业。

但是他们的薪水却大不相同：小智的月薪为5000元，但小柏的月薪只有2000元，相差悬殊。

有一天，他们的中学老师来看望他们，得知他们薪水的差距之后，老师就去问总经理："在学校，他们的成绩都差不多呀，为什么毕业一年就会有这么大的差距？"

总经理听完老师的话，笑着对老师说："在学校里他们是学习书本知识，但在公司里，却是要行动、要结果。公司与学校的要求不同，员工表现也与学校的考试成绩不同，薪水作为衡量的标准，就自然不同呀！"

成绩，成绩，学生的命根；业绩，业绩，员工的命根！在企业中，老板就是你的老师，你成绩的好坏决定着你在老师心目中的地位。

事实证明，那些乖乖听话、俯首听命的员工，不一定是老板最喜欢的员工，因为在市场竞争如此激烈的今天，老板首先要考虑的是企业的生存与发展，高帽戴着再舒服也比不上企业利润的增长，因此，老板心中最高分数的员工，一定是那些能让公司最赚钱的员工。

在GE，业绩在其核心价值观中就占有着十分重要的地位。GE特别重视对员工业绩观的培训。新员工进入GE，公司会在员工的入厂教育中，告诉他们：业绩在GE的文化中非常重要。在GE，所有员工无论是来自哈佛大学，还是来自一所不知名的学校，也无论以往在其他公司有着多么出色的工作经历，一旦进入GE，都在同一起跑线上。每个员工必须重新开始，从进入GE开始，衡量员工的标准是他在GE的业绩，是他为GE所做的贡献，员工现在及今后的表现比他过去的经历更重要。

在IBM，每一个员工工资的涨幅，都以一个关键的参考指标为依据，这个指标就是个人业务承诺计划。只要是IBM的员工，就会有个人业务承诺计划。制订承诺计划是一个互动的过程，员工和直属经理坐下来共同商讨这个计划怎么做更切合实际，几经修改，达成一致。当员工在计划书上签下自己的名字时，其实已经和公司立下了一个一年期的军令状。

上司非常清楚员工一年的工作及重点，员工自己对一年的目标也非常明确，所要做的就是立即去执行。到了年终，直属经理会在员工的军令状上打分，这一评价对于日后的晋升和加薪有很大的影响。当然，直属经理也有个人业务承诺计划，上级经理也会给他打分。这个计划是面向所有人的，谁都不允许搞特殊，都必须按这个规则走。IBM的每一个经理都掌握着一定范围的打分权，可以分配他领导的小组的工资增长额度，并且有权决定分配额度，具体到每个人给多少。IBM的这种奖励办法很好地体现了其所推崇的“高绩效文化”。

百事可乐也是一个以“业绩决定员工成就”的公司。百事可乐推崇一种深入持久的“执行力”文化，强调公司员工“主动执行”公司的任务，100%地去完成它。那些业绩优秀的员工总是能得到公司的嘉奖，而那些业绩不佳的员工则不断地被淘汰。这种以“业绩论成败”的企业文化塑造了一支有着坚强战斗力的员工队伍，从而使百事可乐逐渐成为可口可乐唯一的对手。

公司作为一个经营实体，必须靠利润维持发展，而要发展便需要公司中的每个员工都贡献自己的力量和才智。

事实表明，既能跟老板同舟共济，又业绩斐然的员工，是最令老板倾心的员工。如果你在工作的每一阶段，总能找出更有效率、更经济的办事方法，你就能提升自己在老板心目中的地位，你将会被提拔，会被实际而长远地委以重任。因为出色的业绩，已使你变成一位不可替代的重要人物。如果你表现平平，总无业绩可言，即使是很忠诚，老板想重用也会犹豫，因为他不可能牺牲自己的利益。更进一步讲，受利润的驱使，再有耐心的老板，也绝难容忍一个长期无业绩的员工。

不会游泳，你就没有抵抗风雨的能力；没有业绩，你也就失去了生存的资本。工作履历中，唯有业绩这一栏是无法空白的，只有业绩才最有说服力，它赋予了人生太多的意义。无论是老板还是员工，无论是老员工还是新员工，每个人都要以业绩为导向，因为业绩是职场中人的生存之本。无论是你想加薪还是想提升，都必须拿出业绩来。

对结果负责，才是真正的负责

苗俭是上海航天局第804研究所的一名铣工、数控工，24岁那年成为技师，27岁被破格评为铣工、数控工“双料高级技师”，30岁被授予“中国十大杰出青年技师”。她从事航天领域关键部件的加工工作，完成了大量“不可能任务”，为我国重点型号产品的研制生产做出了贡献。

单位领导把一批高难度零件的加工任务交给了小苗。经过反复琢磨和演练，她这个初出茅庐的“小丫头”，不仅成功完成了任务，而且改进了加工方法，使零件合格率从10%一下子提高到了100%。

在一次国家航天重点工程某型号重要部件加工时，苗俭大胆牵头提出了夹位和定位装置改进方案，使得产品的五点动平衡重量误差从2克提高到1克，产品合格率从50%提高到100%。

2002年，804所引进了第一台“龙门数控加工中心”，由25岁的苗俭独立担纲操作机器。在几乎没有进行编程操作培训的情况下，苗俭顶着压力，凭着厚实的理论实践功底，克服种种困难，终于出色完成了任务。采用多个软件计算，解决了国家航天“高新工程”中大型件的高精度加工难题；提出“多刀具分段加工”方法，并结合多个软件编制出高效的加工程序，使模胎曲面的精度达到了同行业加工的先进水平。

苗俭不仅是完成了任务，更重要的是为企业创造了结果，她的完成任务和落实工作非常有意义。

工作的核心价值是提供结果、创造价值。一个员工有没有在落实中追求结果的精神，工作状态会截然不同。有结果意识的员工，会请缨任务、创造任务、分享任务、下达任务、执行任务、完成任务；没有结果意识的，那就是推卸责任、制造麻烦、扯皮任务、推给上司、拖延时间、不了了之。

通过这个比较，可以看出以结果为取向是一种积极主动的执行文化，是一种源自内心的价值观，它所传达的理念，能够使工作者的思维模式发生巨大转变，从而使整个团队执行力高效提升。

在当今，大多数公司、企业是老板出资办起来的。公司是老板的，他必须有效益才能把公司开下去。那些能力平庸、没有业绩的员工再怎么乖巧也很难换取老板的赏识。这是为什么呢？市场竞争如此激烈，老板考虑的是自己公司的生存和发展，你只是乖乖听话、俯首听命，不能为老板提供结果，他照样炒你的鱿鱼。

请记住，使我们痛苦的，必使我们强大！对结果负责，对自我负责。对自己负起责任来，等待你的才会是成功！

对结果负责的人，就是对自己负责的人，所有执行型人才，他们只有一个共同的特点：那就是对自己负责，更对结果负责。

结果，即人生价值，完全掌握在自己的手中。请记住，企业购买的是结果，也就是劳动的结果，而不是劳动。也就是说，功劳是价值，苦劳却不是价值。

为什么企业要这样？因为只有每个人提供的是结果，企业才有钱赚，才能够生存。但现在，我们不少员工却把上班当成结果，以为只要上班就可以领工资，这种观念大大地扭曲了员工与企业的关系。

我们是不可以用上班来交换工资的，上班的结果才可以交换工资。这就像睡觉一样，睡觉没有价值，睡着才有价值，睡觉但睡不着叫什么？叫失眠。失眠不仅没价值，而且还是一种病。

如果我们工作的时候，只是完成任务，而不是追求结果，那么就是在睡觉，却没有睡着，是处于失眠状态。所有管理不善的公司，一定有一部分员工或领导处于这种失眠状态。

武汉市鄱阳街有一座建于1917年的6层楼房，该楼名为“景明大楼”，设计者是英国的一家建筑设计事务所。20世纪末，“景明大楼”在漫漫岁月中度过了80个春秋后的某一天，它的设计者远隔万里，给这一大楼的业主寄来了一份函件。函件告知：景明大楼为本事务所1917年设计的，设计年限为80年，现已超期服役，敬请业主注意。

80年前盖的楼房，不要说设计者，连当年施工的人，也很少有人在世了吧？然而，至今还有人为它的安危操心。它最初的设计者，一个异国的建筑设计事务所——一个在时空中更换了数茬员工的机构，在经历80年的变迁后，仍然守着一份责任。

仅仅有行动相当于积累脂肪而非肌肉，在落实责任的过程中，我们必须拿结果来复命，因为企业需要的是结果，也就是员工劳动的结果，而不是劳动！证明自己的唯一准则就是成绩，而实现成绩的唯一法宝就是对工作负责，对工作的结果负责。

我们一定要记住，对结果负责，是对我们工作价值的负责，而对任务负责，是对工作程序的负责。

我们要永远看重结果这个“目标”，而不是完成任务这个“程序”，因为完成任务不等于得到结果。

有一个小和尚每天的任务就是负责撞钟，半年下来，觉得无聊至极，“做一天和尚撞一天钟”而已。

有一天，住持宣布调他到后院劈柴挑水，原因是他不能胜任撞钟一职。

小和尚很不服气地问：“我撞的钟难道不准时、不响亮？”

老住持耐心地告诉他：“你撞的钟虽然很准时，也很响亮，但钟声空泛、疲软，没有感召力。钟声是要唤醒沉迷的众生，因此撞出的钟声不仅要洪亮，而且要圆润、浑厚、深沉、悠远。”

为什么小和尚不能胜任撞钟一职？因为小和尚在这里就是在做任务——撞钟，他以为这就是住持想要的结果。但住持真正想要的结果是什么？不是撞钟，而是唤醒沉迷的众生！

撞钟是任务，撞得唤醒沉迷的众生是结果！而要撞得唤醒众生，首先是要你真正用心去撞。我们有多少员工是成天在做撞钟这个任务，而从不想达到真正唤醒沉迷的众生的结果？这种职业生活状态令人感到悲哀。

产生这种状态的原因就在于他们没有为结果负责的态度，他们只为完成任务而机械地工作。放眼望去，那些在工作中关注结果的人，生命价值得到了体现，那些对结果负责的人，人生价值更是得到了提升，所以，从现在开始，让我们为结果负责！

要取得让公司和老板满意的业绩，我们就应当关注自己工作的核心价值，而不是把目光放在任务是否完成上。比如，当你需要确保按照客户要求的时间交货时，如果把“赶上交货的时间”定义为这项工作的结果，你就有可能被这个“期限”压得焦头烂额。你必须明白，服务于客户才是这件事真正的结果，而只有明确了这一点，你才能自发地产生责任感，会付出不计一切代价的努力，拥有热情和应变能力，随时随地捍卫这一价值所在。

有位老总曾经苦笑着说，他的公司里来了个新会计，做报表的态度很认真，报表的格式也做得漂漂亮亮、整整齐齐三张纸。可惜，报表上的数据与实际发生额相差甚远，不仅老板看了一头雾水，而且连她自己对报表上的原始数据的来源也说不清楚。于是，这张报表也就成了废纸，在公司管理层做决策时一点参考作用都没有。

这位会计没有发现工作中的核心结果，她虽然表面上完成了任务，却没有提供任何结果。一位会计的“核心结果”是什么？那就是数据的真实性，这是最基本的要求。如果财务的基础数据都出问题，那么任何精细的核算都会失去应有的价值。

很多人把工作看成是完成任务，对工作只是敷衍了事。这种人无法把工作当作一种乐趣，而只是当作一种不得不接受的苦役，因而在工作中缺乏热情。只有处处严格要求自己，才能给自己一个满意的结果。那些考虑到细节、注重结果的人，不仅认真地对待工作，将小事做细，并且注重在做事的细节中找到机会，从而使自己走上成功之路。

员工比任何人都清楚如何改进自己的工作，再也没有人比他们更了解自身工作中的问题，以及他们为之提供服务的顾客的需求。他们所拥有的第一手资料和切身体验是大多数高层管理人员欠缺的，后者离问题太远，只能从报告中推断出大致的情况。只有各个层级的员工保持热忱，随时随地思考如何把工作做得更好，公司才能对顾客的需求有更好、更及时的回应，才能在市场上更具竞争力。

李骏是新中国自己培养的第一代汽车发动机博士，科技报国是他的毕生追求和勤奋工作的力量源泉。

李骏攻读博士学位时，他的博士生导师就是一汽总工程师陆孝宽，他的博士论文就是围绕一汽产品的技术改造进行的。1998年，李骏完成博士学业，主动要求到一汽工作。技术中心虽然是国内汽车行业一流研究所，但发动机基础技术研究却很薄弱，如果基础研究跟不上应用技术的开发，那么失去的不仅是一汽产品的后劲，而将是中国汽车工业的未来。

李骏义无反顾地选择了基础研究，一干就是10年。他到技术中心第一件事就是建立发动机单缸机试验室。为了使试验室早日建成，他有时光着膀子和工人在燥热的工作现场连续工作十几个小时，经常被喷得满身机油。有人对他说："你是技术中心唯一的博士，用得着这么干吗？"李骏说："为了加快进度，只能这样干。"

有一年春节，大年三十的下午，其他办公室、试验室的人都走光了，可李骏还在机器轰鸣的现场忙碌着。中心领导在巡视检查时看到满身油污的李骏，心疼地说："平时加班我不说你，今天可是大年三十啊……"李骏这时才想起妻子让他今天早回家的嘱咐。经过一年多的艰苦努力，仅花了十几万元，李骏就建成了国内最先进的发动机单缸机试验室，节约资金一百多万元。

1999年，李骏承担起了奥威发动机项目研发技术总负责人的重任。在30个月的时间里，李骏争分夺秒地奔波于国内国外，既要负责项目的评审，又要掌握整个工程的节点。他经常说的几个字是

“抢”“挤”“学”。“抢”就是要把汽车工业落后的时间抢回来，“挤”就是要把国外的好经验像“挤牙膏”一样挤出来，“学”就是通过合作开发把国外研发设计的好方法学到手。李骏进行了科学缜密的安排，并在关键技术上给项目组严格把关、指导，使项目组成员得到了快速成长，实现了与外方专家在技术上的对等合作，并独立完成了我方承担的相关性能开发、可靠性开发任务。在性能开发中，外方设计的缸盖在可靠性试验时出现了开裂，改进后还是解决不了问题，李骏立即组织设计人员，把整个缸盖切成小块详细剖析，发现内部结构不合理，要求外方必须重做。对方的副总裁专程来到中国，看到一汽技术中心的现场工作和分析报告后，对李骏和项目组成员认真细致的工作态度和对产品的分析判断能力肃然起敬，伸出了大拇指说：“你们是正确的。”外方采用了李骏的方案，使问题得到彻底解决。

任务是执行的假象，是因为在实际工作中，当你以为自己是在执行时，其实是在完成任务，而不是在执行。

执行是对工作结果的价值负责，而对任务负责是对工作的程序负责。优秀的员工从来不会满足于现有的位置。随着他们能力的提高，他们的工作标准也会定得越来越高，他们追求卓越的信念也不会有丝毫的放松。而他们这样工作的结果是不断超越自我，也超越其他员工，最终会成为企业的核心员工，成为老板不可或缺的人。

不要满足于尚可的业绩

周锐是一家贸易公司的销售主管，在周一的公司例会上，周锐一进会议室就看见自己的名字排在了最后。周锐站了起来打算介绍自己的销售情况。

“等一下，你看看自己的数字，你还没有做到应该完成任务的1/3。为什么？”总经理陈明楷打断了周锐的发言。

周锐语气平静地说道：“这周是我来北京的第一个完整的星期。我仔细研究了每个正在做的订单，这已经是我们这周能够完成的全部的数字了。”

“销售员崔龙做了多少？”陈明楷听到周锐报出的数字后继续问道，“他以前的两个季度做得怎么样？”

周锐回答：“上个季度做了一半，之前的季度只完成了1/3。”

陈明楷继续追问：“连续两个季度都没有完成任务，为什么呢？”

周锐说：“他曾经业绩很好，所以他的能力应该可以胜任，至于为什么他的业绩急转直下，他没有向我说，我想应该是态度问题。”

“假定你手下有两个员工，一个态度好但能力差，一个态度差但是能力强，如果必须开除其中一个，你打算开除哪个？”陈明楷突然抛出了一个问题。

“我不知道。”周锐说道。

“很简单，不管能力还是态度，开除业绩差的那个。我们已经给了他足够的时间，他却连续两个季度都不能完成任务，所以你应该开除他。”陈明楷用命令的口气说。

“能再给他一些时间吗？”周锐不得不为崔龙求情。

“两个季度已经是足够的合情合理的时间了，他已经是在占用公司资源，拿工资没有业绩就是剥削公司了。”

崔龙虽然被总经理无情地辞退了，但我们设身处地地为公司着想一下，如果销售部门没有业绩，企业拿什么生存？同时员工没有为公司提供结果，公司要发给你工资，要支付办公费用，你在提供结果之前一直在毫不手软地索取，如果不能提供结果来作为回报，那就类似于剥削企业了。

因此，员工没有业绩就是剥削企业，因为他占用了公司的资源，却没有为公司创造相应的价值，而且白白浪费了公司进入市场的机会，还给企业造成了新的损失。

每一位员工要认识到自己的存在价值就是给公司提供业绩，主管或许可以庇护你，但市场不会庇护企业，所以公司老板只有辞退那些没有业绩的员工。

美国富兰克林人寿保险公司前总经理贝克曾经这样告诫他的员工：“我劝你们要永不满足。这个不满足的含义是指上进心的不满足。这个不满足在世界的历史中已经促成了很多真正的进步和改革。我希望你们决不要满足。我希望你们永远迫切地感到不仅需要改进和提高你们自己，而且需要改进和提高你们周围的世界。”

追求永无止境，只有永不满足的人才能够在事业上获得一个又一个上升的台阶。能够在事业上出类拔萃的人，对于什么是优秀的表现都有一套高于常人的标准，并且会切实地朝着这样的标准迈进。在不断挑剔自我、不断改变现状的过程当中，他们会发现工作中出现的一个个问题，并加以修补、调整，从而完善自己，然后朝着更高的目标奋进。

不要满足于尚可的业绩，因为尚可的业绩人人都可以做到。人生就像逆流而上的小舟，不进则退，如果你满足于一点点小成绩，裹足不前，那么你很快就会被别人取代。没有一家公司的老板喜欢骄傲自满的员工，只有那些不满足于平庸，用高标准严格要求自己，不断学习、不断提高自己的员工，才会有更加出色的表现，才能更受老板的青睐。

在激烈的市场竞争中，企业只有变得更强才不会被淘汰，所以企业的目标总是长远的，老板对于员工的期待总是在不断提高。作为员工，只有和企业共同进步，才能够在企业中长久地生存。不思进取的员工不但得不到发展，说不定还会在日益激烈的工作竞争中被淘汰。一位寿险公司的业务员参加工作前过着极为普通的生活。加入寿险公司后，他很努力，规定自己每个月访问100位客人。他总有一些机会接触到大人物——大多是公司总经理级人物，于是他想方设法抓住这些大客户。

虽然他每次在拜访这些大人物前，多少有些紧张，然而当他和这些大人物会面时，紧张感就会立刻消失，而且尽量投其所好，寻找对方有兴趣的话题。每次拜访这些大人物之后，业绩总是远比拜访那些小客户要好得多。

一个穷酸小子就这样成了职场成功人士，他也成功地赢得了老板的青睐。于是，他开始不那么拼命了，尽管他完全有能力去说服更多的大客户购买他的保险，但由于他不常去拜访客户，所以一年内，他只谈成了两三笔大生意。然而，他还没有意识到事态的严重性。日子就这样一天天过去了，一年后，他的名字从公司光荣榜移到了即将被裁的名单中。

由此可见，要想在职场中长期生存，就要不断提升自己，永不满足现状。

新希望集团总裁刘永行说过：“如果我们每个人不是把事情做到9分，而是做足10分，如果整个企业所有人都这样，我相信我们的员工就能拿到10倍于现在的工资。如果我们每个人的工作都再改进一点，做足11分，尽到12分的责任，我们就能够赶上欧美。企业发展了，个人也才会随之发展。”和自己较劲的员工，才能在不断地努力和拼搏中为改变自己的命运争取到更大的舞台。

把责任留给自己，把业绩留给企业

工作中，老板最关心的还是结果。因此，作为一名优秀的员工，应当认清自己的工作责任，做公司发展需要的事，把责任留给自己，把结果留给老板。

员工在工作中会面临很多要求，但最基本的要求就是提供需要的结果。老板安排你做一个工作，实际上是想要你提供这个工作的结果。但是很多人却陷入了一个心理误区：因为公司与员工之间，不是采取公司之间那种讨价还价的交换，我们就认为公司与自己之间不是商业交换，而是“一家人”。只要做事，尽力就算是有业绩了，至于是不是达到了公司想要的结果，那就不是自己所关心的了。

约翰逊是一家著名的管理咨询公司的业务经理。他有一个习惯，就是每次在接受客户的委托之前，总要先花点时间去拜访该客户组织的高级主管。在问了一些有关业务委托方面的问题之后，约翰逊总要向这些高级主管提些诸如“你们公司现在聘用的员工数量是根据什么做出的”之类的问题。据约翰逊统计，大部分主管的回答是“我负责的是财务”，或“我主管的是销售”。还有一些人回答是“我掌管的员工是100名”。只有很少的一部分人才会说：“我的责任是向管理者提供决策所需要的正确信息。”或者是“比去年的任务量提升30%是我的责任。”

这两种不同的回答反映了人们对待工作价值认识上的差异。正是这种认识上的差异导致了把困难留给老板还是把结果留给老板这两种行为上的差异。那些清楚自己工作使命，把结果留给老板的人比较看重责献，他们会将自己的注意力投向公司及个人的整体业绩，而不是自己的报酬和升迁。他们的视野广阔，在工作中，他们会认真考虑自己现有的技能水平、专业，乃至自己领导的部门与整个组织或组织目标应该是什么关系，他们还会进一步，从客户或消费者的角度出发考虑问题。这是因为，不管生产什么产品、提供什么服务，其目的都是为了帮助消费者或顾客解决问题。

那些把结果留给老板的员工会经常自我反省“我究竟做到了什么”，这有利于他们提高工作责任感，充分发掘自己具备但还没有被充分利用的潜力。相反，那些把困难留给老板的员工不懂得反省“我究竟做到了什么”，他们不清楚自己的工作使命，只知道将任务完成就可以交差了。这种心态导致他们不但不能充分发挥自己的能力，而且还很有可能把目标搞错，以至于南辕北辙。

曹娟在一家服装公司做销售工作，业绩一直不错。后来，公司为了开拓第三市场，决定减少服装的生产量，裁减员工，以达到压缩成本的目的，资金被转向了第三产业——房地产业。

现在，所有员工都面临着被裁减的危险，人人自危。销售部要裁去一半人员，这不能不让所有销售人员心里打起鼓来。大家平常工作都差不了太多，谁走谁不走呢？

面对这种情况，曹娟却镇定自若，似乎并没有太在意。最后的结果是，销售部人员走了一半，副主管也被辞退了，而由曹娟担任此职。

原来，曹娟在平常的工作中，就十分注意整理所有客户的资料，又利用业余时间学习编程工作，为公司建立了一个庞大的数据库。这个数据库的建立为销售渠道的正规化提供了科学的依据，大大地提高了工作效率。早在一个月前，曹娟就向主管递交了这个数据库，并得到了认可，正在等待讨论通过与实施。

升职后的曹娟除了将销售方式正规化外，还积极联系境外的销售客户。当第一笔与意大利出口贸易签单时，总经理发现曹娟竟能用流利的意大利语与客户交谈，不禁对她另眼相看。不久，曹娟升为副经理，成为这家公司的骨干。

业绩是企业的生命，也是员工的生命。每一个企业都把业绩看作衡量员工责任的重要标准之一。能为公司带来业绩的员工是企业最宝贵的财富，再有耐心的老板，也不可能容忍一个长期没有业绩的员工。

工作中有很多人只看到一份工作的权限和职责要求，而看不到这个岗位背后所承载的意义和作用，即工作使命。对工作使命认识不清导致了这样的结果：很多员工虽然任务执行得很“出色”，但仍然是将一大堆的问题留给了公司和老板，这也就是“做什么”与“做到什么”之间的区别。

我们要懂得，任何获得都来源于你的奉献，提供价值是获得认可和回报的唯一原因。想要更多的回报，就要踏踏实实地为公司创造更多的价值。把自己的工作做得比别人更完美、更迅速、更正确、更专注，调动自己全部的才智全力以赴，在获得相应回报的同时，也为日后的成功埋下了伏笔。积累到了一定阶段，酵质就会开始膨胀，说不定某一天你就会做出连自己都不敢相信的惊人成就。

第九章

在负责任中走向卓越

成功属于负责任的人

杰诺大学毕业时，到了一家出版公司工作。当时，出版社正在进行一套丛书的编辑，每个人都很忙，经理更没有时间安排杰诺具体的工作。于是杰诺成了“万金油”，业务部、编辑部、印刷部……哪里需要，他就被指派到哪里。他却毫无怨言，总是把每一样工作都做得尽善尽美。

“你真是傻瓜，这样被别人指来派去的，做了那么多事，最后连自己的奖金到哪个部门领都不知道。”有人这样嘲笑杰诺。

杰诺只是笑笑，依然认真地去做每一件事情。也有人挖苦他说：“你真是没出息，每天比谁做得都多，但是却都是一些鸡毛蒜皮的小事，你这样做再长时间也是没有成果的。”

的确，杰诺做的事很琐碎，包书、送书、取书、邮寄、联络……这些事情，表面上看来的确不值得一个大学生去全身心投入。然而，杰诺不这么认为，他认为每一件工作都是有意义的，认真去做，就一定会有收获。因为他的用心和努力，每一个给他指派工作的人都对他很满意。

三年后，杰诺被提拔为发行部主管时，很多人都感到意外。公司总裁的话让大家幡然醒悟，他说：“杰诺在每一件事情上都比别人多做一点，所以他学会了所有部门的工作，熟悉了所有部门的经营管理。这一点，整个出版社没有一个人赶得上他。”十年后，老总裁退休时，曾经的“万金油”——杰诺出任了公司总裁。十五年后，杰诺成立了自己的出版公司，并取得了非凡的成就。

杰诺的故事告诉我们，要想在激烈的竞争中脱颖而出，就必须比别人多负责任一点，就必须修炼一身能够驱动自我的“好功夫”，只有这样才更容易有卓越的表现。

其实，卓越离我们并不遥远，只要你能掌握成功的秘诀，你就能够登上卓越的巅峰。成功的秘诀自古至今，你只要比别人多担待一点责任。

巴恩斯是一个很有抱负的人，但他没有什么资本，所以最初他只有白手起家。他决定同伟大发明家爱迪生合作。当他来到爱迪生办公室的时候，他那不修边幅的仪表，惹得在场的人一阵哄笑。尤其是当他说明来意的时候，人家就更忍不住要发笑了。爱迪生从来没有什么合伙人，但巴恩斯的执着感动了爱迪生，最后留他在那里做打杂的工作。

巴恩斯在爱迪生那里做了数年的设备清洁和修理工。有一天，他听到爱迪生的销售人员在埋怨最近发明的留声机卖不出去。这时巴恩斯站起来说：“我可以把它卖出去。”从此他便得到了这份销售留声机的工作。巴恩斯以他打杂工的薪水，花了一个月时间跑遍了整个纽约城，一个月之后，他卖出去了7部。当他回到爱迪生的办公室时，又向爱迪生说，他准备好了在美国推销留声机的计划，这时爱迪生便接受他成为留声机的合伙人。

有成千上万的员工为爱迪生工作，为什么巴恩斯一枝独秀呢？究其原因就在于他愿意展现他对爱迪生发明品销售的信念，并更主动将这种信念付诸实施。巴恩斯只想做这份销售工作，并不期待更多的报酬，他只是多付出一些。实际上巴恩斯所得到的回报已经超出了他的薪水，他是爱迪生所有员工中唯一有这种表现的人，也是唯一从这种表现中获得利益的人。

古人云：“将欲取之，必先予之。”我们做任何事情，要想有所成就，就必须付出代价，没有辛苦是不可能有收获的。但所付出的额外劳动或者服务都不会徒然的，总有一天它将带给你更多的回报。

责任心是卓越员工的职场标准

本杰明·富兰克林小时候很喜欢钓鱼，他把大部分闲暇时间都花在了那个磨坊附近的池塘旁边。在那儿，他可以得到从远方游来的鲽鱼和河鲈等。

一天，大家都站在泥塘里，本杰明对伙伴们说："站在这里太难受了。""就是嘛！"别的男孩子也说，"如果能换个地方多好啊！"

在泥塘附近的干地上，有许多用来建造新房地基的大石块。本杰明爬到石堆高处。"喂！"他说，"我有一个办法。站在那烂泥塘里太难受了，泥浆都快淹没到我的膝盖了，你们也差不多。我建议大家来建一个小小的码头。看到这些石块没有？它们都是工人们用来建房子的。我们把这些石块搬到水边，建一个码头。大家说怎么样？我们要不要这样做？"

"要！要！"大家齐声大喊，"就这样定了吧！"

他们决定当晚再聚到这里开始他们伟大的计划。在约定的时间里孩子们都到齐了，开始搬运石块。最后，他们终于把所有的石块都搬来了，建成了一个小小的码头。

"伙计们！"本杰明喊道，"现在，让我们大喊三声来庆祝一下再回去，我们明天就可以轻轻松松地钓鱼了。"

"好哇！好哇！好哇！"孩子们欢叫着跑回家去睡觉了，梦想着明天的欢乐。第二天早晨，当工人们来做工时，惊奇地发现所有的石块都不翼而飞了。工头仔细地看了看地面，发现了许多小脚印，有的光着脚，有的穿着鞋，沿着这些脚印，他们很快就找到了失踪的石块。

"嘿，我明白是怎么回事了。"工头说，"那些小坏蛋，他们偷石头来建了一个小码头。不过，这些小鬼还真能干。"

他立即跑到地方法官那儿去报告。法官下令把那些偷石头的家伙带进来。幸好，石头的主人比工头仁慈一点，否则本杰明和他的伙伴们恐怕就麻烦了。石头的主人是一位绅士，他十分尊重本杰明的父亲，而且孩子们在整个事件中体现出来的气魄也让他觉得非常有趣。因此，他轻易地放了他们。

但是，这些孩子却要受到来自他们父母的教训和惩罚。在那个夜晚，许多荆条都被打断了。至于本杰明，他更害怕父亲的训斥而不是鞭打。事实上，他父亲的确是愤怒了。

“本杰明，过来！”富兰克林先生用他那一贯低沉严厉的声音命令道。本杰明走到父亲的面前。“本杰明，”父亲问，“你为什么要去动别人的东西？”

“唉，爸爸！”本杰明抬起了先前低垂的头，正视着父亲的眼睛，“要是我仅仅是为了自己，我绝不会那么做。但是，我们建码头是为了大家都方便。如果把那些石头用来建房子，只有房子的主人才能使用，而建成码头却能为许多人服务。”

“孩子，”富兰克林严肃地说，“你的做法对公众造成的损害比对石头主人的伤害更大。我的确相信，人类的所有苦难，无论是个人的还是公众的，都因为人们忽视了一个真理，那就是罪恶只能产生罪恶。正当的目的只能通过正当的手段去达到。”

本杰明一生都无法忘记他和父亲的那次谈话。在他以后的人生道路上，他始终实践着父亲的话。后来，他成为美国有史以来最杰出的政治家和外交官之一。

一个人要想跨进成功的大门，他必须持有一张门票——责任心。责任可以让一个人更快地成熟起来。当一个人的责任心在心底萌发时，就是他走向成熟的开始。美国前总统肯尼迪在就职演说中说：“不要问美国给了你们什么，要问你们为美国做了什么。”

品牌即人品，一个人的人品决定一个人的个人品牌。人品有优劣，个人品牌形象也有优劣。个人在树立自己的品牌时，则应该努力除去自己身上道德的缺点，逐步提高自己的道德水平，那就是对工作负责。

两次世界大战的洗礼，让他成为国际政坛的风云人物。自由法国运动的开展，让他成为法兰西的代名词。面对纳粹德国的进攻，他力挽狂澜，带领法国人民战斗在第一线，他是那个时代最耀眼的标签——戴高乐，一个法兰西第五共和国的缔造者。

“谁说败局已定？事情已经定局了吗？希望已经没有了吗？失败已

经确定了吗？没有！因为法国并非孤军作战！它不是单枪匹马！它不是四处无援！……我是戴高乐将军，我现在在伦敦。我向目前正在英国和将来可能来到英国的持有武器或没有武器的法国官兵发出号召，无论发生什么情况，法兰西抵抗的火焰决不应该熄灭，也绝不会熄灭！”1940年6月18日，一个充满爱国热情与战斗意志的坚定声音响彻在英国伦敦的天空，令3000万法国人民热血沸腾。戴高乐将军领导的自由法国运动轰轰烈烈地开始了。

事情是这样的，在第二次世界大战初期，由于在德意法西斯的侵略面前，法国政府一味采取“绥靖”政策，大量的无辜百姓在战争中丧生，国土也大片沦陷。6月14日巴黎沦陷后，贝当内阁向德国投降。曾任雷诺内阁国防次长兼陆军次长的戴高乐准将坚决主战，反对投降。他毅然踏上飞机，只身飞往伦敦，宣布与当时的法国政府决裂，在他到达伦敦的第二天下午，就在伦敦广播电台发表了这篇著名的“6·18号召”。戴高乐让他的同胞们产生了一种强烈的挽救法兰西的共鸣。他给他们又重新点燃了希望的火焰：法兰西没有灭亡！

而那时候的戴高乐既无部属又无组织，除了他本人的坚强意志和品格外，唯一的资本就是英国政府的支持。刚开始，英国首相丘吉尔没太把他放在眼中，讥笑他是“一人政府”。而戴高乐严肃地对他说道：“首相先生，你必须尊重我，因为我不是代表我个人，而是代表整个法国……”

面对困难，戴高乐坚忍不拔，迎难而上。他说：“我的力量有限，孤立无援，但正因为如此，我才必须爬上顶峰，永不后退。”

事实很快证明，戴高乐得到了法国人民的热烈拥护。就在6月22日法国政府向德国投降的几天之后，就有四百多名炮兵、步兵前来向戴高乐将军报到。随后四面八方的支援向他涌来。到7月底的时候，已有七千多人志愿拿起武器，誓为“自由法国”而战。

戴高乐说：“每当历史最恶劣的时候，我的义务就是把法国的责任担当起来。”他的确没有食言，自始至终他都在为法兰西的明天而奋斗。经过四年的艰苦抗战，法国人民在戴高乐的带领下终于打败了纳粹德国，取得了反法西斯战争辉煌的胜利。至此，他创建的自由法国运动光荣地完成了自己的历史使命。戴高乐的“一人政府”也成了民心所向的真正的法兰西政府。戴高乐成为了最受人民爱戴的总统。

个人品牌对于职业人士成功的推动价值已经成为不争的事实。随着个人工作经验的积累，借助品牌可以使职场人士得到更快的认可和升迁。

一个人如何在职业生涯中塑造自己的竞争力，最好的答案是建立良好的个人品牌和信誉。建立个人品牌并不像一般人想象得那样困难，美国首屈一指的个人品牌大师彼得·蒙托亚指出，品牌并不是名人的专利，每个人都有自己的个人品牌。较强的工作责任心就是个人品牌的核心内容。如果你想成为富兰克林、戴高乐之类的大人物，那就负起你的责任吧！

承担多少责任，获得多少回报

职场总会有许多事情可做，有些工作也许真的不是你的分内工作，可是这些难题的存在却阻碍着团队的前进，作为公司的一分子，你应该主动帮助上司解决这些难题，而不应坐视不理。只有这样，企业或上司才会有机会知道你具有身兼多职的才能，而这也正是事业有成的关键。

工作，是不分分内分外的，只要是职场上的事，只要是自己见到的活儿，不抢着把它干好，心里就会不踏实！

不计报酬地加班，对负责的员工来说，不仅是理所应该的，而且还会视为荣幸的事——老板为什么叫我多干，是他信任我，是我的技术比别人强，这已经是最好的奖赏了，我干吗还要计较其他？

一个优秀的员工在遇到问题时，会想尽办法去攻克它，而不是把它再一次上交给老板。

“牛仔裤专家邓建军”是江苏常州黑牡丹公司的高级技工，是新世纪全国首批七个“能工巧匠”之一，是全国职工职业道德建设“十佳标兵”，曾两次受到胡锦涛的接见。

是什么让邓建军在一个普普通通的岗位上，获得如此众多的荣誉呢？

这当然得益于他以责任心在自己平凡的岗位上做出了令人刮目相看的成绩。

黑牡丹公司董事长曹德法曾经激动不已地说：“没有邓建军示范带动的科研团队，我们的企业可能就没有今天！”

邓建军刚刚参加工作那几年，是中国纺织企业正告别传统“金梭银梭”的年代，国内企业特别缺少机电一体化的技术工人。

黑牡丹公司有一批进口剑杆织机急需改造，邓建军积极报名，接下了任务。但到现场看过以后，他心底不禁冒出一股凉气。

几十台机器的各种电气线路如一团乱麻，图纸不知去向。一块线路板有两千多个点需要一一测试、分析、测算。要想改造这些进口货，任务十分艰巨。

他一咬牙，从最起码的制图开始做起，每天蹲在机器边14个小时以上。经过他一番创造性的努力，这些机器终于改造成功，为企业节省了大笔的资金。

在工作的16年中，邓建军一直努力为企业创造效益，并把此当作自己义不容辞的责任。

2002年8月，世界流行的新产品“竹节牛仔布”在黑牡丹公司遇到生产告急，如不能按期交货，公司不仅要丢掉400万美元的订单外加付违约金，还要将市场拱手让人。

邓建军急了，他带着科研小组奋战15个昼夜，自行设计安装了4台分经机，成本仅为进口设备的1/8，保证了公司按时交货。客户满意之余，又续签了八百余万元的新订单。

一提起染浆联合机的4次改造，黑牡丹公司的董事长曹德法就念念不忘邓建军。他说：“邓建军所带领的团队解决了连续生产不用停车这一难题，仅此一项就为企业创造经济效益三千多万元。”

如果邓建军是一个没有责任感的员工，他也会像很多普通员工一样，无法为公司的前景使上一份力。但邓建军是不同的，他凭着高度的责任感，攻克难题，将责任完美落实，从而为企业带来了辉煌，也激活了自己内心的力量，迎来了自己职业生涯的辉煌。

一个主动自觉的员工，对于老板来说，是最值得信任和培养的员工，因为他能够为企业创造出更多的价值。对于员工个人来说，也同样是一件好事，永远超越老板的期待，为老板带来好消息和收益，才能赢得更多的机会。

在工作中，自觉的人往往更容易得到赏识，获取成功。老板不可能给每一个人安排具体的工作，他的精力要用在思考企业的战略上面。战略一旦确定下来，经理就应该主动制订工作规划，将战略落到实处。而基层员工则应该根据工作规划，主动制订详细的实施方案，将战略进一步细分。只有层层落实，战略才不至于流于形式。很多企业失败，不是因为没有战略，或者战略不完善，而是因为缺少一批将战略落到实处的人，缺少自觉执行的员工。

优秀员工与普通员工的区别就在于，当别人都在静待老板的指令和吩咐时，他们已经发挥自己的主观能动性，出色地完成了任务。他们永远比别人更自觉。他们不仅能圆满地完成自己的任务，还会忠心耿耿地为老板考虑，提出尽可能多的建议和信息，他们也会因此得到提升和赏识。他们比别人更自觉，也就拥有更多的机会。

苏南和汪凤是一家酒店的餐饮部实习生。一天，一位住在酒店的客人到餐厅吃饭，饭菜已经上桌了，他却因一时有急事需要外出，临走前他请为自己服务的汪凤先把菜放在这里，等回来时再吃，说完还让汪凤看了一下自己的房卡。汪凤礼节性地微笑着点了点头，就准备让他离开。

刚才的场景被细心的苏南看到了眼里，这事本来与苏南无关，强烈的责任感让她主动走过去，面带微笑并诚恳地对那位客人说："先生，请您放心，我们一定将菜给您留着。不过我们酒店有规定，因为您已经点了菜，所以需要先付账。请您理解我们的做法。"

"那好，我马上去付账。"客人爽快地答应了下来。

"好的，我带您去。"于是，苏南便笑容满面地带着客人到前台结了账。

后来，那位客人直到酒店打烊后很晚才回来。苏南不但没有让自己下班，而且她还通知厨房留下人值班，等客人一回来，她马上让厨房的人将热好的饭菜给客人端了上来。她做的这一切，让那位客人非常感动，而这些也被酒店经理看在了眼里。

不仅是这件事，工作中的每一件事，苏南都一直努力要求自己自觉、主动、认真地去做。于是，从一个小小的实习生开始，她一步一个脚印踏踏实实走了上来，直到当上酒店的副总。

苏南自觉地为客人服务，并在下班后留下来等客人，使客人在酒店里得到了最好的服务，这样做获得了报酬吗？没有，但是，她超越老板期待的做法给自己带来了更大的回报——获得提升。

没有人能保证你成功，只有你自己；也没有人能阻挠你成功，只有你自己。在工作上主动自觉的员工，多承担一些责任，发挥一点创意，就能出色地完成任务。而一些被动的员工则做不到这一点，他们往往墨守成规，裹足不前，凡事只求符合公司的规则。

只有那些能够做到主动自觉的员工，才能从工作中得到更多的回报。

超越责任，成为企业最优秀的员工

曾有一家大型企业安排了野外训练，目的是增强队员的团队合作意识。一群陌生的人组成了若干个团队，每个团队需要完成三项任务，每一项任务都需要大家共同来完成。如果有一个人没有完成，那么输掉的将是整个团队。一位团队负责人记述了亲身体验，他写道：

每一项任务都极为艰难。不过还好，我们这支叫作“挑战者”的队伍已经完成了艰难的两项，只剩下最后一项任务了。任务名曰“一线生机”，要求队员必须爬到11米高的一个立柱上，然后站到立柱顶端的圆盘上，接着向斜前方纵身一跃，凌空抓住距离自己有1.2米远的一根横木。据说，有很多人到圆盘上不敢站起来，甚至都吓哭了，更别说完成任务。但是任务完成不了，所有的努力都将前功尽弃。

终于有敢吃螃蟹的人了，在其他队员近乎喊破嗓子的呐喊加油声中，这个勇敢的人成功了。

大家相互鼓励，一个接一个都完成了任务。

轮到最后一位了。她是一个看上去很娇弱的女孩。

当她刚刚爬上立柱的时候，我们就看到她的腿在剧烈地抖动，而且越抖越厉害。当时我想，我们输了。但大家还是给了她最坚决、最热烈，也最振奋人心的支持和鼓励，因为那个时候输赢已经不重要了，大家就是觉得不能让她一个人落下。这是我们的责任，她是我们的队员，我们有责任带她一起走。

当我们的心提到嗓子眼儿的时候，她已经蹲在圆盘上了。看得出，仅仅是站起来对她来讲都是极为艰难的事情。大家还在拼命加油，虽然大家都知道，对于站在11米高处的她而言，我们的声音已经很微小了，她根本听不清我们在说什么，但我们能做的只有这些了，而且我们必须把我们能做的做好，这是责任。

她终于站了起来。所有人都屏住了呼吸。仿佛等了好久之后，她纵身一跃。我们都闭上了眼睛。我觉得那一刻，我比她更紧张。

她成功了，之后是雷鸣般的掌声。我还记得当时我的手都拍疼了，不光是因为胜利，最主要的是完成了任务——我们的任务，还有她的任务。我们没有丢下她，她也没让我们失望。

后来，这个女孩对我们说她有轻度的恐高症。“但是，我不能放弃，我的放弃会使整个集体输掉。”她的话敲击着我们的心，我们知道，那是责任的力量。

我们赢得了最后的胜利，而且只有我们一支队伍完成了任务，也是第一支完成任务的队伍。我们被授予了勇士勋章。勋章上写着：责任即荣誉。

责任来自于对集体的珍惜和热爱，来自于对集体每个成员的负责，来自于对自我的一种认定，来自于生命对自身不断超越的渴求——责任是人性的升华，责任是一种精神，责任即荣誉。

将公司视为己有，并尽职尽责完成任务的员工，终将会拥有自己的事业。许多管理制度健全的公司，正在创造机会使员工成为公司的股东。因为人们发现，当员工成为公司所有者时，他们会表现得更加忠诚，更具创造力，也会更加努力工作。有一条永远不变的真理：当你像上司一样思考时，就成为一名上司。

孙晓是沃尔玛中国的总商品经理。从1995年沃尔玛中国开始筹备的时候，刚刚从上海交大毕业的孙晓就加入了这家世界最大的零售企业。由于对采购工作没有任何经验，当时的孙晓工作进行得极其艰难，但是，她始终坚持一个原则，随时都要想着为公司争取到最大的利益。

正是有了这种心态，她在工作中逐渐积累经验，逐渐掌握了谈判的要诀和技巧，同时注意把握双赢的原则，考虑到供货商的利益，终于打开了采购工作的局面。就这样，她从一个普通的采购员升任到助理采购经理，再到采购经理，到现在已经成为总商品经理。如今她已经被列为沃尔玛的TMAP计划培训人员之一，这个培训计划的目标就是成为接班人，可能是上一级主管，也可能是进入更高的管理层。同事们都认为她会有无限量的上升空间。

超越责任，你就会成为一个值得信赖的人，一个老板乐于接受的人，也是一个可托大事的人。因为一个为公司尽职尽责完成工作的人，往往已经把这份工作看成是自己的事业，自己的事业是公司事业的一部分，公司的事业也就是自己的事业。

绝大多数员工都必须在一个社会机构中奠基自己的职业生涯。只要你还是某一机构中的一员，就应当抛开任何借口，投入自己和责任。

哈佛大学商学院罗伯特·沃特曼教授认为，一个人应该永远同时从事两件工作：一件是目前所从事的工作；另一件则是真正想做的工作。如果一个人能将该做的工作做得和想做的工作一样认真，那么这个人一定会成功。

从尽职尽责到尽善尽美

比利时有一部著名的基督受难舞台剧，演员辛齐格几年如一日地在剧中扮演受难的耶稣，他高超的演技与忘我的境界常常让观众不觉得是在看演出，而像真的看到了再生的耶稣。

一天，一对远道而来的夫妇，在演出结束之后来到后台，他们想见见扮演耶稣的演员辛齐格，并与他合影留念。合完影之后，丈夫一回头看见了靠在旁边的巨大的木头十字架，这正是辛齐格在舞台上背负的那个道具。

丈夫一时兴起，对一旁的妻子说："你帮我照一张我背负十字架的照片吧！"于是，他走过去，想把十字架拿起来放到自己的背上去，但他用尽了全力，十字架仍纹丝未动。这时他才发现那个十字架根本不是道具，而是一个用橡木做成的沉重的十字架。

在使尽了全力之后，那位先生不得不气喘吁吁地放弃了。他站起身，一边抹去额头上的汗水，一边对辛齐格说："道具不是假的吗？你为什么要每天都扛着这么重的东西演出呢？"

辛齐格说："如果感觉不到十字架的重量，我就演不好这个角色。在舞台上扮演耶稣是我的职业，和道具没有关系。"

全心全意、尽职尽责，正是负责任精神的基础。这个故事教会我们：职场中没有道具，要做好你的工作，就必须付出百分之百的努力，全力以赴地投入工作。

叶灵和江昊是一家大型跨国公司里的两名优秀职员，在对待工作上，都能够尽职尽责。但是，他们两个人的差别就在于叶灵尽职尽责地完成了自己岗位上的工作后，便觉得足够了，而江吴则在要求自己尽职尽责之外，力争把工作做到尽善尽美。3年后，江吴成为这家公司的一位部门经理，社交的范围更广泛了，而叶灵只是一名业务主管。

美国作家威廉·埃拉里·钱宁说："劳动可以促进人们思考。一个人不管从事哪种职业，他都应该尽心尽责，尽自己的最大努力求得不断的进步。只有这样，追求完美的念头才会在我们的头脑中根深蒂固。"

一个负责的人不仅是一个尽职尽责的人，还是一个追求完美的人，他会不断发掘出自身的潜力，做出优异的业绩。而对待工作不求有功、只求无过的人，纵然才华横溢，也会逐步流于平庸。只有在追求尽善尽美的过程中，全力以赴，使你的执行力得到不断提高，才能成为公司里的佼佼者。

斯蒂夫·乔布斯一直被认为是一个喜怒无常的人，并且以"疯狂的高标准"著称。他经常会说："有些业务我们能够为之，有些则无能为力，但无论怎样，我都感到自豪。"

"当政"初期，斯蒂夫·乔布斯全然不顾华尔街的满腹牢骚，大力削减产品品种，把原有的10多个品种消减至4种。他曾要求iPhone的团队用最短的时间拿出不同的封装设计，而当时产品离面市时间已经不多了。他走进公司说："我不喜欢这个东西。我无法说服自己爱上这个玩意儿。而这是我们做过的最重要的产品。"于是就生产出了我们所见到的iPhone。

动画公司皮克斯制作《玩具总动员》让斯蒂夫·乔布斯花了1000万美元，但只是因为他对剧本不满意，就将工期暂停了5个月。他让每个员工拿着工资放大假去了。经过假期的好好琢磨后，他们做出了后来我们所看到的《玩具总动员》。

这种"停下来"的作风使斯蒂夫·乔布斯在同行业的制造商中毁誉参半，但对消费者来说，他成功的真正秘诀是他有着对普通消费需求的直觉，并且能够很好地跟技术结合在一起。为了让那些Windows用户尽快适应Mac，斯蒂夫·乔布斯决定将苹果专卖店开到车流密集的区域。

在纽约曼哈顿中央公园附近的苹果旗舰店里，每天都是人山人海。有的人是在那里了解产品，有的人在那里找把椅子看书或休息，或者什么都不干。事实证明他的做法是有成效的。据媒体报道，在用户满意度上，苹果Mac OS X Leopard战胜了Windows Vista系统。

自从2003年iPod销量大增后，苹果就开始精心地选择最好的合作者。它与一些小硬件制造商合作，如便携话筒、音乐播放器外壳厂商等。2004年，宝马汽车首次在其年度新款车型的储物小格中加入iPod转接器，随后克莱斯勒、福特和本田等汽车制造商也加入了这个潮流。然后20多万家公司与苹果签署了协议。70%的新款美国车都配备了iPod转接器，大约10万个飞机座位也同样配上iPod转接器。

分身统领苹果，坐镇迪士尼的斯蒂夫·乔布斯不断地追求尽善尽美。对于很多人来说，与他打交道并不容易。斯蒂夫·乔布斯追求的是一种“残忍的完美”。在苹果每到周一，斯蒂夫·乔布斯就会和整个管理体系回顾公司的运营情况，包括前一周的销售项目、每个正在开发的产品，以及那些麻烦缠身的产品。

在斯蒂夫·乔布斯的哲学世界里，苹果始终是也必须是一家能“全盘掌控”的公司。他认为，“对未来消费类电子产品而言，软件都将是核心技术”。不能只是坚持做操作系统和那些悄无声息的后端软件，如iTunes。这样苹果才不会像戴尔、惠普或索尼那样，必须等微软的最新操作系统发布出来，才能推出新的硬件产品。而且苹果也不用干等着微软着急，它不但可以随意修改系统，还可以为iPhone和iPod制作特别的版本。

几乎每个大项目都有可能被斯蒂夫·乔布斯推倒重来，他的理由是：“这不仅仅是工程学和科学，也是艺术。”他告诉自己不能有其他的选择，苹果员工也一样没得选择。用斯蒂夫·乔布斯的话来说：“这辈子没法做太多事情，所以每一件都要做到精彩绝伦。”

苹果的科技产品能够在世界上疯卖，与乔布斯的高标准要求是分不开的，任何一位员工的工作成绩都是他的工作状态的最终呈现。那些认为工作只要能够达到最低标准就可以的员工，永远无法把自己和其他员工区分开来，只能一辈子做着最平凡的工作；只有那些像乔布斯一样追求“卓越”的员工，才能够最终挤进优秀员工的行列。NBA的传奇人物“飞人”乔丹曾经说过：“从‘不错’迈入杰出的境界，关键在于自己的定位。”这句话适用于我们工作和生活的方方面面。

过去，人们判断一个人是否优秀，关键是看他是否听话，是否服从命令、遵守纪律。但是现在，优秀的判断标准已经发生了很大的变化。过去一位公司领导经常表扬一位住家远的员工，称赞他：“虽然家远，但从不迟到早退，当很多人还没有起床的时候，他已经在路上奔波一个多小时了。”但是现在，这位老总极力夸奖的是那些在公司附近租房住的员工，说他们能够保持充沛的体力，所以工作时更加投入，工作质量和效率也更高。由此可见，优秀的标准不是你付出了多少努力，不是你有多辛苦，而是你为公司创造了多少价值，你有没有把工作做好。

苏波清，海南金鹿农机公司电焊班班长，1980年刚进厂时，苏波清把新买的自行车大梁给撞裂了。车间里的老电焊工义务帮他焊上了。苏波清一看，和新的一样。这是他第一次看到电焊的“神奇”。对于只有初中文化的苏波清来说，这一切都很新奇，对自己这份工作也很珍惜，于是决定好好干，干出个模样来。

看着师傅手持焊枪像挥舞着的画笔一样，将一根直径不到三毫米、硬度很低的铁条焊在一根硬度很高的铁条上，觉得很神奇，苏波清主动要求学习焊工技术，他白天跟着老焊工学手艺，晚上回到家拼命钻研焊工技术书籍，在同组的5名学徒工里，他进步是最快的。

2002年，金鹿公司承领了茅阳水电发电厂大型水管制造任务。如果采用手工焊接，那就既无法按时交货，也达不到技术要求。关键时刻，苏波清接过了重担。

苏波清凭自己的经验判断，当时用手工的方法肯定是来不及了，他琢磨了一下，发现原先在书上看过的埋弧自动焊机电焊法可以解决这个难题。于是，他马上带着电焊班的工人找出厂里多年不用的一台旧的埋弧自动焊机，重新安装调试，他还自己制造了这种焊接方法必要的设备平转台。经过不懈努力和创新，苏波清终于圆满地完成了任务，并且苏波清提议使用的新焊法，使焊接效率提高了7倍，技术指标达到了超声波检验的一级标准。

当被问及技术为什么能进步时，苏波清说："就是有一些不服输、不甘于落后的人向原有的旧工艺、旧方法挑战，我一生都佩服这样的人，也愿意做个敢于创新的人。"

现在苏波清已经成为厂里当仁不让的技术能手，他还主动要求带两名新员工，不厌其烦地把焊接技术毫无保留地传授给新焊工，积极努力地培养焊接的后备力量。

电焊作业是一项又苦又累又危险的工作，一些特殊位置的高空作业、压力容器和狭小场地内的作业，都会出现令人难以想象的困难：夏天焊工厚厚的工作服会全部湿透，身上还会被飞溅的火花烫出一个个难以愈合的伤疤。在三四十米、四五十米的高空，有时要仰着头，有时要倒挂身子，像倒挂金钟一样地焊。27年来，苏波清就是在这样的工作环境里奉献着自己的青春。

在公司中，普遍存在着这样一种人，他们认为自己的工作已经都做了，当客户表示不满意时，他们习惯说："我已经做得够好了，是客户太挑剔了。"其实，无论客户、上司还是老板，真正存心挑剔的时候并不多，他们提出的要求，都是迫于某种需要。客户担心产品出问题；上司怕工作质量影响业绩；老板则更是迫于市场的巨大压力才严格要求，因为他从来都无法对市场说："这样的结果已经够好的了，你降低要求吧！"市场是无情的，有时可能只是比竞争对手稍逊色一点点，就会被淘汰出局。

2006年3月8日，全聚德和平门店大厅里坐了一群特殊的客人，她们是全国三八红旗手的代表，当天被请到全聚德品尝北京的烤鸭。

大家落座后，准备停当，只见一位中年女服务员以娴熟的动作将香喷喷的烤鸭快速地片成了鸭肉片，那鸭肉片薄厚均匀，铺在盘上，煞是好看。

片完鸭肉，她又为在座的客人每人卷了一卷鸭肉饼，并细心地向客人讲解全聚德的历史和烤鸭的部分工艺。最后，这位服务员还耐心地回答了客人们的提问。她的每一步服务都准确到位，博得了客人的好评。

这位服务员不是别人，正是全聚德的服务大师赵艳萍。她在全聚德已经工作了28年，每一次服务她都要求自己做到最好，以一颗赤诚的心面向顾客，不论服务对象是国际国内政要还是普通百姓。赵艳萍最常说的一句话就是："在全聚德，要让顾客享受到的不只是烤鸭。"全聚德不仅在服务水平上力求更体贴、更周到，在烤鸭的质量上多年来一直追求精益求精。

为了保证烤鸭质量，全聚德通过测定水质和土壤来选定鸭种和大葱等原料的生产基地；严格筛选不超过3斤的鸭子，并在鸭子的处理中由专人负责每一道工序，而且在鸭坯出场和入炉时再进行两次检查；鸭坯要在一定的烤炉中烤至并达到规定的重量、颜色、口感、温度等质量标准；烤鸭必须在出炉后三到四分钟内上桌等等。通过细致入微的规定，全聚德力求保证出炉的每一只烤鸭都是精品。

正因为多年来对卓越品质的不断追求，全聚德烤鸭才能成为历史悠久、蜚声中外的餐饮品牌。企业应该追求卓越，这样才能创造出更多的辉煌；个人也应该不断追求更加优异的表现，才能够取得事业上的成功。

习惯于说自己"做得够好了"是对工作的不负责任，也是对自己的不负责任。工作永远没有"够好"的时候，只有不断进取，把工作"做到最好"，才能真正成功。

2005年2月，沈阳鼓风机(集团)有限公司的"五朵金花"攻关组在北京人民大会堂被中华全国总工会授予全国五一巾帼奖和全国五一劳动奖状。五位年轻女工程师王英杰、王广兰、张玉珠、葛丽玲、严鸿，她们主持设计了我国首台4万立方米流量空气压缩分离装置，这一项目填补了我国大型空气压缩机组国产化空白，打破了长期以来美、德、日等国对此类大型机组的市场垄断。

而实际上，她们自身的条件在完成这样一个大项目中并不优越。“五朵金花”中，王英杰和张玉珠只是中专、技校的底子。在机械设计领域，女同志要做出比男同志更突出的成绩，没有强烈的进取心是不可能的。机械设计人员要下车间、试车等，无论是脑力上还是体力上都属于高强度。

但是，她们敢于挑重担，并且积极进取，王英杰进入公司第二年就报考了东北大学专科升本科，两年后，取得工学学士学位；而后又进入了公司与东北大学联办的MBA进修班学习。“我们的共同点就是要强、不服输、不断进取。”“五朵金花”在总结自己成功的经验时，都谈及了此点。

追求完美、不断进取会让我们工作起来永不满足，这一点对于职场中的人来说很重要。自我满足就意味着停滞不前，一旦一个人自以为工作做得很出色了，他就会故步自封，难以突破自我。当你把为客户提供最佳的产品和服务作为一种习惯时，就能从中学到更多的知识，积累更多的经验，就能从全身心投入工作的过程中找到“把工作做到更好”的快乐。

<<<第十章

负责才能敬业，敬业才能兴业

敬业源自对工作的责任心

工作是上天赋予每个人的使命，是人类幸福和欢乐的源泉，它和所有有价值的事情一样，值得我们用一颗真诚的心去对待。人们对工作的信仰是敬业精神的源头，只有敬畏自己的工作，信仰自己的工作，你才会像高斯一样冲破重重阻碍，实现自己的人生价值。

以相对论著称于世的爱因斯坦不仅在科研领域做出了卓越贡献，他对工作的敬业精神也是我们学习的楷模。他一生所持守的道德信念值得每个人铭记在心，他在科学研究工作中所体现出来的视工作为信仰的崇高职业素养更是我们这些后来人应当学习的。下面这篇短文是爱因斯坦对“我的信仰”所做的精辟阐述：

“我们这些终有一死的命运是多么奇特呀！我们每个人在这个世界上都只做一个短暂的逗留，目的何在，却无所知，尽管有的自以为对此若有所感。但是，不必深思，只要从日常生活就可以明白：人是为别人而生存的——首先是为那样一些人，他们的喜悦和健康关系着我们自己的全部幸福；然后是为许多我们所不认识的人，他们的命运通过同情的纽带把我们密切结合在一起。”

“我每天上百次地提醒自己：我的精神生活和物质生活都依靠着别人(包括活着的人和已死去的人)的劳动，我必须尽力以同样的分量来报偿我所领受了的和至今还在领受着的东西。我强烈地向往着俭朴的生活，并且时常为发觉自己占有了同胞的过多劳动而难以忍受，我完全不相信人类会有那种在哲学意义上的自由。每一个人的行为，不仅受着外界的强迫，而且还要适应内心的必然。叔本华说：‘人能够做他所想做的，但不能要他所想要的。’这句话从我青年时代起，就对我是一个非常真实的启示；在我自己和别人生活面临困难的时候，它总是使我们得到安慰，并且永远是宽容的源泉。这种体会可以宽大为怀地减轻那种容易使人气馁的责任感，也可以防止我们过于严肃地对待自己和别人；它还会形成一种特别幽默的人生观。”

“要追究一个人自己或一切生物生存的意义或目的，从客观的观点看来，我总觉得是愚蠢可笑的。可是每个人都有一个自己的理想，这种理想决定着他的努力和判断的方向。就在这个意义上，我从来不把安逸和快乐看作是生活目的本身——这一理论基础，我叫它猪栏的理想。”

在“我的信仰”里，爱因斯坦明确阐明了人是为劳动而生的，人只有把自己奉献在工作中才是有意义的。

要实现自我价值，要实现人生的理想，离开敬业精神是无法达到的。把工作当作生命的信仰，你才能真正认识到工作是什么、工作为什么、工作干什么；把工作当作生命的信仰，你才会不甘平庸，才会不甘落后，你才敢在逆境中拼搏、才能在奋斗中成功；把工作当作生命的信仰，你的生活才会过得更充实，你的人格才会变得更完美，你的生命才会变得更有意义！

2003年一场突如其来的“非典”，让我们记住了钟南山这个名字。面对肆虐的“非典”，他冷静、无畏，他以医者的仁心仁术挽救生命，以实事求是的严谨科学态度面对灾难。钟南山根据自己多年临床实践，在最短的时间里摸索出了一套行之有效的救治办法，并创下广东省SARS的死亡率全世界最低的最好成绩，所以他赢得了“抗击非典第一功臣”的美誉。

面对突如其来的“非典”，钟南山勇敢地站出来，主动向广东省卫生厅请缨：把最危重的病人送到他们医院。钟南山对同事们说：“这是需要我们站出来的时候，我们本来就是研究呼吸疾病的，最艰巨的救治任务舍我其谁？”他身先士卒，深入隔离病区，亲自检查每一位病人，并制订出治疗方案。2003年的整个春节钟南山都是在会诊和指导救治的忙碌中度过的。他率领着研究团队日夜攻关，他曾连续38个小时没合眼，坚守在自己的岗位上。终于在较短的时间里摸索出“早诊断，早隔离，早治疗”和“合理使用皮质激素，合理使用呼吸机，合理治疗并发症”的有效救治办法；他用智慧和勇气帮助更多的人抗击“非典”，多次赴北京，并借用电视视讯的方式把他的经验传到了海峡的对面。

他说：“在我们这个岗位上，做好防治疾病的工作，就是最大的政治。”这话掷地有声，也深深体现了他的人生准则和职业操守，这就是他对工作的敬业和信仰。他以令人景仰的学术勇气、高尚的医德和深入的科学探索给予了人们战胜疫情的力量。

钟南山就是这样对待工作的，用他的仁心仁术，诠释着他的职业操守，用他的大爱无言，践行着他的人生准则。抓住每一次工作中能够实现自我蜕变的机会，使自己达到一个全新的高度。

在老板眼里，敬业的员工丢不得

一位老板这样说：“我手下有8名销售代表。2名顶尖高手创造的销售增长额高达总数的50%。这两个人我是丢不起的。”

这两个“丢不起”的员工，就是老板“不可替代”的员工。那些“不可替代”的员工在老板心目中的地位由此可见。对此，世界首富比尔·盖茨也深有感触：“我未曾想到会成为富翁，富贵实在非我所愿。时至今日，激励我的仍然是赚钱这回事。若让我在我的事业和财富间做出抉择，我会选择事业。在银行存有巨款，怎么比得上率领一支数以千计的才华横溢、生气勃勃的人组成的队伍更振奋人心。”

不可替代的员工在比尔·盖茨的心中，胜过亿万财富。有许多老板多年来都在费尽心机地寻找能够胜任工作的人。这些老板所从事的业务并不需要出众的技巧，而是需要谨慎、朝气蓬勃与尽职尽责。他们雇请了一个又一个员工，而这些员工却因为粗心、懒惰、能力不足、没有做好分内之事而频繁遭到解雇。与此同时，社会上众多失业者却在抱怨现行的法律、社会福利和命运对自己的不公。

无论你目前从事哪一项工作，每天一定要使自己获得一个机会，使你能在平常的工作范围之外，从事一些对其他人有价值的服务。在你主动提供这些帮助时，你应当了解，自己这样做的目的并不是为了获得金钱上的报酬，而是为了训练和培养更强烈的敬业精神。你必须先拥有这种精神，才能在你所选择的终生事业中，成为一名杰出的人物。

约翰是在20岁时进入工厂的。工作一开始，他就对工厂的生产情形做了一次全盘的了解。他知道一部汽车由零件到装配出厂，大约要经过

13个部门的合作，而每一个部门的工作性质都不相同。

他当时就想：既然自己要在汽车制造这一行做一番事业，就必须对汽车的全部制造过程都能有深刻的了解。于是，他主动要求从最基层的杂工做起。杂工不属于正式工人，也没有固定的工作场所，哪里有零活就要到哪里去。因为这项工作，约翰才有机会和工厂的各部门接触，因此对各部门的工作性质有了初步的了解。

在当了一年半的杂工之后，约翰申请调到汽车椅垫部工作。不久，他就把制椅垫的手艺学会了。后来他又申请调到点焊部、车身部、喷漆部、车床部等部门去工作。在不到五年的时间，他几乎把这个厂的各部门工作都做过了。最后他又申请到装配线上去工作。

约翰的一位朋友杰克对约翰的举动十分不解，他问约翰："你工作已经五年了，总是做些焊接、刷漆、制造零件的小事，恐怕会耽误前途吧？"

"杰克，你不明白。"约翰笑着说，"我并不急于当某一部门的小工头。我以能胜任领导整个工厂为工作目标，所以必须花点时间了解整个工作流程。我正在把现有的时间做最有价值的利用，我要学的，不仅仅是一个汽车椅垫如何做，而是整辆汽车是如何制造的。"

当约翰确认自己已经具备管理者的素质时，他决定在装配线上崭露头角。约翰在其他部门干过，懂得各种零件的制造情形，也能分辨零件的优劣，这为他的装配工作增加了不少便利。没过多久，他就成了装配线上最出色的人物。很快，他就晋升为领班，并逐步成为15位领班的总领班。

敬业的员工会把工作当成锻炼自己、深入了解公司情况、加强公司业务知识、熟悉工作内容的机会，增强自己解决问题的能力，逐步让自己变得不可替代。

在职场上，没有终生的雇佣关系，如果你的发展跟不上职业的发展，那么你就会成为公司可有可无的人。因此，作为一名从业者，如果你要避免被淘汰的命运，让自己有更好的发展，就要在工作中不断磨炼自己，用敬业精神打造自己的职业技能，使自己成为那个不可替代的人。

《圣经》上说：“你看见辛苦敬业的人么，他必站在君王面前，因为敬业的人才可以得救，敬业是通向天堂的通行证。”

一个随时以公司利益为重的人，必然是个敬业的人，也是一个不光为别人打工，同时更是为了自己而努力工作的人。当你在为公司努力工作时，公司的利益和个人的利益在此便画上了等号。

所以，要成功首先要热爱自己的工作。一名优秀员工应为自己的工作而感到荣耀和欣慰。

被誉为“世界上最伟大的推销员”的乔·吉拉德在被问及如何成为一名好的推销员时，他是这样说的：“要热爱自己的职业。”

他接着做进一步解释：“不要把工作看成是别人强加于你的负担，虽然是在打工，但多数情况下，我们都是在为自己工作。只要是你自己喜欢，就算你是挖地沟的，这又关别人什么事呢？”

他也曾问过一位神情沮丧的人是做什么的，那人回答说自己是名推销员。吉拉德马上告诫对方：“推销员怎么可能是你这样的心态呢？如果你是医生，那么你的病人肯定会遭殃的。”

世界上汽车推销商的平均销售记录是每周卖出7辆，而吉拉德平均每天卖出6辆。

1963年，25岁的吉拉德所做的建筑生意失败，令他身背巨额债务，几乎走投无路。后来他只有改行去卖汽车。开始时他并没有把推销员这份工作放在眼里，只是将之当作养家糊口的一种手段。

当他第一天经过努力卖掉了一辆汽车后，他内心的想法完全改变了。他掸掸身上的灰尘，信心百倍地对自己说：“就这样，好好地干，你一定会东山再起的！”

从此以后，吉拉德把心思全用在了工作上，用废寝忘食一词来形容他对工作的态度一点不为过。一次，妻子打来电话，说他们的小儿子住进了医院，让他赶快过去。当吉拉德匆忙换下工作服准备离开时，一位顾客找上门来，说刚买的汽车刹车不好使，要求他尽快给调一下。吉拉德二话没说，立即又换上工作服钻进了车底，一干就是几个小时。当他拖着疲惫的身躯赶到医院时，妻子已经搂着儿子进入了梦乡。他没有惊动他们母子，在病房的墙角蹲了一夜，第二天又早早地去上班了。

就在吉拉德一个月没有卖出一辆汽车时，他也没有失望，多年的经验和教训告诉他，所有的工作都会有难度，都会出现这样那样的问题，如果一遇到问题就缩头退让，或者一次接一次地跳槽，情况有可能会越来越糟。

他常把对待工作的态度形容成一个人种下一棵树，从种下去开始，只要你精心呵护，倾注你的热情，该浇水时浇水，该剪枝时剪枝，到它慢慢长大时，就会给你回报。

作为一名汽车推销员的吉拉德，目前种下的树苗已长成参天大树，给他带来了无穷的财富。

在现实生活中，我们经常会看到一些受过良好教育、才华横溢的“穷人”，他们在公司里长期得不到提升，主要是因为他们不愿意自我反省，养成了一种嘲弄、吹毛求疵、抱怨和批评的恶习。他们根本无法自发地做任何事，只有在被迫和受监督的情况下才能被动地工作。最根本的原因，是他们还没有悟透一个道理：努力工作并不仅仅有利于公司和老板，其实真正的受益者恰恰是自己。

无论你从事的是什么职业，也无论你现在身居何方，都不要认为自己仅仅是在为老板工作。如果你认为自己努力工作的最终受益者是老板，那么你就犯了一个大错误。

一名员工工作的过程同时也是一个提升自我的过程。如果你不能在工作中完善自我，则如同逆水行舟，不进则退，你会掉队，跟不上时代的发展。更确切地说，你就不能为公司创造价值。不能给老板带来效益的员工在公司里是没有立足之地的。

如果你能够认识到，我是在为我自己工作，那么你将会发现工作中包含着许多个人成长的机会，这些无形资产的价值是无法衡量的，最终受益者是你自己。

把工作看成是在为自己打工的人，是企业当中所有敬业员工必备的品质，这种人永远也不用担心会失业。

敬业让弱者转变为强者

26岁的张克福刚到林场工作的时候还不是正式职工，只是想有个活干，不想在家吃“闲饭”，只是她没有想到这一干就是37年，从漂亮媳妇变成了沧桑老人。

张克福从来不认为造林就是挖个坑埋上就可以了，她更注重的是造林成活率，她想尽一切办法提高造林质量。1979年，营林家属队接受了600亩造林任务，她一次次往懂技术的技术员家里跑，请技术人员对造林队伍进行专项技术培训，她很快掌握了“三埋、两踩、一提苗”的示范动作，然后她马上教会了林场家属队。大伙起早贪黑苦干了20天，十万多株苗木在春造季节提前植完，当年成活率达95%。如今这片林木高达7～8米。

1989年秋季，林场把2300亩“天保人促”任务交给了张克福。受季节的限制，这项工作不能早也不能晚，必须在8月中旬至9月中旬完成，时间紧、任务重。张克福没讲任何条件，带领家属队伍进入了林地内。她们每天要干十几个小时的活，没有任何怨言，经过一个多月的艰苦奋战，终于保质保量地完成了任务。当国家林业局来检查时，合格率达100%。

张克福带领营林家属队踏遍了绣峰林场的沟沟岭岭，最多时每人一天要栽3亩丰产林，清林一天也要清一亩地。经常要忍受零下30多摄氏度的严寒，经常被滑倒，经常被木头磕着碰着，身上青一块紫一块是常事。即使这样，这位60多岁的老人仍然在大山深处坚持着。

张克福把林场当作自己的事业，不畏艰难困苦，始终为创造更大的价值而努力。当她进场时还只是一棵小树苗，但她60多岁的时候已经变成了一棵参天大树，一片茂密的森林。

真正敬业的员工就是如此，不管职位的高低，不论从事的工作是不是自己的所爱，都兢兢业业、全心全意地投入。

一个员工能力再强，如果他不愿意付出，他就不能为所在企业创造价值，而一个能为企业全身心付出的人，即使能力稍逊一筹，也能够创造出最大的价值来。

他们是四川省甘洛县乌斯大桥乡二坪村小学的一对夫妻教师；他们19年如一日奋斗在高寒山区学校教书育人的岗位上；他们尽心尽力，忠于职守，撑起了天梯学校，为彝家孩子传授了文化知识，他们是李桂林和陆建芬夫妇。

二坪村交通闭塞，山高路险。从山脚到村里，单程就要走3个多小时。要从大渡河上过吊桥，走羊肠小道至岩脚，再爬山崖，攀木梯。因为条件艰苦，此前调来的教师都不能安心工作，学校也一度因为没有老师而停课，校园破旧不堪，失学儿童增多。李桂林第一次攀上二坪村看到当地贫穷落后的面貌和孩子们求知的眼神时，内心受到极大震动，情不自禁地流下了酸楚的泪水，在强烈的责任感的驱使下，他决心留在二坪村搞教育。

1991年，由于李桂林老师工作踏实，很多家长都主动将孩子送到学校，学生人数增加了，需要再开设一个班，但找不到老师。李桂林就动员自己的妻子陆建芬一同上山代课。

李桂林老师夫妇非常热爱学生。二坪村缺医少药，他俩就从微薄的工资中拿出钱来，到县里买些治感冒、拉肚子的常用药品放在学校里，学生有个头疼脑热的，就送给学生服用；买来理发工具替学生们义务理发；学生生病在家里，李老师送药上门，还给学生补课；为了不让学生辍学，他们经常家访，动员家庭有困难的学生上学。他们的勤奋努力得到了全乡群众的认可，当地群众无比信任地说：“把孩子交给他，我们放心！”

19年来，他们一直没有动摇，一直坚守在条件极为艰苦的山巅，为了彝家的孩子不再是文盲，将来能够走得更远，为了党的教育事业，他们克服一切困难，把为彝家孩子传授知识作为自己毕生的追求，全身心地扑在工作上。19年来，他们夫妇共教了189名学生（其中32人还是从条件较好的外村慕名而来的），学生的“三率”（入学率、巩固率、升学率）均名列全县同类学校前茅。

在最崎岖的山路上点燃知识的火把，在最寂寞的悬崖边拉起求知的小手，19年的清贫、坚守和操劳，化为精神的沃土，让希望发芽。

教师虽然只是一个普通的职业，但李桂林老师的敬业精神却让他们从弱者转变为了强者，他们的成绩名列全县同类学校前列。

对一部分人来说，他们不敬业的一个重要原因是对自己的工作不满意。这种员工必须摆正心态，懂得强迫自己去做自己不喜欢或不感兴趣的事情，并努力做到最好，这才是他们晋升的唯一途径。如果在工作岗位上仅凭自己的兴趣干活，对老板交代的自己不喜欢的工作不做或应付，那你迟早会栽跟头的。

对于公司的员工来讲，如果你能够敬重自己的工作，对自己的工作全心全意、尽职尽责，那么你一定会受到老板的赏识。即使是你的上司、老板对于你的敬业视而不见，但你的精神会被你周围的人看在眼里，你也会因为敬业而获得他人的尊重。一个有良好口碑的人迟早都会脱颖而出的。如果你放弃了敬业，你将失去更多的机遇。

敬业是迈向成功的第一步

在一个企业家论坛上，一位曾做装修生意的老板讲了他在工作中的一些所见所闻。

他把接到的生意分成四类：

一、花别人的钱，给别人装修；二、花自己的钱，给别人装修；三、花别人的钱，给自己装修；四、花自己的钱，给自己装修。

花别人的钱，给别人装修。这种情况大致都是公家的房子，派个人来办理装修事宜。办事的人不会关心房子装修会花多少钱，也不会太关心用料是否精良，只求早点装修完，早点交差，偶尔也会收收回扣。所以，这一类房子的装修往往比较赚钱，而且不会被对方指责、挑剔。

花自己的钱，给别人装修。这种情况往往是主人装修客房。主人轻易不会住客房，所以，一般情况下不会花费大价钱装修。主卧安装几万元的木质地板，客房铺几百元的就可以了。主卧的床要柔软、舒适，客房的床往往买个木板床就可以了。主人一般会很计较价钱，而不是很计较质量。这一类的钱不会赚太多。

花别人的钱，给自己装修。这种情况往往是企业高层职员装修房子，公司给报销费用。既然是花别人的钱，自然不会节省，但给自己装修，用料一定要精良。这一类生意往往比较赚钱，但是，客户会百般挑剔，一定要力求完美。

花自己的钱，给自己装修。这是最普遍的现象，老百姓自己掏钱给自己装修。这笔钱是最不好赚的。客户不但对用料很是挑剔，而且价钱也要便宜才好。往往在一个马桶的问题上也要反复思量，既要美观大方，又要经济实用。

装修老板从这四类客户想到了工作同样有四种境界：花别人的钱，办别人的事，最不负责任；花自己的钱，办别人的事，最经济；花别人的钱，办自己的事，最浪费；花自己的钱，办自己的事，效果最好。

他严格要求他的下属要具备第四种工作境界，把每一份工作都当作花自己的钱，给自己办事。因此，他的装修队工作是最负责的，效率也是最高的，渐渐名声远播，生意越做越大，原来的装修队长也开始涉足房地产领域，现在成了小有名气的房地产商。

装修老板的一番感悟也让我们反思：怎样才能把工作做得更好？

在我们的工作与生活中，经常会听到这样的说法，“我不过是在为老板打工”，或者，“差不多就行了，是公司的事，又不是我自己的事情”，这些说法让我们觉得自己是在为别人卖命，或者是在向老板出卖劳力。为什么不换一种说法呢？比如说“老板给了我一份工作”，或者，“老板给了我一次锻炼的机会”，这样的说法，本质上说的是同一件事情，可会让我们觉得，我们是在为自己的前途而工作，而不仅仅是在为老板打工。

有一位初涉职场的年轻人，找到自己的中学老师，向其诉说工作的辛劳与委屈，他说自己做出的方案总得不到老板的认同，三个月了，同事们都在加薪，自己的薪水却原地踏步，他已经没有了工作之初的激情。他很困惑，不知自己该何去何从。

老师给他讲了一个故事：

很久以前，曾经有三只小鸟，它们一起出生，一起长大，等到羽翼丰满的时候，又一起从巢里飞出去，一起寻找成家立业的位置。

它们飞过了很多高山、河流和丛林，飞到一座小山上。一只小鸟落到一棵树上说：“这里真好，真高。你们看，那成群的鸡鸭牛羊，甚至大名鼎鼎的千里马都在羡慕地向我仰望呢。能够生活在这里，我们应该满足了。”它决定在这里停留，不再飞走了。

另外两只小鸟却失望地摇了摇头说：“你既然满足，就留在这里吧，我们还想到更高的地方去看看。”

这两只小鸟继续了飞行的旅程，它们的翅膀变得更强壮了，终于飞到了五彩斑斓的云彩里。其中一只陶醉了，情不自禁地引吭高歌起来，它沾沾自喜地说：“我不想再飞了，这辈子能飞上云端，便是伟大的成就了，你不觉得已经十分了不起了吗？”

另一只鸟很难过地说：“不，我坚信一定还有更高的境界。遗憾的是，现在我只能独自去追求了。”

说完，它振翅翱翔，向着九霄，向着太阳，执着地飞去……

最后，落在树上的成了麻雀，留在云端的成了大雁，飞向太阳的成了雄鹰。

讲完故事，老师对年轻人说了一句话，这句话让年轻人找到了日后的方向。老师说：“平庸还是卓越，由你自己来决定。”

一起出生、长大的小鸟，有的成为停落枝头的麻雀，有的成为飞上云端的大雁，有的则成了展翅翱翔的雄鹰。它们的道路由它们自己选择，它们的命运由它们自己决定。

对我们来说，道理是一样的。成为什么样的人，由我们自己决定。我们可以糊弄工作，偷奸耍滑；我们也可以选择负责敬业，追求完美。那么，我们得到的结果也必然是不同的，前者得到平庸，后者获得卓越。

徐龙杰，从一个农民季节工，经过不懈的努力，成为获得多项荣誉的焊接技术专家。那是因为他一开始就决定了不能做一般意义上的农民工，而要把目光放长远，多钻研，做一名新时期的技术型农民工。所以在别人吃饭、逛街的时候，他还在学习；一本书，别人要看两三个月，他一个星期就能背下来。

在别人“聪明、智商高”的赞叹中，却是他付出的意想不到的艰辛。刚进厂的时候，徐龙杰月工资只有90多元，他每天吃的是最便宜的饭菜，为的是省出钱来购买专业书籍。他在空荡荡的走廊上“借光”读完了多种版本相关专业书籍，掌握了电焊工的理论知识和操作技能。

徐龙杰的理论功底与技术水平突飞猛进，公司领导给了他更大的舞台。徐龙杰连续改进了多种自动焊接方法，先后参与了半自动二氧化碳气体保护焊、半自动熔化极气体保护焊、不锈钢脉冲氩弧焊等焊接工艺的改造与创新。他还成功组织开发了铝镁合金压力容器制作工艺，拓宽了公司的业务范围。2005年12月，徐龙杰被破格晋升为高级技师——在中油化建，达到这一技工序列最高级别的，总共只有10多人，徐龙杰是最年轻的一位。

徐龙杰深知“一花独放不是春，百花齐放春满园”的道理。3年来，徐龙杰采取办班讲授理论知识、现场实际示范、手把手指导操作等形式，先后组织了诸多初级、中级、高级及新工艺新材料培训，共培训150多人次，他所培训的新员工都拿到了不同等级的压力容器焊接资格证书，还有19人于去年成为公司的星级工人，其中5人成为三星级工人。

徐龙杰从一个季节农民工成长为一个焊接技术专家，完成了从平凡到卓越的完美跨越。他在岗位上超越了自己，超越了平庸。

许多年轻人都有这样的想法：反正为人家干活，能混就混，公司亏了也不用我去承担，甚至还扯老板的后腿。其实，这样做对老板、对你自己都没有好处。

事实证明，敬业的人能从工作中学到比别人更多的经验，而这些经验便是你向上发展的垫脚石，就算你以后换了地方，从事不同的行业，丰富的经验和好的工作方法也必会为你带来助力，你的敬业精神也会为你的成功带来帮助。因此，把敬业变成习惯的人，从事任何行业都容易成功。

敬业让优秀成为好习惯

“让优秀成为习惯”是古希腊伟大的哲学家亚里士多德说的一句话。他对优秀做了很精彩的描述：“我们每一个人都是由自己一再重复的行为所铸造的。因而优秀不是一种行为，而是一种习惯。”

当优秀成为一种习惯，那么还有什么做不到的呢？

林达，今年只有35岁，却已是国内IT界的风云人物。林达刚刚30出头的时候就成了公司的总裁，统领国内顶尖的软件公司，他所率领的研发小组开发了适用于个人用户和企业用户的多款知名软件。

林达心里铭刻着一句话——让优秀成为习惯。进入大学的时候，他是他们专业年龄最小的一个，却是成绩最好、最努力刻苦的一个。他每天天不亮就跑到学校的操场上，大声地朗读英语，上课时他永远是坐在第一排的最认真的学生，他的实验是做得最认真的，他的试卷永远都是最漂亮的。当这个已经让优秀成为习惯的小伙子以全优的成绩从大学毕业时，才刚刚20岁出头。

进入现在这家公司后，他以“让优秀成为习惯”的信念时刻鞭策着自己。“要做一件事，就要把它做到最好，否则还不如什么都不做！”他总是这样对同事说。在公司里，他对自己的要求最为严格，是最敬业的一个，所以他的工作也是最出色的。当然，林达也成了公司里升得最快的人，24岁就成为公司的部门经理，28岁的时候又升为公司的总经理。公司改组后，刚刚30岁的他已经成了公司的总裁。地位变了，但“让优秀成为习惯”的信念没有改变，他带领企业涉足信息安全、桌面办公、游戏娱乐等诸多领域，自主研发了适用于个人用户和企业用户的多款知名软件，都取得了不俗的业绩。企业在应用软件领域的技术实力和市场营销能力在同业中一直保持着领先地位，营业规模持续高速增长。现在，公司的营销已经遍布全国乃至世界各地，并且与国内外几十家知名的IT企业建立了紧密的合作伙伴关系。在林达的带领下，他所在的公司已经发展成为具有国际影响力的大型专业化软件公司。

母校百年校庆时，林达作为杰出校友被邀请回校，而在那些被邀请的杰出校友中，他又是最年轻的一个。林达为母校的学子们做了精彩的演讲，主题就是：让优秀成为习惯！

失败的人让懒惰成为习惯，让说谎成为习惯，让推托成为习惯，而成功的人让优秀成为习惯。让优秀成为习惯，不论做什么事都会斗志昂扬，都会以最高的标准要求自己，都会付出最大的努力。让优秀成为习惯，不论是在工作上还是学习上，不论是作为一个丈夫、一个父亲、一个儿子，还是一个雇员，都将努力做到最好。

机会总会青睐那些让优秀成为习惯的人，因为他们从来不会辜负机会对自己的垂青；老板总会喜欢那些让优秀成为习惯的人，因为他们从来不会辜负老板对自己的信任。

答朝荣是阜阳市公交公司的一名乘务员，她看上去像一位亲切的邻家大姐，脸上总是挂着纯朴的微笑，脚上常年穿着一双平底布鞋。声音嘶哑则是因为她每天要成百上千遍地报站名、提醒乘客。

尽管如此，答朝荣毫无怨言。在刚上任之初，答朝荣就许下诺言：“一切为了乘客，为了乘客的一切。”从1994年至今的岁月里，她每天披星戴月、早出晚归，总共出车35040多趟。她用自己的微笑和热忱，感动了千千万万的乘客。人们将“阜阳的李素丽”这样崇高的赞誉送给了她，并亲切地称她为“老年人的女儿、小孩的阿姨、病人的护士、残疾人的拐杖、盲人的眼睛、孕妇的亲人、远方客人的向导”。

为了把工作做好，答朝荣想乘客所想，用心琢磨服务方法，在每个细微之处进行改进。经过长久的实践，她逐渐形成了自己独特的服务风格：不管盛夏寒冬，她坚持早出晚归，每天两次清洁车厢卫生。为了使乘客享受到温暖、周到、细致的服务，她苦学各项标准用语，练好服务的基本功。为了熟悉站点和票价，她把城市各个站点、票价写在小纸条上，反复背诵，做到熟记于胸，并在实践中灵活运用。在服务过程中，她扶老携幼，想乘客之所想，急乘客之所急，帮乘客之所需。老人上下车，她必定抢先一步上前搀扶；遇到带孩子的妇女，她必定帮助乘客抱孩子并为她们找好座位；遇到上学的孩子，她会再三叮嘱他们过马路当心车辆。经常有电话、表扬信对她提出表扬。

为了提醒乘客不要错过目的地，每次报站名，她一定会多报两次；为了尽快地服务到每位乘客，她自己一直坚持站着服务；为了防止乘客下车碰头，她每次上下站踮着脚，用手挡住车门顶端，护着乘客……为了保证每位乘客坐上车，就和到了家一样，答朝荣自费为乘客在车上准备了晕车药、针线包，还亲手给老人的座位缝制了棉垫。

她的敬业，不仅体现在对乘客无微不至的关怀上，她对自己的要求也非常严格。十多年来，她最早上班时间为4点半，最晚在晚上11点半才能回家。因为担心迟到影响工作，她每天睡眠不足6个小时，租房时都会选择在公司附近。

十多年的乘务员生涯，3万多趟的出车经历，她用每一次无微不至的真情服务，给乘客送去了许许多多的感动和温暖。优秀已经成为她的身体基因和工作习惯。

你是不是觉得优秀离你很遥远？你是不是觉得自己只有在某些时候才优秀？那是因为优秀还没有成为你的习惯。

当优秀成为习惯，成功也就成为习惯！

“优秀是一种习惯”，每天不断地暗示自己吧！让“优秀”的思维深植你的心，让“优秀”的观念融入你的血液，使你的生命从此在优秀中绽放，并散发出芬芳的气息。你将因优秀而不断地享受成功的愉悦，你将因优秀而不断地领略人生的精彩！

成功人士的秘诀：敬业负责是员工最大的能力

《普赖尔报告》曾经对美国排名前200位的企业总裁进行调查，问卷当中有这样一个问题：在你碰到过的成功人士当中，以下哪个方面是他们成功的主要原因？

- 人际关系
- 决心
- 敬业
- 知识
- 运气好

有40%的受访者选择“敬业”，选择“决心”的有38%，两者合起来占到了78%。曾经有人问爱迪生成功的秘诀是什么，爱迪生回答说：“我为了解决一个问题，会持续不断地努力，投注无数的精力和体力而不感觉疲倦，这就是我成功的秘诀。”

由此我们看到，这些杰出人士成功的秘诀就是敬业。

20世纪50年代初，有一位叫柯林的年轻人，每天很早就来到卡车公司联合会大楼找零工做。不久，一家可乐工厂需要人手去擦洗工厂车间的地板，其他人没有一个应征的，但柯林去了。因为他知道，不管做什么，总会有人注意的！所以他打定主意，要做最好的抹地工人。

有一次，有人打碎了50箱汽水，弄得满地都是黏糊糊的泡沫。他很生气，但还是耐着性子抹干净地板。

第二年他被调往装瓶部，第三年升为副工头。

他从这次经历中学到了一个重要的道理：“一切工作都是光荣

的。”他在回忆录中写道：“永远尽自己最大的努力，因为有眼睛在注视着你。”

许多年以后，全世界的目光都凝注在他的身上——美国前国务卿柯林·卢瑟·鲍威尔。

美国哈佛大学对1000名成功者的研究发现，促使这些人成功的因素中，积极、主动、努力、毅力、乐观、信心、爱心、责任心……这些态度因素占到了80%左右。由此可见，无论你选择什么工作，成功的基础都是你的敬业态度。一个人的敬业度决定了他在职业上的成就。

有一个集团公司的行政总监，在他成为行政总监之前，不过是公司行政部的一名普通职员。从他进入公司那一天起，他就非常努力、敬业，总是主动承担责任。很多工作虽然不是他分内的事，但他还是主动做得尽善尽美。他每天第一个到办公室，最后一个离开。虽然没有人承诺给他加班费，他还是经常加班，为的是不让工作拖到第二天。他总能提前完成主管交办的工作，并且做得很好。

他这样做的时候，自然也有同事嘲讽他，但他没有在乎这些人的嘲讽，依然坚持自己的工作态度和做事原则。因为他做得多，对公司了解的层面也越多，掌握的技能也越多，公司也就越需要他。

他的表现，部门经理看在眼里，总经理也看在眼里。总经理在交代了一两件事给他办之后对他产生了信任，以后便交给他更多的任务让他去完成，并有意让他参与公司的一些重要会议。有同事对他说：“总经理增加你的工作，你应该要求加薪。”但他没有要求加薪。他知道自己已经得到很多——他在很多方面其实已经超过同部门的老员工，这种收获绝对不是薪水所能换来的。

总经理给他增加任务实际上是在考察和培养他。总经理早对原来的行政经理不满，那个行政经理年龄虽不大，却一副老气横秋的样子，自负傲慢又不肯承担责任，出了问题总为自己找一大堆借口。

在经过一段时间的考察和培养后，总经理做出决定——解聘原来的行政经理，让这个普通的职员取而代之。人事命令一公布，整个集团为之哗然。人们开始议论纷纷，这时总经理说出了自己的看法："这个年轻人身上有一种最宝贵的东西，这也是我们公司所需要的，且是很多员工所缺少的，那就是勤奋、敬业和忠诚。我承认他的管理能力和经验都还欠缺，文凭也不高，但只要有勤奋、敬业和忠诚，就什么都学得到。我相信他一定能够胜任行政经理的工作。"

事实证明，总经理的决定一点也没有错，这个年轻人只在刚上任的一两个月里感到有点吃力，之后就表现出了游刃有余的愉快神情，因为他勤奋、敬业和忠诚。

可见，成功源于敬业。同样，只有拥有了敬业员工的企业才能持续发展。正如通用电气公司的前总裁杰克·韦尔奇所说："任何一家想靠竞争取胜的公司都必须设法使每个员工敬业。"敬业的人是企业争抢的香饽饽，员工敬业的最直接结果是企业的不断发展。希望自己的事业兴旺发达，是每个老板的愿望。你如果具有这样的品质，那你必然是受老板欢迎的人。而且，你的这种敬业精神也会在一定程度上感染身边的其他人，形成良好的工作氛围，你也会得到同事的欢迎，你被认可、被重用、被提拔将是再自然不过的了。

敬业是立业的前提和基础。有了敬业精神，才能有立业之志，有立业之能，才能增立业之才。敬业精神会化苦为乐，化复杂为简单，化踌躇为果断。所以，在工作中，敬业会让我们产生无穷的毅力和决心，最终达到立业的目的。

责任心决定你个人的竞争力

敬业的员工，是老板最倚重的员工，也是最容易成功的员工。如果你的能力一般，敬业可以让你走向优秀；如果你十分优秀，敬业会将你带向更成功的领域。

对一个团体来说，其成员的敬业表现和水准决定了这个团体的竞争力。如果一个团体的成员普遍缺乏敬业精神，那么这个团队的工作质量就只能处于低劣的水平，无论战略多么正确和高明，也无济于事。

对一个企业来说，敬业的人越多，敬业精神越强，工作效率就越高，竞争力就越强，潜力就越大，发展就越迅速。

台湾资策会的全称是台湾资讯产业策进会，是一家公有性质的、以促进台湾资讯产业发展为目标的研究开发机构。这里的从业人员主要从事计算机软件的开发工作。

在一次对资策会的访问中，访问的时间被安排在下午6点半。等采访者进去的时候，发现整个大楼灯火通明，透过每一间办公室的玻璃隔墙，采访者发现，员工们都在聚精会神地工作，似乎没有谁准备“提前”下班。

采访者不禁惊诧：“你们这里的上下班时间是不是同其他单位不一样？”接待他们的副总说：“不！完全一样，其实早该下班了。也不是因为你们来就故意表现出这样子的，他们已经习惯于把一天的目标彻底完成再离开办公室，而各自制定的目标都是满负荷的。因此，你很难看到他们在晚上9点钟以前离开办公室。”

“那么，是不是早上要来得迟一些呢？”

“不会的，来晚了会没有泊车位，反而更麻烦。”

那么是一种什么样的精神支撑他们如此奋发呢？通过与那里员工的简单访谈，采访者了解到：这大概是从事计算机程序设计工作者始终存在的一种追求完美的心态，每一个人都试图把自己设计的程序更加合理化，试图使自己设计的程序更加有效率。当这个过程成为大家工作的常态时，谁也不认为每天多工作几个小时就吃亏了，反而觉得上下班高峰时段在路上塞车才是宝贵时间的最大浪费。

由此我们不难理解，中国台湾的计算机产业在最近的十多年里为什么如此发达，并在世界上具有相当的竞争力。这在很大程度上同那里的员工将敬业变成常态的工作特点是分不开的，与他们的敬业精神是分不开的。

这也进一步说明，敬业对于一个企业来说有着多么重要的影响。员工敬业程度高的企业，员工对公司高度认可，发自内心地认同企业恪守的价值观和社会观，认同企业为实现其价值观所设定的目标、流程、架构和管理，并愿意主动全身心地在这个过程中发挥自己的最大价值。

浙江某厂生产的裤子被欧洲一些商家退了货，并且要求索赔。原因是欧洲当地检验部门发现产品存在质量瑕疵——有条裤子下面的线头没有剪掉。

这个产品的合格证上清楚地写着质检员05号，公司老总很快就查明了05号质检员身份：卫成。当老总问卫成原因时，卫成说那天他因为急着忙完工作下班后去见女朋友，所以裤子没有一条条仔细看，而是同时抓起几条看，可能线头被夹住，没有被抖出来，从而疏忽了。

商家索赔，客户品牌大打折扣，公司准备在欧洲提高市场份额的计划随后也搁浅了。

员工的一丁点工作不敬业、不到位，都将导致产品不合格。例如，操作人员未按规定操作；设备维护不到位，造成精度不足；产品生产环境维持不到位，导致洁净度、相对湿度等控制不到位；设计人员在产品设计时，对产品性能指标验证不足；未充分考虑产品加工方法；作业指导书（或相应文件）编写不到位；原材料或元器件控制不到位……这些都会导致产品质量大打折扣，让公司蒙受巨大损失，今天的工作不到位其实是透支公司的未来。

敬业是最好的工作能力

一个员工的敬业精神能够激发他对公司和工作的热爱，从而弥补某方面能力的不足，更能使一个人的能力在工作中充分地展现出来。

在敬业的精神引导下，你的能力会在工作中充分地展现出来，得到大家的肯定，你的业绩会使你在同事面前赢得尊严。

有本书叫《不可阻挡》，作者是辛西亚·克西，书中讲述了一个“推销英雄”比尔·波特的故事，这个故事令人动容。

他是美国成千上万推销员中的一个，与其他人相同的是每天早上起得很早，为了一天的工作准备。与其他人不相同的是，他要花3个小时到达他要去的地点，不管多么痛苦，比尔·波特都坚持着这段令人筋疲力尽的路程。工作是他的一切，他以此为生，同时以此体现生命的价值，他热爱他的工作，也因此而敬业于他的工作。

要知道，他比一般人艰难得多。他出生于1932年，母亲生他时，大夫用镊子助产时不慎伤到了他的大脑，导致他患上了大脑神经系统瘫痪，影响到说话、行走和对肢体的控制。

比尔长大后，人们都认为他肯定在神智上存在严重的缺陷和障碍，州福利机关将他定为“不适于被雇用的人”，专家也认为他永远不能工作。

比尔应该感谢他的母亲，是她一直鼓励他做一些力所能及的事情，她一次又一次对他说：“你能行，你能够工作，能够自立！”比尔受到母亲的鼓励后，开始从事推销工作。他从来没有将自己视为残废人。最初，他向福勒刷子公司申请工作，这家公司拒绝了他，并说他根本不适合工作。接着几家公司采用同样的态度回复他。但比尔没有放弃，最后，怀特金斯公司很不情愿地接受了他，但也提出了一个条件——比尔必须接受没有人愿意承担的波特兰、奥根地区的业务。虽然条件苛刻至极，但毕竟有一份工作了，比尔当即答应了。

1959年，比尔第一次上门推销，犹豫了4次，他才鼓起勇气按响门铃。第一家人没有买他的商品，第二家、第三家也一样……但他坚持着，即使顾客对产品丝毫不感兴趣，甚至嘲笑他，他也不灰心丧气。终于，他取得了成绩，由小成绩到大成绩。

他每天工作及路上的时间得花去14个小时，当他晚上回到家时，已经是筋疲力尽，他的关节会痛，偏头痛也时常折磨着他。每隔几个星期，他会打印一份顾客订货清单。由于他只有一只手是管用的，这项别人做起来非常简单的工作，他却要花去10个小时。他辛苦吗？当然辛苦，但心中对公司、对工作、对顾客的热爱支撑着他，他什么苦都能够顶住。比尔负责的地区，有越来越多的门被他敲开，许多人购买了他的商品，他的业绩也不断增长。在他做到第24年时，他已经成为销售技巧最好的推销员。

进入20世纪90年代时，比尔60多岁了。怀特金斯公司已经有了6万多名推销员，不过，他们是在各地商店推销商品，只有比尔一个人仍然是上门推销。许多人在打折商店整打整打地购买怀特金斯公司的商品，因此比尔的上门推销越来越难，面对这种趋势，比尔付出了更多的努力。

1996年夏天，怀特金斯公司在全国建立了连锁机构，比尔再也没有必要上门推销了。但此时，比尔成了怀特金斯公司的“产品”，他是公司历史上最出色的推销员、最忠诚的推销员、最富有执行力的推销员，公司以比尔的形象和事迹向人们展示公司的实力，公司还把第一份最高荣誉杰出贡献奖给了比尔。

比尔·波特能够成为推销英雄，在于他的敬业精神。他对公司和工作的热爱、他的工作热情，弥补了他自身的生理缺陷造成的不足，奇迹般地让他成为能力最优秀的推销员。比尔的故事不正说明了只有敬业的精神才能让能力最大化发挥的道理吗？

敬业的人能从工作中学到比别人更多的经验，而这些经验便是你向上发展的阶梯。就算你以后更换了工作，从事不同的职业，丰富的经验和好的工作方法也必会为你带来强有力的帮助，你在所从事的任何行业都会极容易获得成功。

李嘉诚之所以能够成为香港首富，与他的敬业精神是分不开的。

在李嘉诚14岁时，由于家庭生活所迫，他不得不中途辍学，过早地踏入社会，肩负起一家生活的重担。

起初，李嘉诚在一家茶楼当跑堂。香港的广东人有吃早茶的习惯，店伙计每天必须在凌晨5时左右赶到茶楼，为客人们准备好茶水茶点。于是李嘉诚每天天未亮就得起床，赶往茶楼。茶楼工作异常辛苦，工作时间长达15小时以上，李嘉诚是地位最卑下的堂仔，大伙计休息时，他还要待在茶楼侍候。晚上是茶客最多的时候，茶楼打烊时，已是夜半人寂了。李嘉诚经常累得两眼发黑腿发软。李嘉诚后来对儿子谈起他少年的这段经历时，感慨地说：“我那时，最大的希望，就是美美地睡三天三夜。”

尽管这样想，但他不敢有丝毫懈怠。经营钟表公司的舅父送给他一只小闹钟，让他掌握时间。李嘉诚每天都把闹钟调快10分钟定好响铃，最早一个赶到茶楼。后来，他将这一习惯保留了大半个世纪。而在今天，大家都知道李嘉诚的手表永远比别人的快10分钟，这早已成了商界交口赞誉、津津乐道的美谈。

正是因为找工作的艰辛，才使李嘉诚更加珍惜这份来之不易的工作，他真诚敬业、勤勉有加，很快便赢得了老板的赏识，也成了加薪最快的堂倌。

在茶楼工作的两年中，李嘉诚见到了形形色色的人和各种各样的事，学到了许多书本上学不到的东西，生活的残酷和世人的冷眼也激发了他出人头地的欲望。

17岁时，李嘉诚毅然离开了茶馆，到一家塑胶厂当了推销员。推销产品需要到处跑，十分辛苦，但他对此早已习惯，因为在茶馆当跑堂时，每天少说也要跑上百八十里。他善动脑筋，根据不同的对象，灵活地推销产品。

由于他刻苦钻研、任劳任怨，成绩显著，年仅20岁就被提升为业务经理乃至总经理。可以说年轻的李嘉诚已初露锋芒，崭露头角，在顽强的拼搏中，他不仅站稳了脚，而且养活了全家人，在香港已成为一颗令人瞩目的新星。在随后几十年的创业中，他依然保持着兢兢业业的工作态度，最终开创了属于自己的事业，成为香港首富。

可见，只有敬业，才能够让你的能力得到最大化发挥，让你在自己的工作中出类拔萃，赢得老板的青睐，得到更好的提升。

老板最欣赏那些具有实干敬业精神的员工，所以只有踏踏实实地做好现在的工作，将敬业精神彻底融入你的工作当中，你才能得到老板的重用，赢得未来。无论从事什么行业，只要你尽心尽力去做，最终一定会出类拔萃。

敬业才能创造出最大的价值

一个员工能力再强，如果他不具备敬业的精神，就不能为企业创造价值；而一个爱岗敬业并愿意为企业全身心付出的员工，一定会在自己的岗位上做出成就。一个人是不是人才固然很关键，但最关键的还是这个人是不是敬业。

一家人力资源部主管正在对应聘者进行面试，除了专业知识方面的问题之外，还有一道在很多应聘者看来似乎是小孩子都能回答的问题，不过正是这个问题将很多人拒于公司的大门之外。题目是这样的：

在你面前有两种选择，第一种选择是，担两担水上山给山上的树浇水，你有这个能力完成，但会很费劲。还有一种选择是，担一担水上山，你会轻松自如，而且你还会有时间回家睡一觉。你会选择哪一种？

很多人都选择了第二种。

当人力资源部主管问道："担一担水上山，没有想到这会让你的树苗缺水吗？"遗憾的是，很多人都没想到这个问题。

一个小伙子却选了第一种做法，当人力资源部主管问他为什么时，他说："担两担水虽然很辛苦，但这是我能做到的，既然能做到，为什么不去做呢？何况，让树苗多喝一些水，它们就会长得很好。为什么不这么做呢？"

最后，这个小伙子被留了下来。

这个题目很简单，但里面蕴含着丰富的内容，往往越是简单的问题越能看到一个人的本质。因为简单，就不经考虑，就更是出自内心的真实回答，就越能检验出一个人的真实品性。

如果担水上山是一个人的职业，那么为什么不尽可能多地担一担水，让树苗长得更好呢？每个人都有担水的能力，但是只有敬业的工作态度才能够让一个人具有最佳的精神状态，才能使一个人将自己的工作能力发挥到极致。

这个故事很有启发意义，它告诉我们，在工作中，敬业比能力更重要。对于一群能力相当的人来说，敬业的工作态度无疑起到了决定性的作用。

对于不敬业的人来说，他们或许可以得到暂时不执行任务的“清闲”，却失去了重要的成长机会——什么都不做，到哪里去学习技能，到哪里去积累经验呢？他们不仅是在逃避职责，更是对自己能力的践踏、对自己开拓精神的扼杀。

我们也注意到，在现实生活以及工作中，敬业的精神经常被忽视，人们总是片面地强调能力。的确，战场上直接打击敌人的，是能力；商场上直接为公司创造效益的，也是能力。而敬业，似乎没有起到直接打击敌人和创造效益的作用。可能正是因为这一点，导致人们重视能力而忽视了敬业。

2010年，袁隆平向世人宣布了第三期超级水稻目标：在2010年，亩产要达到900公斤；同时要把杂交水稻推向全世界。袁隆平设想，在2010年将杂交水稻在世界范围内推广到1500万公顷，按照每公顷增产2吨粮食计算，就能多产3000万吨粮食，多养活1亿多人。

这一年，距离他与杂交水稻携手之始已有45年。

袁隆平77岁，仍然壮心不已。

年过古稀，本该含饴弄孙、颐养天年，可袁隆平却依然坚守在一线，每天准时上班，准时下田，上午9点半到10点半，下午3点半到4点半，是他固定到试验田的时间。袁隆平的办公室的门永远向学生和助手敞开着，有想法、有问题，随时可以去探讨、去争论；可是办公室里常年放着的草帽、毛巾、长筒雨鞋对他们又是一种无声的催促：到田里去，到实践中去。

每天必须到田里去，因为不管是毒日头，还是狂风雨，把腿站在稻田里，才能更好地去认识水稻、了解水稻，要熟悉到一打眼一片稻田就能分辨是哪个品种，它有什么样的“脾气”，一如区分自家和别家的孩子，这是袁隆平对学生的要求。要知道一亩稻田里会有1万多到2万株禾苗，这种了解是非常不容易的。

育种时，如果一个组合有奇数粒种子应该怎样播？要对称播两排，最后一粒播在两排的中间，这也是袁隆平的要求，目的是让秧苗对称，条件均衡，缩小试验误差。要知道育种一季类似的组合要做1万多个，弯着腰在田间工作，有些学生和袁隆平一样患上了腰肌劳损。

凭借这样一种敬业精神，在近半个世纪的时间里，袁隆平创造了如此巨大的价值，他多养活了一亿多人。

其实，你从事什么职业或在哪个领域工作并没有多大关系。你一直会有让自己多做一些事情的机会，而不只是光尽到自己的能力而已。你可以选择忽略它们，也可以选择把提供附加价值作为一种生活习惯，超出本分之外的努力以及杰出的表现，才是成就事业的关键，这就是敬业的精神。

我们之所以要敬业，原因有两个：一是为了提高自己的业务能力，放眼于未来的发展；二是为了把工作干得更好，对公司和老板负责，得到老板的青睐。

<<<第十一章

责任心：带着满腔热情去工作

在其位就要谋其事

孔夫子曾经说过："在其位，谋其政。"一个人应该扮演好自己的角色，在家要扮演好自己的家庭角色，在社会上也应该扮演好自己的社会角色。这样的人，才是一个称职的人，才能称为"君子"。

在现代职场，孔夫子的这一思想也是值得人们深思的。一个人既然得到了一份工作，就必须竭尽全力地把它做好。不管他本人是否喜欢这份工作，也不管工作的条件是否被他所认可，既然接受了这份工作，就像做出了承诺一样，必须实现，没有任何商量的余地，也不应该寻找任何借口。

但在实际工作中，我们发现，真正做到"在其位，谋其政"的人少之又少。很多人都是"身在其位，心谋他政"，眼睛盯着更好的职位，慨叹自己空有一身才华却无处发挥。在抱怨中，自己的工作也耽误了，这样的员工是不称职的。也正因为他们不称职，所以错过了一个又一个宝贵的职业发展的机会。

有一位著名的跨国公司总裁曾告诫自己的员工："要么奉献，要么走人。"不论对哪一级的工作人员，都要求"在其位，谋其政"，不许懈怠自己的工作与职责。这位总裁在位期间，从来不愿意看到员工在工作中悠然自得，更容不得员工在他的面前找一些理由来搪塞自己的过失。

有一位员工在工作中遇到了一件非常棘手的事，他虽然尽力了，但是事情还是没有得到解决。于是他找到这位总裁说："老板，我真的尽力了，但是我真的办不到。"其实这位员工不是"办不到"，而是他害怕做这件事会牺牲许多个人的利益。

总裁也曾是一位普通员工，他非常理解员工的这种心理，于是对他说：“你真的尽力了吗？公司需要的是员工的奉献，你可以找个理由骗得过我，但是你会骗得过你的良心吗？”后来，这位员工还是想尽办法克服困难，按时将问题解决了。

工作就是你的责任，当你确实需要帮助时，公司会为你提供必要的人力、财力的支持，这对你来说已经足够了。你应该明白，一个员工的任何懈怠、拖延、不负责任，都会给公司造成损失。如果每一位员工都只想着回报，而不能在一些具有挑战性的工作上有所奉献，公司的业绩就不会有突破，个人的利益也会受到损害。

只要你留心观察那些在职场中获得成功的人就不难发现，这些人不论做什么事情，都是“心在其位，身谋其政”，认认真真用心去做，所以，他们往往能在平凡的岗位上做出不平凡的业绩，也正如此，他们总能在职场中获得成就梦想的机会。

有这样一个故事：有一次，乔住在纽约希尔顿饭店，饭店的客户服务部经理莉莎·格里贝在与乔的交谈中提到，当初她应聘饭店职员，被分配到洗手间工作，她有很大的情绪，认为洗手间工作低人一等。但通过一段时间的工作实践之后，她开始认识到工作没有高低贵贱之分，酒店的每一份工作都关系到酒店的服务质量和整体形象。从此她工作认真、服务热情周到，许多客人在接受她的服务之后，都交口称赞，因此，她被誉为酒店的榜样。她出色的工作表现，为酒店赢得了很多顾客，不久她被提升为客户服务部经理，更大地拓展了事业的平台。

皮尔·卡丹曾说：“真正的装扮就在于你的内在美。越是不引人注目的地方越是要注意，这才是懂得装扮的人。因为只有美丽而贴身的内衣，才能将外表的华丽装扮更好地表现出来。”皮尔·卡丹的装扮理论用在工作上同样富有哲理，愈是不显眼的地方越要好好地表现，这才是成功的关键。

在工作中，总是有许多人爱作壁上观，他们总说要等到“万事俱备”之后才投入这场赛局当中。当报酬令他们感到满足的时候，他们才愿意投入一些心力。当他们确定自己的努力会受到注意的时候，才会多做一些本分之外的努力。这场赛局的时间不断流逝，他们却老是在等待，有些人甚至根本来不及加入，比赛就已告结束，实在是太可惜了。

如果把工作比作航船的话，敬业的员工总是坚守着航向，这个航向是他们自己给自己决定的，即使有大风大浪，他们也能镇静地掌稳船舵，驶向远海。相反，那些缺乏敬业精神的员工，他们的航向一会儿往东、一会儿往西，他们的许多时间都浪费在寻找工作上，却一次次被拒于工作的大门外。

有一位在一家公司担任人力资源总监的先生讲述了这样一件事情：

2002年10月，我们公司的营销部经理带领一支队伍参加某国际产品展示会。在开展之前，有很多事情要做，包括展位设计和布置、产品组装、资料整理和分装等，需要加班加点地工作。可营销部经理带去的那一帮安装工人中的大多数人，却和平日在公司时一样，不肯多干一分钟，一到下班时间，就溜回宾馆去了，或者逛大街去了。经理要求他们干活，他们竟然说：“没加班费，凭什么干啊！”更有甚者还说：“你也是打工仔，不过职位比我们高一点而已，何必那么卖命呢？”

在开展的前一天晚上，公司老板亲自来到展场，检查展场的准备情况。到达展场，已经是凌晨一点，让老板感动的是，营销部经理和一个安装工人正挥汗如雨地趴在地上，细心地擦着装修时粘在地板上的涂料。而让老板吃惊的是，其他人一个也见不到。见到老板，营销部经理站起来对老总说：“我失职了，我没有能够让所有人都来参加工作。”老板拍拍他的肩膀，没有责怪他，而指着那个工人问：“他是在你的要求下才留下来工作的吗？”经理把情况说了一遍，这个工人是主动留下来工作的，在他留下来时，其他工人还一个劲地嘲笑他是傻瓜：“你卖什么命啊，老板不在这里，你累死老板也不会看到啊！还不如回宾馆美美地睡上一觉！”

老板听了，没有做出任何表示，只是招呼他的秘书和其他几名随行人员加入工作中去。参展结束，一回到公司，老板就开除了那天晚上没有参加劳动的所有工人和工作人员，同时，将与营销部经理一同打扫卫生的那名普通工人提拔为安装分厂的厂长。

我是人力资源总监，那一帮被开除的人很不服气，来找我理论："我们不就是多睡了几个小时的觉吗，凭什么处罚这么重？而他不过是多干了几个小时的活，凭什么当厂长？"他们说的"他"就是那个被提拔的工人。

我对他们说的是："用前途去换取几个小时的懒觉，是你们的主动行为，没有人逼迫你们那么做，怪不得谁。而且，我可以通过这件事情推断，你们在平时的工作里偷了很多懒。他虽然只是多干了几个小时的活，但据我们考察，他一直都是一个敬业的人，他在平日里默默地奉献了许多，比你们多干了许多活，提拔他，是对他过去默默工作的回报！"

这是多么生动的事例啊！在这里，敬业多一分，就多许多的回报。那个主动留下来的工人虽然只是个普通员工，但是他表现出的强烈的敬业意识，却是他远胜于别人的能力的表现。

那些真正敬业的员工却不会这样，他们不管职位高低，不论从事的工作是不是自己所爱，都兢兢业业、全心全意地投入，这样的表现才真正令人赞赏。

成功者会把卑微的工作做到极致

在日本，流传着这样一个动人的小故事：

许多年前，一个妙龄少女来到东京帝国酒店当服务员，这是她的第一份工作，也就是说她将在这里正式步入社会，迈出她人生的第一步，因此她十分激动，暗下决心：无论什么工作，一定要做到最好！

然而她想不到的是，上司安排她洗厕所！洗厕所，说实话没人愿意干，何况她一个姑娘家，从未干过粗重的活儿，细皮嫩肉，喜爱洁净，干得了吗？当她用自己白皙细嫩的手拿起抹布伸向马桶时，胃里马上翻江倒海，恶心得几乎呕吐却又吐不出来，太难受了！而上司对她的工作质量要求却又高得吓人：必须把马桶擦洗得光洁如新！

她当然明白“光洁如新”的含义是什么，然而她真的难以达到“光洁如新”这个标准。为此，她陷入迷茫痛苦之中，也哭过鼻子。这时，她面临着人生第一步该怎样走下去的抉择：是继续干下去，还是另谋职业？继续干下去——太难了！另谋职业——知难而退！人生的第一步路就这样以失败告终？她是曾经下过决心的，无论做什么工作，一定要做到最优秀，如果就这样退缩，自己又很不甘心。

就在此关键时刻，同在一个单位的前辈让她重新振作起来。这个前辈的工作和她一样，不同的是，前辈一遍遍地擦洗着马桶，直到擦洗得“光洁如新”，然后，他从马桶里盛了一杯水，一口气喝了下去，竟然毫不勉强。实际行动胜过万语千言，他没有说一句话就告诉了她一个极为朴素、极为简单的真理：光洁如新，要点在于“新”，新则不脏，因为不会有人认为新马桶脏，也因为新马桶中的水不脏，所以是可以喝的；反过来讲，只有马桶中的水达到可以喝的洁净程度，才算是把马桶擦洗得“光洁如新”了，而这一点已被证明是可以办到的。

看到这一切，她目瞪口呆，感到一种从身体到灵魂的震撼，她痛下决心：“就算一生洗厕所，也要做一名洗厕所中出类拔萃的人！”从此以后，她成为一个全身心投入的人，她的工作质量也达到了那位前辈的高水平。当然，为了检验自己的自信心，为了证实自己的工作质量，她也多次喝过厕所水；她很漂亮地迈好了人生的第一步。从此，她踏上了成功之路，开始了她的不断走向成功的人生旅程。

多年过去了，这个当年洗马桶的日本女孩，成了日本政府的主要官员——邮政大臣，她的名字叫野田圣子。

野田圣子的成功源于她坚定不移的人生信念：“就算一生洗厕所，也要做一名洗厕所中出类拔萃的人。”这一点使她拥有了成功的人生，使她成为幸运的成功者、成功的幸运者。

一个人的工作态度折射着他的人生态度，而人生态度决定一个人一生的成就。你的工作，就是你生命的投影，它的美与丑、可爱与可憎，全操纵于你之手。

作为公司的一员，拿着公司的薪水，就应该把公司的事情当成自己的事情，站在公司的立场上，以高度的敬业精神做好自己的工作，这样才能把自己的工作做好，得到老板的青睐，否则就会落于平庸。

大卫和拉奥是同班同学，两个人大学毕业后，恰逢英国经济动荡，都找不到适合自己的工作，便降低了要求，到一家工厂去应聘。恰好，这家工厂缺少两个打扫卫生的职员，问他们愿不愿意干。大卫略一思索，便下定决心干这份工作，因为他不愿意依靠领取社会救济金生活。

尽管拉奥根本看不起这份工作，但他愿意留下来陪大卫一块儿干一阵子。因此，他上班懒懒散散，每天打扫卫生时敷衍了事。一次，两次，三次，老板认为他刚从学校毕业，缺乏锻炼，再加上恰逢经济动荡，也同情这两个大学生的遭遇，便原谅了他。然而，拉奥内心深处对这份工作抱着很强的抵触情绪，每天都在应付自己的工作。结果，刚干满3个月，他便彻底断绝了继续干这份工作的念头，辞了职，又回到社会上，重新开始找工作。当时，社会上到处都在裁员，哪里有适合他的工作呢？他不得不依靠社会救济金生活。

相反，大卫在工作中，抛弃了自己作为大学生——高等学历拥有者的身份，完全把自己当作一名打扫卫生的清洁工，每天把办公走廊、车间、场地都打扫得干干净净。半年后，老板便安排他给一些高级技工当学徒。因为工作积极，认真勤快，一年后，他成了一名技工。尽管如此，他依然抱着一种积极的态度，在工作中不断进取，认真负责。两年后，经济动荡的局面稍稍稳定后，他便成为老板的助理。而拉奥此时才刚刚找到一份工作，是一家工厂的学徒。但是，他认为自己是高等学历拥有者，应该属于白领阶层。结果，在自己的工作岗位上，仍然把活干得一塌糊涂，终于在某一天又回到街头，去寻找工作。

在这个故事中，大卫正是凭借着自己敬业的精神，才得到老板的青睐，一步步走向卓越的，而他的同学拉奥因为缺乏敬业的工作态度只能步入平庸。

当然，有些人天生就具有敬业精神，任何工作一接手就废寝忘食，但有些人则需要培养和锻炼敬业精神。如果你自认为敬业精神还不够，那就强迫自己敬业，以认真负责的态度做任何事，让敬业精神成为你的习惯，那样你才能够摆脱平庸，走向卓越。

守住你的位置

在西点军校，任何一个学员都被这样教育：在战斗中守住你的位置。

守住你的位置是每一个军人永远要记住的命令，军人就是因为这个使命而产生的。不仅每一个士兵要做到，每一个军官——包括低级军官和高级将领，他们都要明白自己的位置，也要明白自己的任务。

王顺友是四川省木里藏族自治县一名普通的马班邮递员。这里的29个乡镇有28个不通公路、不通电话。以马驮人送为手段的邮路，是当地百姓与外界保持联系的唯一途径。王顺友的责任，就是保证这条路不中断。

1984年10月，王顺友从父亲手中接过马缰绳，继承父业，父亲对他说了五点：不许丢失邮件；不能打湿邮件；不准贪污和私拆邮件；不准冒领汇款；准班、准点。

此后20年，王顺友每年有三百多天在路上。26万里的漫漫邮路，相当于走了21趟二万五千里长征。从起点到终点，他风餐露宿，在山高路陡、险象环生的马班邮路上孤独跋涉，走过一程又一程。

有一次，王顺友过江时，溜索绳突然绷断，邮件弹入水中，顺江而去。王顺友纵身跳入江中，把邮包拖上岸时，累得整个人都瘫了。

2001年8月，木里遭受了一次特大洪涝灾害，造成山体滑坡，洪水冲断了县城至白碉的道路。大雨连下了十几天，一切交通都瘫痪了，里面的人出不去，外面的人也进不来。高中毕业的海旭燕因为没有等到通知书，在家坐卧不安、心急如焚。到了8月中旬，她已经不抱任何希望了。

在一个天空滚着响雷、风雨交加的傍晚，王顺友出现在了海旭燕家。他被雨水淋得整个人像是从水里捞上来的，通知书却是干的，连一点皱都没有，原来是因为王顺友用自己雨衣来盖邮包了。他没有留下避一避雨，说着别家还有信，就赶紧出门了。

正是凭着这种极端敬业的工作态度，20年来，王顺友没有延误过一个班期，没有丢失过一个邮件、一份报刊，投递准确率达到100%，为中国邮政的服务做出了最好的诠释。当山路上响起嘹亮的歌声，乡亲们一听就知道："流动邮局"王顺友来了。"活儿再累也得有人干，只要我能走，就不会扔掉手中的马缰绳。"这是王顺友对工作的姿态和铿锵承诺。

一个真正的成功者来自于他强烈的敬业精神。敬业不仅仅是一个概念，更是一种实际行动，是在岗位上长年累月的付出和坚持。王顺友就是这样信念执着地坚持了20年，他始终明白手中信件的分量，他始终清楚自己身上的责任，他始终懂得完美执行的重要性。

当你获得一份工作的机会，你要为你的老板负责，因为是他让你拥有了这个机会。如果你想让这个机会永远保持住或者升到更高的位置，你就必须对自己负责，你只有对自己负责，才不会每天浑浑噩噩地混日子，才不会拿多少薪水干多少活儿。你只有对自己负责，才会想到工作不是不劳而获，不是天上掉馅饼，你不仅要完成这个工作，还要学会更好、更快地完成这个工作。

从土路到柏油路、水泥路，再到高速公路，46岁的陈基旺养护各种各样的路已经26年。

26年养路，陈基旺经历的是时代的变迁，面对的是越来越高的技术要求；高速公路养护专业化、机械化程度高，技术要求严，这对于来自普通公路养护部门的陈基旺来说，就是新的挑战。高速公路养护工作多以路面坑槽修补为中心，坑槽修补的返修率和平整度是衡量养护质量的重要标准。晴天，他严格按照操作规程做好处理工作，确保每一个坑槽修补的质量；雨天，他积极推广科氏冷料在高速公路坑槽修补上的应用，不断提高工作效率和施工质量。

26年养路，不变的是艰苦，还有付出。福建灾害性天气比较频繁，养护作业经常面临严冬酷暑、狂风暴雨、洪水泛滥等重重考验。泉厦高速公路日常养护中最辛苦莫过于清理排水系统了。地处沿海多发的雨水天气常使排水沟泥土淤积，一些沟缝因为损坏，更是“春风吹又生”地滋长野草。有一座涵洞在养猪厂附近，涵洞里臭气熏天，淤积的烂泥有二三十厘米高，老鼠蟑螂窜来窜去，沼气、一氧化碳等有毒气体弥漫着整个涵洞。但每次清理，陈基旺总是第一个进洞。

一次抗洪抢险，雨势风势很大，塌方所在的高边坡随时有可能再次垮塌，这意味着冲过去养护的人要冒着生命危险，但陈基旺还是冲在了最前面。

就是如此，“不求捞一把进去，唯愿掏一把出来”，作为一名公路养护人，26年来，陈基旺日复一日地践行着这样的座右铭。

行驶在福建泉州至厦门的高速公路上，平坦整洁的路面，周遭令人心旷神怡的美景，让人有“车在花中行，人在画中游”的感觉。这与养路工的辛勤劳作是分不开的。在西福养护站一楼，墙上张贴着《养护工的一天》：“如果你问我们累不累，我们的回答是肯定的；如果你问我们值不值？我们的回答也是肯定的。”

不管多苦多累，你都要守住这个岗位。养路护路就是陈基旺拼搏的支点。他没有多想其他的事情，而是一步一步地往前走，在自己的岗位上充分展现了自己的才华，并最终实现了自己的人生理想，也变得更加轻松愉快。

用五分钟思考一下：你在这个世界上选择什么样的工作？为什么工作？如何对待工作？从根本上说，这不是一个关于工作内容和工作报酬的问题，是一个关乎生命意义的问题：工作的意义和价值体现在哪里？实际上，优秀的员工都明白，工作岗位是一个人走向卓越的支点，只有认真对待自己的工作，在付出和坚持中爱岗敬业，一定会在平凡的岗位上做出业绩。

比盖茨更热爱工作的人

比尔·盖茨的财产净值大约是466亿美元，如果他和他太太每年用掉一亿美元，也要466年才能用完这些钱——这还没有计算这笔巨款带来的巨大利息。那他为什么还要每天工作？斯蒂芬·斯皮尔伯格的财产净值估计为10亿美元，不像比尔·盖茨那么多，不过也足以让他在余生享受优裕的生活了，但他为什么还要不停地拍片呢？

美国Viacom公司董事长萨默·莱德斯通在63岁时开始着手建立一个很庞大的娱乐商业帝国。63岁，在多数人看来是尽享天年的时候，他却在此时做了很重大的决定，让自己重新回到工作中去，而且他总是一切围绕Viacom转，工作日和休息日、个人生活与公司之间没有任何的界限，有时甚至一天工作24小时。你想他哪来的这么大的工作热情呢？

诸如此类的例子还有很多。那些拥有了巨额“薪水”的人，不但每天工作，而且工作相当卖力。如果你跟着他们工作，一定会因为工作时间太长而感到精疲力竭。那么，他们为何还要这么做，是为钱吗？

还是看看萨默·莱德斯通自己对此的看法：“实际上，钱从来不是我的动力。我的动力是对于我所做的事的热爱，我喜欢娱乐业，喜欢我的公司。我有一种愿望，要实现生活中最高的价值，尽可能地实现。”

是的，正是这种自我实现的热情，使他们热衷于他们所做的事业，而并非单纯地为了名和利。甚至当他们可以控制生活的时速时，他们的脚还是不会离开油门。这种热情不只是外在的表现，它发自内心，来自于对自己工作的真心喜欢。

有一位演讲家说了这样一件事情：

不久前，我应邀前往一家大公司参加年会，并在会上发表演说。会中有一位老人当场宣布退休，公司董事长首先站起来做一次例行讲话，说一些“哈利先生对我们公司多么有价值、有贡献，以及现在他要退休，我们对他多么怀念”的话。

庆祝大会结束后，哈利先生好像被人遗忘了一样，他用手背轻轻地触了我一下，对我说：“你是否能给我30分钟的时间，我有话要对你说，顺便发泄一下我心中的郁气。”

我无法拒绝这样的请求，于是带着他来到自己下榻的旅馆套房，点了一些饮料和三明治。

“在公司待了那么多年，可谓是劳苦功高，今天晚上光荣退休，真是一个值得纪念的日子。”我打开话题，然而哈利先生却说道：“今天我并不快乐，我真是不知道该怎么说才好，这是我一生中最悲伤的夜晚。”

“为什么？”我问道。我想要使他认为我很吃惊，其实我心中并不吃惊。

“今晚我只是坐在那里面对我惨痛的一生而已。我感到自己一事无成，彻底失败了。”

“你准备做些什么？”我问道，“你现在才65岁而已。”

“还能做什么，我将要搬到老人村里去了，住在那里直到老死为止。我有一笔不少的退休金以及社会保险金，这些钱足够我养老了。”他很痛苦地说，“我希望这样的日子很快就来临。”

我们陷入了沉默，然后他从口袋中取出今晚才拿到的退休纪念表，说道：“我想把这件礼物丢掉，我不希望留下这些痛苦的记忆。”

渐渐地，哈利先生已经放松下来，他继续说道：

“今天晚上，当乔治先生(该公司的董事长)站起来致辞时，你可能无法想象我当时多么悲伤。乔治先生和我一起进入公司，但是他很上进，节节攀升，我却不然。我在公司领到的薪水最高不过7250美元，而乔治先生却是我的10倍，还不包括种种红利以及其他福利在内。每当我想起这件事，我总是认为乔治先生并没有比我聪明多少，他只是不怕吃苦，经得起磨炼，能完全投入工作，而我没有做到这一点。”

“公司内外有很多机会，我都可能获得晋升的。例如我在公司待了5年后，有一次公司要我到南方去掌管分公司，但是我自己因为感到无能为力而拒绝了。每次当这种绝好的机会到来时，我总是找一些借口来推托。现在，我退休了，一切都已经过去了，我什么也没有得到，真是往事不堪回首啊。”

在哈利的一生中，他一直游移不定，没有爱上这份工作，一直浑浑噩噩，一直虚度年华，到老了才悔恨自己。

爱上自己的工作吧，你对工作的态度一旦改变，工作的处境也会随之改变。增强信念，丰富自己的知识，让自己置身于更富有挑战性的环境中，就能获得更多的机会。一定要记住：什么事都要努力去做，千万不要以为可以脚踩两条船，将所有的便宜占尽，因为这样做即使取得了成功，也必定是短暂的，很快就会失去。

热情是梦想飞行的必备燃料，这种燃料一旦被点燃，将让你的引擎在飞行期间生气勃勃地持续运转。有史以来，热情驱使着世界上最杰出的人士，为追求“自我实现”而在他迷恋的领域里到达人类成就的巅峰，同时推动着社会的进步。

即使你还没有达到自我实现的境界，你也不要麻痹自己——认为自己工作就是为了赚钱。不要对自己说："既然老板给的少，我就少干，没必要费心地去完成每一个任务。"或者安慰自己："算了，我技不如人，能拿到这些薪水也知足了。"而应该牢记，金钱只不过是许多种报酬中的一种，你所追求的是自我提高，所以要保持积极的工作态度。消极的思想会让你看不到自己的潜力，会让你失去前进的动力和信心，会让你放弃很多宝贵的机会，使你与成功失之交臂，也永远无法达到自我实现的最高境界。

<<<第十二章

负责任的人最快乐

乐在其中的敬业者

有个美国记者到墨西哥的一个部落采访。这天是个集市日，当地土著人都拿着自己的物产到集市上交易。这位美国记者看见一个老太太在卖柠檬，5美分一个。

老太太的生意显然不太好，一上午也没卖出去几个。这位记者动了恻隐之心，打算把老太太的柠檬全部买下来，以便使她能“高高兴兴地早些回家”。

当他把自己的想法告诉老太太的时候，她的话却使记者大吃一惊：“都卖给你？那我下午卖什么？”

人生的最大的价值，就是对工作有兴趣。爱迪生说：“在我的一生中，从未感觉在工作，一切都是对我的安慰……”然而，在职场中，像卖柠檬老太太那样，对自己所从事的事业充满热情的人并不是太多，他们不是把工作当作乐趣，而是视工作为苦役。早上一醒来，头脑里想的第一件事就是：痛苦的一天又开始了……磨磨蹭蹭地挪到公司以后，无精打采地开始一天的工作，好不容易熬到下班，立刻就高兴起来，和朋友花天酒地之时总不忘诉说自己的工作有多乏味、有多无聊。如此周而复始。

当你在乐趣中工作，如愿以偿的时候，就该爱你所选择的工作，不轻言变动。如果你开始觉得工作压力越来越大，情绪越来越紧张，感受不到工作中的乐趣，没有喜悦的满足感，就说明有些事情不对劲了。如果我们不从心理上调整自己，即使换一万份工作，情况也不会有所改观。

所以，每个人都应该学会热爱自己所从事的工作，即使做的是一份自己不太喜欢的工作，也要心甘情愿地去做，凭借对工作的热爱去发掘每个人内心蕴藏的活力、热情和巨大的创造力。

有位经理去巴黎参加研讨会，因为开会的地点不在下榻的饭店，于是他走到大厅的服务台，请教当班的服务人员，该如何前往会场所在的五星级饭店。

当班的是位五六十岁的老先生，头戴高帽，穿着燕尾服，脸上有着法国人少见的灿烂笑容。他仪态优雅地摊开地图，事无巨细地写下路径指示，并带着这位经理来到门口，再对着马路比划饭店的方向。

他的热忱及笑容让人如浴春风。在这位经理致谢道别之际，他微笑有礼地回应：“不客气，祝你很顺利地找到会场。”接着他补了一句：“我相信你一定会很满意那家饭店的服务，因为那儿的服务员是我的徒弟！”

“太棒了！”这位经理笑了起来，“没想到你还有徒弟！”

老先生脸上的笑容更灿烂了：“是啊，25年了，我做这个工作已经25年了，培养了无数的徒弟。我敢保证，我的徒弟每一个都是最优秀的服务员。”他的言语流露出发自内心的骄傲。

“什么？都25年了，你一直站在饭店的大门口啊？”

老先生回答说：“我总认为，能在别人生命中发挥正面影响力，是很过瘾的事情。你想想看，每年有多少外地旅客来到巴黎观光，如果我的服务能帮助他们减少‘人生地不熟’的胆怯，而让大家有个很愉快的假期的话，这不是很令人开心吗？这让我感觉自己成为每个人假期中的一部分，好像自己也跟着大家度了假期一样愉快。”

“我的工作是如此的重要，许多外国观光客就因为我而对巴黎有了好感。”他眨了眨眼，爽朗地说，“所以我私下里认为，自己真正的职务应该是——‘巴黎市地下公关局长’！”

其实，工作就是工作，它永远不可能像休闲度假一样充满了新奇和喜悦，关键是你如何在其中寻找并创造乐趣。

因此，不要把工作看成是一种谋生的手段，而应该把工作当成一种人生的乐趣，这样你才能投入工作，甚至为它痴迷，这时所有的困难都会变得轻松起来，因为工作已经成为一种快乐和享受。国外一家报纸曾举办了一次有奖征答活动，题目是“在这个世界上谁最快乐”。主办方从数以万计的答案中评选出的四个最佳答案是：作品刚完成，自己吹着口哨欣赏的艺术家；正在筑沙堡的儿童；忙碌了一天，为婴儿洗澡的妈妈；千辛万苦开刀之后，终于挽救了危急患者生命的外科医生。

看来，工作着的人才是最快乐的。确切地说应该是：把工作当作人生乐趣的人才是最快乐的。而从另一个角度来说，不快乐的人，往往是那些不会从工作中寻找乐趣的人。人们常常认为只要准时上班、按点工作、不迟到、不早退就是完成工作了，就可以心安理得地去领自己的那份工资了。可是，你的工作很可能是死气沉沉的、被动的。重要的是你能不能用一种新的目光来看待自己的工作，从中找到新的兴奋点，从而点燃工作的激情。

工作在现代人生活中的分量愈来愈重，甚至成为衡量成功的重要准则。不管你为哪家公司、哪个老板工作，最好的方法就是把工作当成自己人生的乐趣。在今天，享受工作乐趣的方法很多。像科学家、运动员、艺术家、音乐家或演员等等，他们都是以工作为乐的，因而取得瞩目的成就。要乐在工作，最好的方法就是将它视为一种成长历程。

人生最有意义的就是工作，与同事相处是一种缘分，与客户、生意伙伴见面是一种乐趣。即使你的处境很不如意，也不应该厌恶自己的工作，世界上再也找不出比这更糟糕的事情了。如果环境迫使你不得不做一些令人枯燥乏味的工作，你也应该想方设法使之充满乐趣。用这种积极的态度对待工作，无论做什么，都很容易取得意想不到的效果。

很少人能体会到工作是他们快乐最大、最重要的源泉。大多数人都觉得工作很累、很烦、受气、很单调、很乏味，没什么乐趣可言。

快乐的工作是由“快乐的思想”造成的，工作时多添加些“凡事都可以快乐一点”的积极想法，你就可以轻易地在工作中发现无穷的乐趣和生机，借此使自己每一天都过得很充实、快乐。

明白了这个道理，并以这样的眼光来重新审视我们的工作，就不会认为工作是一种负担，即使是最平凡的工作也会变得意义非凡。

当然，我们在职业生涯中也会碰到失落的时候，或是期望落空，目标、梦想破灭的时候，但是在遭受打击之后，我们会重新站起来，对于情势重新加以审视，然后继续努力向前迈进；如果就此放弃，然后陷入自怨自艾的情绪中，那根本就是徒然浪费时间、浪费自己的才能而已。

所以，学会享受工作的员工，才能全身心地投入工作，从而创造出优异的成绩。

一个叫多克的信差，他始终认为自己的使命是向人们传递快乐，而送信不过是一种方式。所以他的口袋里总是装着许多小纸条，上面写着一些激励的话："今天是美好的一天""要笑口常开""别再烦恼"……他将信送到人们的手中，也给人们带去了信心和快乐，成为当地做着普通工作但最受欢迎的人。他也因为得到了别人的喜爱，觉得自己的确被人需要，从而更加喜欢这份工作。

全身心地投入工作中，你会享受到工作带来的乐趣，同时，你也会赢得他人的尊重，进而产生一种自豪感。如果你一直处于被动状态，将会发现每天有一大堆的工作等着你去做，总也做不完，这时，你会感觉工作十分艰辛、烦闷。

由此可见，工作首先是一个态度问题，是一种发自肺腑的爱，一种对工作的真爱。工作需要热情和行动，工作需要努力和勤奋，工作需要一种积极主动、自动自发的精神。无论自己的工作多么平凡，都要保持良好的心态，享受工作带给自己的乐趣。只有以这样的态度对待工作，我们才可能获得工作所给予的更多的奖赏。

彼得年轻时是一个看管旋钉子机器的工人。每天从早到晚接触的都是钉子，真是枯燥极了。他天天在钉子堆里打滚，想着世界之大，为什么要把一生都消磨在钉子堆里呢？何况这无情的工作永无出头之日：做出一批制品，第二批任务便又接踵而来了。

彼得每天满腹牢骚，不断从嘴里吐出怨言，在他身旁工作的另一个工人听到了，认为他的话说出了自己的心声，也不知不觉地嘀咕起来……

彼得有天想到：难道没有办法把工作改变成有趣的游戏吗？于是他开始研究怎样改进工作和增加工作乐趣。

他对同事说："你专门做旋钉机上磨钉子的工作，把钉子磨光，我专门做旋钉子的工作，看谁做得最快，谁就是胜利者。"

他的提议，立即被对方毫无异议地接受。他们开始比赛，结果工作效率竟提高了一倍，大受老板夸奖，不久他们便都得到了升迁的机会。

彼得后来升为休斯敦机器制造厂的厂长，因为他懂得对待工作，与其勉强忍耐痛恨它，不如找到其他的乐趣享受它。

当我们选择了一份工作，我们就选定了一个方向、一个目标。工作不仅仅是为了生存或解决温饱，从你选定所要从事的职业那一刻起，你就将一份希望寄托在你的追求之中，通过努力地工作你要去实现你所奋斗的目标，也许你是要通过不懈地工作去追求财富，也许你是要追求工作带给你的成就感，也许你是要用工作来丰富自己的人生阅历，当随着你忙碌地工作，距离自己的目标越来越近时，你也就会越发感受到工作的快乐。

成功取决于热忱，热忱来源于责任

拿破仑发动一场战役只需要两周的准备时间，换成别人会需要一年。这中间之所以会有这样的差别，正是因为他那无与伦比的热情。战败的奥地利人目瞪口呆之余，也不得不称赞这些跨越了阿尔卑斯山的对手："他们不是人，是会飞行的动物。"

拿破仑在第一次远征意大利的行动中，只用了15天时间就打了6场胜仗，缴获了21面军旗，55门大炮，俘虏15000人，并占领了皮德蒙德。

在拿破仑这次辉煌的胜利之后，一位奥地利将领愤愤地说："这个年轻的指挥官对战争艺术简直一窍不通，用兵完全不合兵法，他什么都做得出来。"但拿破仑的士兵也正是以这么一种根本不知道失败为何物的热情跟随着他们的长官，从一个胜利走向另一个胜利。

我们敬佩拿破仑，但我们更应该赞美拿破仑手下那些具有无比热情的士兵。缺乏热情，军队无法取得胜利。

热忱的态度是我们工作能否成功的重要因素，因为情绪的动力是促成我们向前进的力量。爱默生说过："有史以来，没有任何一项伟大的事业不是因为热忱而成功的。"事实上，这不是一段单纯而美丽的话语，而是迈向事业成功之路的指针。

许多人对自己的工作一直未能产生足够的激情与动力，主要的问题可能就出在他们根本不知道自己为何需要这份工作。

其实，能拥有工作是幸福的，美国汽车大王亨利·福特曾说："工作是你可以依靠的东西，是个可以终身信赖且永远不会背弃你的朋友。"

连拥有亿万资财的汽车业巨子都还是如此地热爱工作，那我们似乎也难以找出不喜爱工作的理由了。

职场畅销书《鱼》故事中的女经理玛丽·简和她的同事重新唤起工作的热情，通过改变态度改变自己，极大地释放了工作潜能，也得到公司总裁的欣赏和表彰。

女总裁充满欣慰地说道：“我记得在我的一生中，没有哪一刻像今天晚上这么令人自豪！第一担保公司发生了一件非常了不起的事情。在三楼这个曾经枯燥沉闷的部门里，玛丽·简和她的同事重新发现，在我们每天早晨上班的时候，我们可以选择更有意义、更有成就感的工作方法。简单得就像问：‘今天会过得好吗？’回答是：‘当然！我的选择就是让今天快乐！’”

“资深的员工重又焕发出新来公司时的热情，以往的例行公事已经转变成价值倍增的活动。”这项改革的秘诀已经刻成匾额，挂在公司总部大楼的门前。上面这样写着：我们的工作场所。

当你进入办公场所，请选择“让今天快乐”。你的同事、客户、小组成员和你自己都将为此而感谢你。找出玩的方法吧！我们对工作要严肃认真，但不必绷得太紧。当你的客户和同事需要你的时候，请集中精力，全身心投入！当你感觉精力减退时，你不妨试试这个补救方法，保证有效——找一个需要帮助的人，跟他说些鼓励的话，或是凝神倾听，让他感到快乐！

这个原本死气沉沉的部门，在玛丽·简的激发下，员工选择热情地工作，变成了一个人人向往的工作场所。没有热情，不可能成就任何伟业，因为无论多么恐惧、多么艰难的挑战，热情都赋予它新的含义。没有热情，人注定要在平庸中度过一生；而有了热情，人将会创造奇迹。

与其说成功取决于个人的才能，不如说成功取决于个人的热忱。这个世界为那些具有真正的使命感和自信心的人大开绿灯，到生命终结的时候，他们依然热情不减。无论出现什么困难，无论前途看起来多么黯淡，他们总是相信自己能够把心目中的理想图景变成现实。热忱是工作的灵魂，甚至就是生活本身。年轻人如果不能从每天的工作中找到乐趣，仅仅是因为要生存才不得不从事工作，仅仅是为了生存才不得不完成职责，这样的人注定是要失败的。

有一位父亲告诫他的孩子说：“无论未来从事什么样的职业，如果你能够对自己的工作充满热情，那么，你就不会为自己的前途操心了。因为，在这个世界上散漫粗心的人到处都有，而对自己的工作善始善终、充满激情的人却很少。”

企业的老板，也喜欢雇用富有工作热情的员工。亨利·福特说过：“我喜欢具有热忱的人。他热忱，就会使顾客热忱起来，于是生意就做成了。”

“十分钱连锁商店”的创办人查尔斯·华尔渥兹也说过：“对工作毫无热忱的人就会到处碰壁。”查尔斯·史考伯则说：“对任何事都热忱的人，做任何事都会成功。”所以，凡是具有必需的才气、有着可能实现的目标并且具有极大热忱的人，做任何事都会有所收获，不论在物质上或精神上都是一样。

微软的招聘官员曾说：“从人力资源的角度讲，我们愿意招的人，他首先应是一个非常有激情的人：对公司有激情，对技术有激情，对工作有激情。可能在一个具体的工作岗位上，你也会觉得奇怪，怎么会招这么一个人，他在这个行业资历不深，年纪也不大，但是他怀有满腔热忱。和他谈完之后，你会受到感染，愿意给他一个机会。”

如果一个人以精益求精的态度、火热的激情，充分发挥自己的特长来工作，那他做什么都不会觉得辛苦。以最佳的精神状态工作不但可以提升你的工作业绩，而且可以给你带来许多意想不到的成果。

不言而喻，保持对工作的新鲜感是保证你对工作的激情的有效方法。要想保持对工作恒久的新鲜感，首先必须改变工作只是一种谋生手段的认识，把自己的事业、成功和目前的工作联系起来。其次，保持长久激情的秘诀，就是给自己不断树立新的目标，挖掘新鲜感，把曾经的梦想捡起来，找机会实现它，审视自己的工作，看看有哪些事情一直拖着没有处理，然后把它做完。在你解决了一个又一个问题后，自然就产生了一些小小的成就感，这种新鲜的感觉就是让工作的激情每天都陪伴自己。

满怀激情就是对事业的全身心投入，换句话说，就是对事业的“疯狂”追求，内心涌动着一股“疯狂”的激情。

李阳，兰州大学力学工程系的毕业生，便是一位靠“疯狂”精神取得成功的青年。

李阳有一句格言：I enjoy losing face！（我热爱丢脸！）

李阳的成功故事便是不怕丢脸。“成功人的常态在普通人看来就是变态。”“越是艰辛我越兴奋。”李阳说。

为了突破自闭的性格，李阳决心用英语挑战自我。他最不爱当众说话，但又渴求当众说话。他把自己的学习心得写成40多页的演讲稿，要在全校大声演讲。他让同学贴出海报，说有一个叫李阳的小子要开一个英语学习讲座。那晚，用李阳的话说是“紧张得想呕吐”。可是，他还是登上了讲台，气喘吁吁地完成了演讲。演讲却意想不到地成功了。此后，李阳走出校园的几十场演讲，让他成为一个校园名人。

大学毕业后，李阳在西安西北电子研究所当了一年半的助理工程师。每天清晨，李阳的第一件事就是冲到屋顶平台，大喊英语。一年半后，他从一千多名考生中脱颖而出，调入了广东人民广播电台英文台，成为唯一一个没有专业英文学历的播音员，并担任新闻播音员和“TALKSHOW”(脱口秀)节目主持人，同时主持广州电视台的英语新闻节目，是广州地区最受欢迎的英文播音员。就连老外也为李阳地道的英语所征服，美国的ABC广播网、英国的BBC、中国香港电台(RTHK)、日本放送协会(NHK)、苏格兰国家电视台及加拿大广播电台都做过李阳的专访。

一次，美国众议院外交委员会首席顾问理查德·布什在广州做题为《克林顿当选总统以来美国对华政策的制定过程》的重要演讲，李阳因出色的翻译，收到了美国外交委员会主席汉密尔顿的亲笔信，称赞他卓越的英语水平，为中美两国做出了极大贡献。美国总统特使、商务部长布朗访问广州时，李阳是唯一的中国译员。对于很多专业领域的翻译，李阳照样不失风范。在1994年世界移动通信国际会议的27位发言者的同声翻译中，李阳更是令同行刮目相看，因为发言内容中的专业名词和术语十分多而且难以把握。

“越是艰辛我越兴奋，这就是疯狂。”李阳只用了一年的时间覆盖了别人六七年才能涉足的领域。李阳常不断提起一段话：“我不是天才。没有天才，天才只是我们肉眼看到的1/9的冰山之尖，而那8/9是泡在海水中的默默奋斗，是挑战，是征服，是疯狂投入！我现在比你们强，只是我比你们更疯狂！”

的确，如果一个人能以精益求精的态度、火热的激情，充分发挥自己的特长来工作，那他做什么都不会觉得辛苦；如果一个人鄙视、厌恶自己的工作，那他一定会失败。

它是火花，把我们和他人都激励起来，使我们在精神上做好准备去实现我们的工程、兴趣、目标和梦想等。

它是一种能源，当我们感到进展不顺或一筹莫展时，推动我们继续前进。

成功与其说是取决于人的才能，不如说取决于人的激情。激情，使我们的生命更有意义；激情，使我们的意志更坚强！

当贝特格刚转入职业棒球界不久，便遭到有生以来最大的打击，他被约翰斯顿球队开除了。他的动作无力，因此球队的经理要他走人。经理对他说：“你这样慢吞吞的，根本不适合在球场上打球。贝特格，离开这里之后，无论你到哪里做任何事，若不提起精神来，你将永远不会有出路。”

贝特格没有其他出路，因此去了宾州的一个叫切斯特的球队，从此他参加的是大西洋联赛，一个级别很低的球赛。和约翰斯顿队175美元相比，每个月只有25美元的薪水更让他无法找到激情。但他想：“我必须激情四射，因为我要活命。”

在贝特格来到切斯特球队的第三天，他认识了一个叫丹尼的老球员，他劝贝特格不要参加这么低级别的联赛。贝特格很沮丧地说：“在我找到更好的工作之前，我什么都愿意做。”

一个星期后，在丹尼的引荐下，贝特格顺利加入了康州的纽黑文球队。这个球队没有人认识他，更没有人责备他。在那一刻，他在心底暗暗发誓：“我要成为整个球队最具活力、最有激情的球员。”这一天成为他生命里最深刻的烙印。

每天，贝特格就像一个不知疲倦和劳顿的铁人奔跑在球场，球技也提高得很快，尤其是投球，不但迅速而且非常有力，有时居然能震落接球队友的护手套。

在一次联赛中，贝特格的球队遭遇实力强劲的对手。那一天的气温达到了100华氏度，身边像有一团火在炙烤，这样的情况极易使人中暑晕倒，但他并没有因此而退却。在快要结束比赛的最后几分钟里，由于对手接球失误，贝特格抓住这个千载难逢的机会，迅速攻向对方主垒，从而赢得了决定胜负的至关重要的一分。

发疯似的激情让贝特格有如神助，它至少起到了三种效果：第一，使他忘记了恐惧和紧张，掷球速度比赛前预计的还要出色；第二，他“疯狂”般的奔跑感染了其他队友，他们也变得活力四射，首先在气势上压制了对手；第三，在闷热的天气里比赛，贝特格的感觉出奇地好，这在以前是从来没有过的。

从此，贝特格每月的薪水涨到了185美元，和在切斯特球队每月25美元相比，他的薪水在10天的时间里猛增了700%，这让他一度产生不真实的感觉，他简直不知道还有什么能让自己的薪水涨得这么快，当然除了理想的工作心态，除了对工作的“激情”。

激情是超水平的兴趣，是积极的能量、感情和动机。你的心中所想决定着你的工作结果。当一个人产生了激情时，你可以发现他目光闪烁、反应敏捷、性格好动，浑身都有感染力。这种神奇的力量使他以截然不同的态度对待别人、对待工作、对待整个世界。

一个对自己工作充满激情的人，无论在什么公司工作，他都会认为自己所从事的工作是世界上最神圣、最崇高的一项职业；无论工作的困难多么大，或是质量要求多么高，他都会始终一丝不苟、不急不躁地去完成。

当一个人对自己的工作充满激情的时候，他便会全身心地投入其中。这时候，他的自发性、创造性、专注精神等等便会在工作的过程中表现出来。

不要畏惧激情，如果有人愿意以半怜悯半轻视的语调把你称为狂热分子，那么就让他这么说吧。源源不断的激情，使你永葆青春，让你的心中永远充满阳光。让我们牢记这样的话："用你的所有，换取你工作上的满腔激情。"

为自己的负责任喝彩

随时为自己鼓掌，每个人都希望，也都需要得到别人的鼓励。日本有句格言：“如果给戴高帽，猪也会爬树。”这句话听起来似乎不雅，但说明了这样的一个道理：当一个人的才能得到他人的认可、赞扬和鼓励的时候，他就会产生一种发挥更大才能的欲望和力量。

但是，光靠别人的赞扬还不够——因为生活不光是赞扬，你碰到更多的可能是责难、讥讽、嘲笑。在这时候，你一定要学会从自我激励中激发信心，学会自己给自己鼓掌。

朱健参加工作后，他爱上了“小发明”，一下班，常常一头钻进自己房间，看哪，写呀，试验呀，常常连饭也忘了吃。为此，全家人都对他有看法。妈妈整天絮絮叨叨、没完没了地骂他“是个油瓶倒了都不扶的懒鬼”“将来连个媳妇都找不上”；他大哥就更过分了，一看到他写写画画，弄这弄那就来气，甚至拍着胸脯发誓：“这辈子，你要能搞出一个发明来，我的头朝下走路……”

值得赞叹的是，朱健在这种难堪的境遇中，始终不泄气、不自卑，而且经常自我鼓励。厂报上每登出有关他的“革新成果”，哪怕只有一个“豆腐块”“火柴盒”那么大，他都要高兴地细细品味，然后把这些介绍精心地剪贴起来，一有空闲就翻出来自我欣赏一番。在自己给自己的掌声中，朱健试验成功的“小发明”慢慢多起来，“级别”也慢慢高起来了。几年后，他的“小发明”竟然在世界上获得了大奖。

给自己鼓掌的做法，促成了朱健的成功。美国的一位心理学家说过“不会赞美自己的成功，人就激发不起向上的愿望”。是的，别小看这种“自我赞美”，它往往能给你带来欢乐和信心，信心增强了，又会鼓励你获得更大的成功，自信心也就会再度增强。试想，当初朱健要是不会“给自己鼓掌”，一听到“你要是……我就……”之类的讥笑，就垂头丧气，就看不到灿烂的前景，哪里还会有今天的成功呢？

在现实生活中，有些人缺乏信心，总是期望得到别人的掌声。一个成功人士说：“别在乎别人对你的评价，否则，反而会成为你的包袱，我从不害怕自己得不到别人的喝彩，因为我会记得随时为自己鼓掌。”

要会给自己鼓掌，通过赞美自己的一次次微小的成功，来不断增强你达到目标前的信心，从而获得成功。强化自己的事业心，也是为了检验自己的自信心。

一个年轻人去一家广告公司应聘文案策划工作。老板问他：“你以前做过这份工作吗？”年轻人说：“没有，但我有信心做好。”

“既然你没做过，信心何来？”

“以前我也是搞文化工作的，跟文案策划相近。这样吧，如果我干得不能让您满意，我一分钱不要就卷铺盖走人。”

老板同意了，并交给他一项文案创意的任务。他不敢掉以轻心，先将公司以前的成功个案借来细细揣摩，直到心里有底了才着手工作。他一边揣摩老板的意图，一边调动心中所有的灵感细胞，精心炮制，觉得无懈可击了才交给老板。结果老板只改动了几个字就通过了，同时交给他一个更加复杂的广告文案创意任务。因为有了初次成功的鼓舞，他不像第一次接任务那样拘谨了，思路活跃起来，也不再刻意迎合老板的口味，完全依照自己的感觉创作。当他把终稿交给老板时，老板仔细看了一遍，半天没吭声。年轻人心里不禁紧张起来：难道老板不满意？这时，老板吁了一口气，说：“你是这方面的天才，好好干吧！”

能为自己喝彩的人一定是强者，因为他敢于接受任何挑战，自强不息，正是这种喝彩给他们带来源源不断的动力，无悔地追求自己的理想，最终实现自己的目标。

谁都会遇到艰难坎坷、曲折磨难、痛苦彷徨、失意迷茫，甚至于失败，但这些都不可怕，可怕的是自己否定自己、自己打倒自己、自己摧毁自己！必须坚信，命运的钥匙永远掌握在自己手中，而如何灵活地使用这把钥匙开启那扇成功的大门，除执着的追求外，信念至关重要。当我们摔了跟头时，应该立即爬起来，掸掸身上的尘土，为自己鼓劲，为自己喊一声："加油！"

当我们获得一次微小的成功之后，应该敢于骄傲地对自己说："我真棒！"每当困难来临时，会自己给自己打气，用信念滋养勇气；当失败来临时，会自己给自己鼓劲，总结经验寻找新的挑战，而当机会来临时，学会为自己壮胆，用知识和智慧，创造出新的业绩。

保持最佳的精神状态

苏珊娜最近的精神状态很糟糕，她不得不去咨询心理医生。她第一次去见她的心理医生时，一开口就说：“医生，我想你是帮不了我的，我实在是个很糟糕的人，老是把工作搞得一塌糊涂，肯定会被辞掉。就在昨天，老板跟我说我要调职了，他说是升职。要是我的工作表现真的好，干吗要把我调职呢？”

可是，慢慢地，在那些泄气话背后，苏珊娜说出了她的真实景况。原来她在两年前拿了个MBA学位，有一份薪水优厚的工作。这哪能算是一事无成呢？

针对苏珊娜的情况，心理医生要她以后把想到的话记下来，尤其在晚上失眠时想到的话。在他们第二次见面时，苏珊娜写下了这样的话：“我其实并不怎么出色，我之所以能够冒出头来全是侥幸。”“明天定会大祸临头，我从没主持过会议。”“今天早上老板满脸怒容，我做错了什么呢？”

她承认说：“单在一天里，我列下了26个消极思想，难怪我经常觉得疲倦，意志消沉。”苏珊娜直到自己把忧虑和烦恼的事念出来后，才发觉自己为了一些假想的灾祸浪费了太多的精力。

很多人和苏珊娜一样，工作状态非常不好。但凡终日烦恼的人，实际上并不是遭到了多大的不幸，而是自己的内心对生活的认识存在着片面性。因此，要学会摆脱烦恼。真正聪明的人即使处在烦恼的环境中，也往往能够自己寻找快乐。

精神状态是如何影响工作的，不是任何人都清楚，但是我们都知道，没有人愿意跟一个整天提不起精神的人打交道，没有哪一个老板愿意提拔一个精神萎靡不振、牢骚满腹的员工。

比尔·盖茨说过："成功的秘诀是把工作视为游戏，这似乎就是所有成功者的工作态度。我们可以尽力找出能令我们蓬勃兴奋的事来，把许多游戏时的方式带到工作中。"

每天精神饱满地去迎接工作的挑战，以最佳的精神状态去发挥自己的才能，就能充分发掘自己的潜能。你的内心同时也会变化，变得越发有信心，别人也会越发认识你的价值。

雅诗兰黛被誉为当代"化妆品工业皇后"。她白手起家，凭着自己的聪颖及对工作和事业的高度热情，成为世界著名的市场推销专才。由她一手创办的雅诗兰黛化妆品公司，首创了卖化妆品赠礼品的推销方法，使得公司脱颖而出，走在了同行的前列。她之所以能够创造出如此辉煌的成绩，不是靠世袭，而是靠自己对待工作和事业的激情。在80岁前，她每天都能斗志昂扬、精神抖擞地工作10多个小时，其所持有的工作态度和旺盛的精力令人惊讶。退休后，她每天穿着名贵的服装，精神抖擞地周旋于名门贵妇之间，替自己的公司做无形的宣传。

如果我们也能像雅诗兰黛一样，时刻保持最佳的精神状态，我们的成就感和信心就会愈来愈强，工作也会愈来愈顺畅。当别人看到我们热情地、全力地把工作做好时，自然会有所感染。

查理·琼斯提醒我们："如果你对于自己的处境都无法感到高兴的话，那么可以肯定，就算换个处境你也照样不会快乐。"换句话说，如果你现在对于自己所拥有的事物、自己所从事的工作，或是自己的定位都无法感到高兴的话，那么就算获得你想要的事物，你还是一样不会快乐。

所以要想变得积极起来完全取决于你自己，只有善于从工作中寻找乐趣，你才能时刻以最佳的精神状态去工作。

对工作时刻保持高涨的精神状态，使得雅诗兰黛一举成名。可见，成功与一个人在工作中的良好的工作状态和高昂的斗志分不开。

工作中保持饱满的精神状态，是对工作的负责，也是敬业的一种表现。以最佳的精神状态工作不但可以提升你的工作业绩，还使你不畏艰难地完成所有高难度的工作，并且还可以给你带来许多意想不到的收获。

最佳的精神状态是你敬业心和上进心的外在表现，这正是老板期望看到的。尽管良好的精神状态不是财富，但它会给你带来财富，也会让你得到更多的成功机会。所以就算工作不尽如人意，也不要愁眉不展、无所事事，要学会掌控自己的情绪，调整自己的精神状态，全身心地投入到工作中去，让一切变得快乐起来。

<<<第十三章

负责任是真正的大智慧

偷懒和磨蹭是成功杀手

生活中随处可以看到这样的人：他们似乎只有等到别人强迫他们工作时，才会去工作。但他们对于自己的学识和才能却仿佛一无所知。他们从来没有真正考虑过，自己体内到底有多少智力与体能，遇到任何事情，他们似乎都是以敷衍的态度，用极少的精力做漫不经心的处理。他们似乎情愿永生永世待在山谷里，也不肯用力气、花心思向山上攀登，不肯下决心爬上山巅，把广袤的世界看个清楚。

一个人的进取与成才，外部因素固然重要，但更重要的是自身的勤奋与努力。勤奋工作既是一种能力和克己的训练，同时也是人类的老师。勤奋工作能激活人内在的激情，能使人增长才干、热爱人生。

不管是谁，如果遇到事情不肯振作精神、不以热忱的态度、不使出全身的力气、不深切地感到长此以往自己前途的可悲，那他绝对不会做出什么事业来。世界上的各种伟大事业没有一件是只想“填饱肚子”的人，或者“得过且过”的人干成的。做成这些大事业的，都是那些意志坚定、不畏艰苦、勤奋敬业的人。

在一般人的眼里，汉夫雷·戴维肯定算不上命运的宠儿。由于出身贫寒，他接受教育和获得科学知识的机会都很有限。然而，他是一个有着真正勤奋刻苦精神的小伙子。当他在药店工作时，他甚至把旧的平底锅、烧水壶和各种各样的瓶子都用来做实验，锲而不舍地追求着科学和真理。后来，他以电化学创始人的身份出任英国皇家学会的会长。

年轻的约翰·沃纳梅克每天都要徒步4英里到费城，去那里的一家书店打工，每周的报酬是1.25美元，但他勤奋刻苦的精神让人感动。后来，他又转到一家制衣店工作，每周多加了25美分的工资。从这样的一个起点开始，他勤奋刻苦地工作，不断地向上攀登，最终成为美国最大的商人之一。1889年，他被哈里森总统任命为邮政总局局长。

要想在这个时代脱颖而出，你就必须付出比以往任何时代更多的勤奋和努力，拥有积极进取、奋发向上的决心，否则你只能由平凡转为平庸，最后变成一个毫无价值和没有出路的人。

勤奋刻苦是对敬业的最好注解。要做一个好的员工，你就要像那些石匠一样，一次次地挥舞铁锤，试图把石头劈开。也许100次的努力和辛勤的捶打都不会有什么明显的结果，但最后的一击，石头终会裂开的。成功的那一刻，正是你前面不停刻苦的结果。

为了达到更好、更大的工作成就，加薪也好，提升也罢，你必须不断地奋斗，而勤奋刻苦地训练专业技能尤其必要。如果你是有志于出色的人，每天都应该把这个问题在自己的心中问上几遍："我勤奋吗？"

勤奋敬业的精神是走向成功的坚实的基础，它更像一个助推器，把你自己推到上司面前。如果有一天你得到了升迁，你应该自豪地对自己说："这都是我刻苦努力的结果。"

赵国峰，河北开滦矿务局唐山矿的一名普通矿工。他就像一块煤，一块正熊熊燃烧的煤，心甘情愿地燃烧着自己，给别人带去温暖。他28年如一日坚持在井下采煤，攻克了一个又一个技术难题，谱写了一曲又一曲人生赞歌。

一个人的能力总是有限的，但下面一组数字真实地记录了一个新型矿工的无私奉献：赵国峰在井下工作28年，28个春节都是在井下采煤岗位上度过的。28年中，他每天坚持提前一小时下井，测量技术数据，做好开工准备，奉献工时达15851个。28年中，为技术攻关、技术革新、研究创造先进操作法，他奉献在岗位上的轮休日、节假日达726天。28年中，他奉献的工作日仅按一般效率的采煤司机计算，也为国家为企业多出煤27.46万吨，能装满载重60吨的车皮4500多节，可在铁路上排出60多公里。

赵国峰所在的唐山矿是个百年老矿，地质条件复杂。“边角余煤”在储量中占有很大比重，开采这些煤只能用工艺落后的“落垛式采煤”或“分层采煤”，不仅劳动强度大、生产效率低、成本投入高、资源回收率低，也造成质量难控制、安全生产无保证。要是丢掉不采，不仅是浪费了资源，而且缩短了矿井的寿命。但是继续采下去投入大，产出少，就会危及企业的生存。虽然“轻型放顶煤采煤新工艺”及其设备的问世为解决这一课题带来了一线希望，但当时并没有成功的经验可供借鉴。关键时刻赵国峰挺身而出，决定背水一战。

在工作面推进中，底板下山角度突然加大，会出现影响生产安全和生产进度的问题。为攻下这个难关，赵国峰每天连上两个班，边操作边画图，研究解决办法，累得在井下发起高烧。工友们强行把他送到医院，一量体温39.5摄氏度，大夫立即给他打上了点滴。一觉醒来，高烧略退，他猛地坐起来，趁护士不在，自己偷偷拔掉输液针，赶到矿内，换上工作服又下了井。最后他用“台阶式推采法”解决了下山角度大的难题。赵国峰心里总是装着这样一组公式：大干苦干是加法，巧干创新是乘法，传思想、传作风、传技术，影响和带动大家一起干那是“乘方”。

赵国峰在勇闯采煤技术难关的同时，还不断地学习文化知识，提高自身的技术素质。他熟练地掌握了采煤工作面每个工种的操作技能，持有每个工种的操作合格证，成为一名一专多能的高水平技术工人、全矿享受很高名望和影响的“土专家”。

我们经常听到那些成功大师侃侃而谈，却常常忽视他们默默无闻的“耕耘”。其实成功是一种努力的积累，不论何种行业，要想攀上高峰，通常都需要经过漫长的努力和精心的规划。

勤奋工作的习惯就是成功的点金术。而那些出类拔萃的人物、那些将勤奋的准则奉为金科玉律的人，将使整个人类因他们的工作而受益。再也没有什么比偷懒和做事磨蹭更能阻碍一个人成功的了——它会分散一个人的精力、磨灭一个人的雄心，使我们只能被动地接受命运的安排，而不是主动地去主宰自己的生活。

登顶人士的共同特点

一位哲人曾经说过："世界上能登上金字塔顶的生物只有两种：一种是鹰，一种是蜗牛。不管是天资奇佳的鹰，还是资质平庸的蜗牛，能登上塔尖，极目四望，俯视万里，都离不开两个字——勤奋。"

在职场上，常常有这样的员工，他们认为只要把自己的本职工作干好就行了。对于老板安排的额外的工作，不是抱怨，就是不主动去做。这样的员工，自然不会获得升职加薪的机会。

在柯金斯担任福特汽车公司总经理时，有一天晚上，公司里因有十分紧急的事，要发通告信给所有的营业处，所以，需要全体员工协助。不料，当柯金斯安排一个做书记员的下属去帮忙套信封时，那个年轻的职员傲慢地说："这不是我的工作，我不干！我到公司里来不是做套信封工作的。"

听了这话，柯金斯一下就愤怒了，但他仍平静地说："既然这件事不是你的分内的事，那就请你另谋高就吧！"

任何一个人要想纵横职场，取得成功，除了尽心尽力做好本职工作以外，还要每天多做一些分外的工作。这样，可以让你时刻保持斗志，在工作中不断地锻炼自己、充实自己。当然，分外的工作，也会让你拥有更多的表演舞台，让你把自己的才华适时地表现出来，引起别人的注意，得到老板的重视和认同。

洛·道尼斯最初为杜兰特工作时，职务很低。但是，他在工作之初便注意到，每天下班后，杜兰特先生仍然会留下来在办公室里继续工作到很晚。因此，他也决定下班后留在办公室里。虽然没有人要求他这样做，但是，他认为自己应该留下来，在需要时，为杜兰特先生提供一些帮助。

杜兰特先生经常找文件，打印材料，最初这些工作都是他亲自做的。后来，他发现道尼斯在办公室里，便招呼他过来帮忙，并养成了习惯。

现在，道尼斯已经成为杜兰特先生的左膀右臂，担任其下属一家公司的总经理，他之所以能如此快速地升迁，就在于每天驱策自己多做些工作。也就是说，他在遵从多1盎司定律工作。

事实上，许多人能获得事业上的成功，就在于他们比别人多做了那么一点。基于这样的认识，著名投资专家约翰·坦普尔顿通过大量的观察研究，得出一条很重要的原理——多1盎司定律。他指出，取得突出成就的人与取得中等成就的人几乎做了同样多的工作，他们所做出的努力差别很小——只是“多1盎司”。但其结果，所取得的成就及成就的实质内容方面，经常有天壤之别。

有几十种甚至更多的理由可以解释，你为什么应该养成“每天多做一点”的好习惯——尽管事实上很少有人这样做。其中两个原因是最主要的：

第一，在建立了“每天多做一点”的好习惯之后，与四周那些尚未养成这种习惯的人相比，你已经具有了优势。这种习惯使你无论从事什么行业，都会有更多的人指名道姓地要求你提供服务。

第二，如果你希望将自己的右臂锻炼得更强壮，唯一的途径就是利用它来做最艰苦的工作。相反，如果长期不使用你的右臂，让它养尊处优，其结果就是使它变得更虚弱甚至萎缩。

身处困境而拼搏能够产生巨大的力量，这是人生永恒不变的法则。如果你能比分内的工作多做一点，那么，不仅能彰显自己勤奋的美德，而且能发展一种超凡的技巧与能力，使自己具有更强大的生存力量，从而摆脱困境。

在我们的工作生活中，也有一些人，对于领导安排的工作不是想方设法地把工作做好，更没有想到做好工作是自己的本分，而应付领导的安排，甚至敷衍了事，还自以为聪明，往往去笑话其他认真工作的同事，却没有想到最终被淘汰的反倒是自己。

生活中那些充满乐观精神、积极向上的人，他们总有一股使不完的劲，神情专注，心情愉快，并且主动找事做，期望事业越做越大。

哲人说：天才等于99%的汗水加上1%的勤奋。无论什么时候，实干都是一种积极的人生态度，只有实实在在地付出汗水，才会获得真正幸福的人生。

二战期间，在战斗最激烈的时候，丘吉尔曾向全国人民宣告：我从来没有说战争是容易的！这场大战必须靠大家的冒险、流血和拼命才能获胜！但是我向你们保证：我们一定会胜利的。

在职场的风雨中，我们只有具有对风吹雨打的抵抗力，才能让自己立稳脚跟。正如山崖上的松柏，经过无数暴风雪的洗礼，终于长成铁一样坚固的树干。

一个人若不敢向命运挑战，不敢在生活中开创自己的天地，命运给予他的也许仅是一个枯井，举目所见将只是蛛网和尘埃，充耳所闻的也只是唧唧虫鸣。

所以，成功需要付出，希望需要靠汗水来实现，人生需要实干来铸就。

在美国，有无数感人肺腑、催人奋进的故事，主人公心怀大志，尽管出身卑微，充满艰难险阻，但他们以顽强的意志，努力奋斗，锲而不舍，最终获得了成功。林肯就是其中的一位。

幼年时代，林肯住在一所极其简陋的茅草屋里，没有窗户，也没有地板，以现代人的居住标准来看，他无异于生活在荒郊野外。但是他并没放弃学习和希望，为了这一点点希望，他流再多的汗水也不会后悔。当时他的住所离学校非常远，一些生活必需品相当缺乏，更谈不上可供阅读的报纸和书籍了。然而，就是在这种情况下，他每天还持之以恒地走二三十里路去上学。为了能弄到几本参考书，他不惜徒步一二百里路。晚上，他只能靠着木柴燃烧发出的微弱火光来阅读……

众所周知，林肯只受过一年的学校教育，成长于艰苦的环境中，但他努力奋斗、自强不息，最终成为美国历史上几个伟大的总统之一。

任何人都要经过不懈努力才可能有所收获。世界上没有机缘巧合的事存在，努力奋斗是唯一正确的选择。

作为企业家，爱迪生是实干型的。23岁时他办工厂，招募了一批工程师、工匠，层出不穷地推出各种电气发明。这些人都热爱自己的工作，迷恋自己充满创造力的头脑和双手，都是工作狂。而爱迪生是“总工作狂”，他每天的睡眠时间不到4个小时。他的办公桌就在车间一角，每当取得一项工作突破，他就站起来，跳起非洲大陆的原始舞，嘴里还念念叨叨：“这么简单的解决办法，之前怎么没想到。”这已经成了一种标志、一种信号，工人一看到老板跳舞，就围过来，他们知道又有新鲜事可做了。订单像雪片一样飞来，在不断增加人手的情况下还要日夜开工。工人们没有抱怨，共同的兴趣在他们和爱迪生之间建立了友谊，何况这个不吝惜金钱的老板经常用金钱奖励他们。

很多人心存这样的想法：人人都在命运之神的掌握之中，所以，只要等待好运降临就行了。这是一个可怕的念头，对人的天赋、智慧、品格祸害最大的莫过于此。

要鼓起勇气，拿出力量，采取行动，要经常对自己说：“我要完成它！”以这种态度做事，没有不成功的道理。

俗话说：“一滴汗水三粒粮，万滴汗珠谷满仓。”对一分希望的追求，需要我们不辞辛劳，付出十分的汗水，用汗水荡涤之后的充实同生活的恶魔做斗争，从而让我们在生命的荆棘中，窥见希望的光芒。

成功者都有一个共同的特点

古罗马有两座圣殿：一座是勤奋的圣殿，另一座是荣誉的圣殿。他们在安排座位时有一个次序，就是必须经过前者，才能达到后者。勤奋是通往荣誉的必经之路，那些试图绕过勤奋去寻找荣誉的人，总是被荣誉拒之门外。

成功者都有一个共同的特点——勤奋。在这个世界上，投机取巧永远无法成功，偷懒更是永远没有出头之日。

在特罗洛普刚刚从事写作的时候，一个作家的建议使他受益终生，后来，他又把这句话送给了罗伯特·布坎南。他说："如果你想成为名垂千古的作家，在坐下来写作之前，先放一点鞋匠的粘胶在椅子上，有这样的创作精神才有希望成功。"

英国画家雷诺兹对天才曾经有过这样的阐释："天才除了全身心地专注于自己的目标，工作非常努力以外，与常人并无两样。"罗斯金则说："当听到年轻人对天才羡慕不已、推崇之至时，我常会问他这个问题：'天才勤奋工作吗？'我关注的是这两个词的差别——'应付差事'与'勤奋工作'。"

赖斯小时候，她的父母经常告诫她："如果你愿意付出4倍的辛劳，就可以跟白人并驾齐驱。如果你能够付出8倍的辛劳，就一定能赶到白人的前头。"赖斯付出超过他人8倍的辛劳，数十年如一日，努力学习，考进了美国名校哈佛大学并获得博士学位。26岁时成为斯坦福大学最年轻的女教授，随后还出任了这所大学最年轻的教务长。最终，她成为美国历史上第一位黑人女国务卿。当有人问起她成功的秘诀时，她说："因为我付出了8倍的努力！"

亨利·福特从一所普通的大学毕业之后，便开始四处奔波求职，但均以失败告终。这并没有打击福特对生活的希望，他依旧信心十足、自强不息、永不气馁。为了找一份好工作，为了这一点点希望，他仍然四处奔走。为了拥有一间安静、宽敞的实验室，他和妻子经常搬家。短短的几年时间里，夫妻俩到底搬过几次家连他们自己也说不清了，但他们乐此不疲。因为每一次搬迁，夫妇俩都有新的收获。贫困和挫折不仅磨炼了福特夫妇坚韧的性格，也锻炼了他们的耐力和恒心，更使他们有机会熟悉社会、了解人生，为未来新的冲刺做好了思想和技术的准备。尽管贫困和挫折给他增添了不少的麻烦，但为了理想福特依然勤奋努力着，依然奋力拼搏着。功夫不负有心人，福特自强不息的精神和勇往直前的打拼终于到了收获的季节。他应聘到爱迪生照明公司主发电站负责修理蒸汽引擎，福特最终实现了自己的心愿。

鲁迅说："哪里有天才，我是把别人喝咖啡的时间都用到工作上了。"只有你的心在工作上，就一定能挤出时间来学习，并不断改善自己的工作。

卡尔森是卡尔森企业集团的老板，名下有全世界最大的旅行社以及瑞森大饭店。《福布斯》杂志估计他的财产近5亿美元。卡尔森是勤奋致富的典范，他是个从推着自行车卖奖券开始，一直做到全国首屈一指的大富豪的传奇人物。卡尔森认为，每周只工作40小时的人，不会有太大的出息，他的工作哲学是："星期一到星期五是在保持竞争力不落人后，星期六与星期日拿来超越他人。"

在一次大型演讲会上，台下数千人静静地等待着日本推销之神原一平的到来，想听他的成功秘诀，等了10分钟之后，原一平终于来了。他走向讲台，坐在椅子上一句话也不说，半个小时后，有人等不住了，陆陆续续离开会场。1个小时后，原一平仍然一句话也不说，这时，会场上大部分人都走了，最后只剩下十几个人。这时，原一平说话了，他说："你们是一群忍耐力最好的人，我要与你们分享我成功的秘诀，但不能在这里说，要去我住的宾馆。”到了原一平的房间后，他脱掉外套，脱掉鞋子，坐在床上，把袜子脱了，然后把脚板亮给那十几个人看。人们看到原一平的双脚布满了老茧，一共有3层。原一平说：“这就是我成功的秘诀，我的成功是我勤奋跑出来的。”

成功的人，未必都很完美，也未必都很快乐，但他们有一种特质是常人所没有的，那就是勤奋。如果你想让自己成为老板眼中最优秀的员工，就要让自己形成勤奋工作的习惯。有人反对为了成功而把自己变成工作狂，工作狂的确会使人生变得无趣，但大部分人必须先成为工作狂，然后才能创出成功的事业。

工作既是员工为企业和社会创造效益、获取报酬的方式，也是展现自我才华、创造社会价值的机会和舞台。不仅如此，工作还是我们生活的组成部分，而且是核心部分，是我们追求美好生活的过程和内容。

勤奋表面看起来有益于公司和老板，但最终的受益者却是自己。当勤奋变成一种习惯时，我们就能够从中领悟到更多的道理、积累更多的经验，从全身心地投入工作的过程中获得更多的成功。

要想把自己变成一个勤奋的人，就需要从以下几个方面努力：

首先，牢记自己的梦想。只有给自己一个奋斗的理由，你才能坚定信心，锲而不舍。有太多的人只为工作而工作，或只为薪水而工作，所以他们往往会把工作当成一项讨厌的责任，或者是惩罚，这种思想注定了他们只会偷懒和拖拉。而如果你把它当成实现梦想的阶梯，每上一个阶梯，就会离梦想更近一点，你还会那么痛苦吗？

其次，学会用心工作。很多老资格的公司职员习惯于只用手工作，因为这些工作他们已经很熟悉了，闭着眼睛都能做好。然而只用手工作会使人们把10年当作1天来过，10年以后，他们只掌握了一种工作方法。也就是说，10年来他们在自己的工作上没有任何进步，这对于处在人才竞争日益激烈环境的现代人来说，无疑是十分糟糕的。勤奋工作不仅是要尽善尽美地完成工作，还必须用你的眼睛去发现问题，用你的耳朵去倾听建议，用你的大脑去思考、去学习，把10年真正当作10年来过，那么10年之后你所具备的才能还愁不被老板赏识吗？勤奋工作不是机械地工作，而是用心在工作中学习知识、总结经验。在上班时间不能完成工作而加班加点，那不是勤奋，而是不具备在规定时间里完成工作的能力，是低效率的表现。

再次，自己奖励自己。勤奋总与“苦”和“累”联系在一起，如果长期处于苦和累的环境中，你可能会厌倦，甚至放弃。所以，适时地奖励一下自己是非常重要的。当自己掌握了一种好的处理工作的方法，或工作效率提高了1个小时时，不妨去看一场向往已久的演出，或者只是为自己准备一顿丰盛的晚餐。这样的奖励往往会刺激你更加努力地工作。

勤奋并不是要你一刻不停地干，把自己弄得筋疲力尽只会导致低效率。所以，工作累了的时候不妨花上几分钟的时间放松一下，给自己紧张的大脑“换换挡”。

最后，成功之后还要继续努力。勤奋通向成功，而成功很可能会成为勤奋的坟墓。有一项调查表明，诺贝尔奖的获得者获奖之后的成就、论文篇数等远不及其获奖前的一半。

成功之后就不再努力的例子并不鲜见。很多人在凭借着勤奋努力终于被上司所提拔和重用之后，就觉得应该放松一下了——作为自己前段时间辛苦工作的补偿，结果又回到原来的那种好逸恶劳、不求上进的生活状态中去了。请记住萧伯纳的名言：“人生有两出悲剧，一是万念俱灰，二是踌躇满志。”这两种悲剧，都会导致勤奋努力的中止。在取得了一个小目标的成功之后，要重申自己的大目标，告诉自己还有更加美好的前途在等着自己，使自己重新振作，继续勤奋，永不满足。

在职场中永立不倒的英雄所凭借的绝不是安逸中的空想，而是踉跄中的执着、重压下的勇敢、逆境中的自信、艰苦中的勤勉和奋发，是在任何环境中的扎实工作和锲而不舍的求知精神。这是他们成功的秘诀，也是所有想成功的人必须具备的崇高美德。

“做正确的事”远比“正确地做事”更重要

管理大师彼得·德鲁克曾在《有效的管理者》一书中简明扼要地指出：“效率是‘以正确的方式做事’，而效能是‘做正确的事’。效率和效能不应偏废，但这并不意味着效率和效能具有同样的重要性。我们当然希望同时提高效率和效能，但在效率与效能无法兼得时，我们首先应着眼于效能，然后再设法提高效率。”

在这段论述中，彼得·德鲁克提出了两组并列的概念：效率和效能，正确地做事和做正确的事。在现实生活中，无论是企业的商业行为，还是个人的工作方法，人们关注的重点往往都在前者：效率和正确地做事。但实际上，第一重要的却是效能而非效率，是做正确的事，而非正确地做事。正如彼得·德鲁克所说：“对企业而言，不可缺少的是效能，而非效率。”

“正确地做事”强调的是效率，其结果是确保我们的工作在坚实地朝着自己的目标迈进。换句话说，效率重视的是做一件事的最好方法，而效能则重视时间的最佳利用——这包括做或是不做某一项工作。

“正确地做事”与“做正确的事”有着本质的区别。“正确地做事”是以“做正确的事”为前提的，如果没有这样的前提，“正确地做事”将变得毫无意义。首先要做正确的事，然后才存在正确地做事。试想，在一个工业企业里，员工在生产线上，按照要求生产产品，其质量、操作行为都达到了标准，他是在正确地做事。但是如果这个产品根本就没有买主、没有用户，这就不是在做正确的事。这时，无论他做事的方式、方法多么正确，其结果都是徒劳无益的。

正确地做事，更要做正确的事，这不仅仅是一个重要的工作方法，更是一种重要的工作理念。任何时候，对于任何人或者组织而言，“做正确的事”远比“正确地做事”重要。对企业的生存和发展而言，“做正确的事”是由企业战略来解决的，“正确地做事”则是执行任务。如果做的是正确的事，即使执行中有一些偏差，其结果可能不会致命；但如果做的事是错误的事情，即使执行得完美无缺，其结果对于企业来说也肯定是灾难。

对企业而言，倡导“正确做事”的工作方法和培养“正确做事”的人，与倡导“做正确的事”的工作方法和培养“做正确的事”的人，其产生的效果是截然不同的。前者是保守的、被动的，而后者是进取创新的、主动的。

保证工作高效能，我们要正确地做事，更要做正确的事。如何能够做到，有以下几点建议：

1.找出“正确的事”

工作的过程就是解决一个个问题的过程。有时候，一个问题会摆到你的面前让你去解决，问题本身已经相当清楚，解决问题的办法也很清楚，但是，不管你朝哪个方向，想先从哪个地方下手，正确的工作方法只能是：在此之前，请你确保自己正在解决的是正确的问题——很有可能，它并不是先前交给你的那个问题。

2.开始时就心怀最终目标

每一件事和每一项工作都会有其特定的最好结果，这个最好结果就是我们做一件事和一项工作所期望达到的最终目标。在开始做事之前，只要明确地记住最终目标，就能肯定，不管哪一天干哪一件事都不会违背你为之确定的最重要的标准，你做的每一件事都会为这个最终结果而奋斗。

如果没有目标，就不可能有切实的行动，更不可能获得实际的结果。高效能人士最明显的特征就是，他们往往在做事之前，清楚地知道自己要达到一个什么样的目的，清楚为了达到这样的目的，哪些事是必须要做的，哪些事往往看起来必不可少，其实是无足轻重的。他们总是在一开始时就怀有最终目标，因而总是能事半功倍，能卓越而高效。

3.有效过滤信息

工作中我们经常会被铺天盖地的电子邮件搞得疲惫不堪，更可怕的是，它们常常会分散我们工作的注意力，为我们做正确的事带来很大的干扰，为此，我们应该学会如何有效过滤次要信息，将自己的注意力集中在最重要的信息上。正确的过滤流程分为两个步骤：第一步是先看信件主旨和寄件人，如果没有让自己觉得今天非看不可的理由，就可将其删除。这样至少可以删除50%的邮件。第二步开始迅速浏览其余的每一封信件的内容，除非信件内容是有关近期内(例如两星期内)必须完成的工作，否则就可以直接删除。这样又可以再删除25%的信件。

4.善用沟通的力量

沟通在提高工作效率中有着十分重要的作用，例如，工作中你可能会出现："手边的工作都已经做不完了，又丢给我一堆工作，实在是没道理。"这时候如果你保持沉默，很可能会给老板留下办事不力的印象，所以，如果你的工作中出现了这种情况，你不可以保持沉默，而应该主动沟通，清楚地向老板说明你的工作安排，并认真聆听老板的意见，这样可大幅减轻你的工作负担。工作中，我们应该时刻提醒自己，与老板的沟通是否充分，我们有没有适当地反映真实情况，如果我们不说出来，老板就会以为有时间做这么多的事情。

5.学会说"不"

一个人要做正确的事，就应当学会说"不"，不能让额外的要求扰乱自己的工作进度。对于许多人来说，拒绝别人的要求似乎是一件很难的事情。拒绝的技巧是非常重要的职场沟通能力。在决定你该不该答应对方的要求时，应该先问问自己：“我想做什么？或是不想做什么？什么对我才是最好的？”在做决定时我们必须考虑，如果答应了对方的要求是否会影响既有的工作进度，会不会因为我们的拖延而影响到其他人？如果答应了，是否真的可以达到对方要求的目标？

第十四章

不负责，无专业

负责促使专业提升

一天，克尔姆城里的补鞋匠把一个顾客杀了。于是，他被带上了法庭，法官宣判处以绞刑。判决宣布之后，一个市民站起来大声说：“尊敬的法官，被你宣判死刑的是城里的补鞋匠！我们只有他这么一个补鞋匠，如果你把他绞死，谁来为我们补鞋？”

克尔姆城的市民这时也异口同声地呼吁。法官赞同地点了点头，重新进行了判决。“克尔姆的公民们，”他说，“你们说得对，由于我们只有一个补鞋匠，处死他对大家都不利。城里有两个盖房顶的，就让他们其中的一个替他去死吧！”

这个笑话从一个侧面说明了“不可替代”的重要性。当然，我们要做到不可替代不可能凭借“只有一个”的先天优势，而应该通过精业来让自己“无可替代”。现代社会的竞争形势十分激烈，如果你不能在某一专业上做到熟练地掌握专业技能，实现人生价值的目的就无从谈起，还会是一个遭受淘汰的人。

你的专业技能是否在同行业中居于前列？也许你会说“我的工作普通得不能再普通了，没有人会尊重也没有人注意到从事这一工作的人，我没有必要花费大量的时间和精力研究它，更没有理由去费尽心机地提高自己的技能，只要能拿到工资就行了”。

这是不行的，你永远不能这么想。更不能因此而敷衍自己的工作。

在迷茫之后考虑选择了某一行业，就不要轻易改变自己的选择，许多人由于对自己的人生还不确定，常常三心二意，不知道自己将来要做什么。如果你一直不停地变换工作，你在任何行业都将永远是一个新手，你也根本没有时间和精力专心下来提高自身的专业素质，这样你将面临被淘汰的危险。

马克思曾讲过一个哲学家和船夫的故事：

一个哲学家与一个船夫之间正在进行一场对话。哲学家问船夫："你懂哲学吗？"船夫回答："不懂。""那你至少失去了一半的生命。"哲学家叹息地说道，接着又问；"你懂教学吗？"船夫依然回答"不懂"。这时哲学家使用一种非常怜悯的语气："那你失去80%的生命。"

说时迟那时快，一个巨浪把船打翻了，哲学家和船夫都掉到了水里。看着哲学家在水中胡乱挣扎，船夫问哲学家："你会游泳吗？""……不……会……""哦，那你可就失去了100%的生命了。"船夫看着在河里扑腾的哲学家说。

从这个故事中可以看出不管你的理论知识如何，不管你学历高低，最要紧的是你的技能，你的动手能力。专业技能是你老板雇用你的重要依据之一。老板是不会雇用故事中的那个哲学家的，他不是对公司有用的人。老板会雇用船夫，因为他至少还可以摆渡，对公司来讲是一个有用的人。

在这里，有一个关于两个苹果的故事。主角凯利是巴黎一家大酒店餐饮部的一名小厨师，他没有特长，做不出一道像样的大菜，只能在厨房当下手。他憨憨的，谁都可以说他两句。经济低迷时期，酒店年年要裁去一定比例的员工，照理凯利应该也是要被裁去的，但他会做一道特别的甜点：将两个苹果的果肉放入一个苹果中，使苹果显得特别丰满，而从外表上一点也看不出是两个苹果拼成的，果核巧妙地被去掉了，吃起来特别香。

一次，这道甜点被一名贵夫人发现，贵夫人是该酒店最重要的客人，她长期包租一套酒店最昂贵的套房，她十分喜爱凯利的甜点，并接见了他。从此，贵夫人每次来酒店，都不会忘了点那道甜点，所以每次酒店裁员，不起眼的凯利总是风平浪静；而他，可爱的凯利，也由此成为酒店老板眼中最重要的员工。

无论在何种岗位上，都要努力提升自己的专业技能，使自己成为那个不可或缺的人。我们在平时工作之余，不妨问问自己：我是不是这里不可或缺的人？在这个组织里我有什么安身立命的资本？如果回答不是特别肯定的话，那我们就要加油，赶快给自己充电、回炉，赶快学会做“那道特别的甜点”的本领。当别人有的资源你不缺，而你有的资源别人又没有，你就有了安身立命的资本。

不要再把时间浪费在慨叹命运对自己的不公上，也不要再抱怨老板的吝啬和不通人情。要明白你的收获由你的付出决定，公司的发展需要你的努力，公司的进步要靠每一位员工的成长来推动。你只有不断提高专业技能才能为公司的发展创造契机，才能成为公司真正需要的员工。

正如一位企业家在为自己的新员工做培训时所讲的那样：“比其他事情更重要的是，你们需要知道怎样将一件事情做好；与其他有能力做好这件事的人相比，如果你能做得更好，那么，你将永远不会失业。”

请你抱着这样的心态去不断提高你的专业技能。只有这样才能赢得老板的信任，赢得一片属于自己的天空。

责任心：干一行，爱一行，通一行

无论从事什么职业，都应该精通它。下决心掌握自己职业领域内的所有问题，使自己变得比他人更精通。精通自己的全部业务，就能赢得良好的声誉，也就拥有了一种潜在的成功秘密武器。

中铁一局电务公司高级技师窦铁成只有初中学历，自学掌握了大量电力学知识，记下了60余本、百万余字的工作学习日记。工作28年间，他提出实施设计变更6次，解决技术难题52个，排除送电运行故障310次，为企业挽回经济损失及节约成本1380万元，被工友们称为“电力专家”。

1979年，23岁的窦铁成步入了中铁一局电务公司电力工人的行列。他暗暗发誓：一定要当一名好电工。

1980年9月，窦铁成以优异的成绩考取了中铁局电力技术培训班。仅仅用了一年的时间，窦铁成就成了一名熟练的电力工人。窦铁成自学了《钣金工艺》《钳工技术》《机械制图》等与电力相关的专业书籍。为当一名知识渊博、技能高超的合格电力工人，窦铁成又开始自学与电力相关的书籍，如《高等数学》《电磁学》《电子技术》《电机学》等。

他虽是一名普通的电力工，却凭借丰富的实践经验和高超技能，28年间，负责安装的铁路变配电所38个，全部一次性验收通过，一次性送电成功，全部获评优质工程。他对进口设备设计合理性大胆提出了质疑，成功排除了变压器故障，让法国专家惊叹不已：“中国工人了不起！”陕西省电力工技能大赛，窦铁成带出的高徒包揽了全省前三名，获团体冠军。28年间，他为企业培训青工、大中专生180人，将知识与技能毫无保留地传授给了三百多名工友；培养的徒弟35人成为技师、5人为高级技师，被大家尊称为“工人教授”。

追寻窦铁成成长的轨迹，不断更新知识、追赶时代、刻苦钻研是他的显著特征。只有初中功底，要读懂弄通大学课程，其艰辛令人难以想象。他从未放松过对电力新知识的追求，以只争朝夕的精神，在知识海洋中孜孜以求，完成了由实干型、技能型向知识型工人的跨越。

业务水平的高低直接关系着我们的服务、产品、工作质量，同时也关系着集体和个人利益。要做一个拉着企业奔跑的人，就必须做到“精业”，对自己所从事的事业精益求精，刻苦钻研业务知识，让自己成为公司的“专家员工”。

一位智者曾经说过，如果你能真正制好一枚曲别针，比你制造一架粗陋的蒸汽机挣得更多。业务水平的高低不仅直接关系到我们的工作质量和企业命运，和我们个人的利益也密切相关。

王洪军1990年进一汽大众，在焊装车间做钣金整修工。钣金整修工作技术含量非常高，最初，公司的钣金整修主要是由4个德国专家负责，中方员工打下手，递递工具，干点小活。王洪军一边打下手，一边练“手”。

他跑图书馆翻阅相关资料，到书店买专业书，自学热处理、机械制图、金属工艺等专业知识，对照书本反复操练，经过几个月苦练，终于修好了一台车。德国专家把王洪军修的“白车身”切割成一条一条，分段进行检测，还专门到质保部用仪器全面检测，发现钢板厚度、结构尺寸等完全符合标准。

钣金整修工具原来都从德国进口，价格高、订货周期长，有时品种还不全，有些缺陷根本就无法修复。王洪军就琢磨自己做工具，先后制作了Z型钩、T型钩、打板、多功能拔坑器等整修工具40多种2000多件，满足了各种车型各类缺陷的修复要求。王洪军在发明制作工具的同时，着手总结快捷有效的钣金整修方法，创造出了47项123种非常实用又简捷的轿车车身钣金整修方法——“王洪军轿车快速表面修复法”。

2002年8月，公司销售服务站接到郑州用户的求援电话，有170多台车被特大冰雹砸坏。全国好多地方请去的钣金专家都束手无策，都说不做腻子无法修复，而打腻子就会影响汽车使用寿命。大众公司为解决用户燃眉之急，派王洪军组成6人抢修小分队赶赴郑州。靠着他们的钣金绝技，没用添加剂，没打腻子，仅用18天就完成了178台受灾车的整修工作。

大众公司从德国进口一批新车身，有1700多台“白车身”的后门锁处存在表面缺陷。这一位置属于三层板，有死点，有弧度，很难修理。外国专家认为中国人无法修复，建议聘请国际知名的荷兰专家，但每台修理费用需2700元。王洪军主动请缨，带领他的“千手观音”团队，连夜翻阅资料，一个方案一个方案地推敲，并先在报废车上反复试验后，终于找到了解决方法。结果只用近一个月时间，1700多台“白车身”就全部修复合格，不仅为企业节约资金近500万元，更为新车顺利投产立下了头功。

王洪军发明了一套系统的“王洪军轿车钣金快速修复法”，并以此荣获国家科技进步二等奖，成为登上国家最高科技领奖台的全国一线工人第一人。他练就了一身过硬的汽车钣金整修功夫，在这个技术要求越来越高的行当上没有他啃不下的骨头，行内人称“千手观音”。王洪军荣获国家科技进步二等奖，与他拥有“钣金整修”的功夫是分不开的。他的故事也告诉我们：无论从事什么职业，都应该精通它；无论拥有什么技能，都应该打造自己的一项核心技能，让自己成为行家里手。

要做一个新时期高素质的员工，就必须做到敬业，干一行，爱一行，通一行，对自己所从事的事业要精益求精，刻苦钻研业务知识，争做本行业的尖兵。

除非你是实在厌恶了某个行业，否则最好不要轻易转行。因为这样会让你中断学习，减低效果。广泛摄取这一行业中的各种知识，真正做到“爱一行，干一行，通一行”。

“刚进入一个新的行业，别人在走，而你一定要大步跑。追上了才能从容，才能变着花样走后面的路。”季清这样说道。

十多年的积累，季清直到今天也不敢有一丝放松，现在她已经做到一个大区销售经理了。季清现在更加要求自己多去看其他行业客户的业内信息，为了能让客户感觉到“你不光在卖给他东西，他还能从你这里获得启发和灵感。我喜欢学习，所有新鲜的东西我都不觉得枯燥”。

季清说：“任何时刻都要有提高专业知识的意识，自己多下功夫也是一样的，‘忙’绝对不是理由。”季清说追上了才能从容，只有使自己变得专业才能拉开追逐的距离。

只有专家才是赢家，只有内行才能发展。研究表明，专家的成功率是通才的100倍。经济社会的发展对人才提出了更高的要求，要得到用人单位的垂青，必须要有过硬的本领，真正拥有“绝活”。那些文化水平低、无技能，只能从事重体力劳动或简单劳动的人，已不能满足社会分工越来越细的要求，更不能满足现代企业对科技、知识型人才的要求。学到了一技之长的技能型人才，恰恰顺应了市场的需要，虽然没有很高的文凭，但他们对企业的发展同样是极其重要的，而且是高学历人才所不能替代的。

程水根作为矿工，他从事矿山最危险、最艰苦的工种——井下打眼。他家住农村，上班来回要跑20多公里，但他月月都是满勤。1996年他出勤295天，出勤率竟高达111.7%。他从1988年到1997年，共打深孔进尺17743.6米；按部颁标准75米/月、900米/年计算，9年里他干了19年零7个月的活，累计超产9693.6米。

铜官山是新中国第一代采选联合企业，程水根所在的深孔队是井下采矿的“先头部队”，作业环境最艰苦，常常脚踩积水、头顶碎石、鼻吸炮烟。上岗一个月后，勤学苦练的程水根已能在井下独当一面。

1991年，程水根牵头组织10名青年工人成立突击队，主动承担急、难、险、重工程任务33处。1994年10月，崂山矿段即将闭坑，矿部批示对残矿强采快出，他带领突击队主动请缨，面对硐室狭窄、顶板破碎、作业难度大等情况，他们决定用大冲击器10人轮流作业，集中力量打歼灭战，提前10天完成了任务。

除了在工作岗位上敢打敢拼，程水根还经常琢磨如何提高工作效益。凭借长期第一线凿岩打眼的经验，程水根总结出了“一看二动三注意”质量安全保障法：一看硐室帮板是否安全，二动手敲顶问帮是否牢固，三注意浮石偏落是否有险情。正是凭借着先进的操作方法，创下了完成1．7万米深孔无废孔、人员无一受伤的纪录，并在行业中推广。

“无论从事什么职业，我们都应该精通它。”让这句话成为你的座右铭！下决心掌握自己职业领域的所有问题，使自己在相应的领域比他人更精通。

虽说勤能补拙，但是在知识经济时代，高科技、高智能的工作，需要高素质的劳动者，在社会大环境下也要有更高的专业要求和效率，所以具备相当的专业背景、知识与能力，就成为必备的条件。随着市场经济的不断发展和完善，人们的就业意识也跟着发生了很大的转变。“今天工作不努力，明天努力找工作”成为广大职业人的共识。但是时代在迅速变化，人才市场的竞争也在不断地加剧，只有做到专业，把我们不断学到的东西应用到工作当中，又从工作中学到更多的知识，那我们的能力就会得到最扎实的提升。这样才能更好地敬业，才能在职场上游刃有余。在面临同样的竞争选择的时候，谁能够更专业谁就能获得更多的竞争优势。

业精于专，只有够专业才能更敬业。与其诸事平平，不如一事精通，这才是成就伟业的规律，也是职业人士攀登职业高峰的秘诀。无论在实践中摸索思考，还是向优秀同事学习，抑或在竞争中向对手看齐，我们都能从这些充满挑战的工作状态中激发更大的潜能，学习到更多的东西。

大收费站车流量大，工作强度大，非常繁忙，也容易出差错，很多人不愿去，胡海霞却在这里干得津津有味。10年来，每天面对南来北往的滚滚车流，呼吸着弥漫着车辆尾气的空气，重复着枯燥乏味的收费动作，她依然保持着扬手、点头、微笑、注目礼、文明用语这五要素。从12秒到4秒，她创造了比别人快两倍的收费方式，创下的“海霞收费速度”无人可以超越；她收的路费累计超过2000万元，却没有出现一分钱的差错。

胡海霞始终相信在平凡的收费工作岗位，通过辛勤劳动，一定能干出不平凡的业绩来。她没有听父亲的劝阻回老家过一次春节，每逢重大节日，她总是坚守岗位。很多同事因为不能忍受收费工作的枯燥乏味，辞职离开了收费员工作岗位。父亲也曾多次劝她转行，她却坚持了下来，她相信通过自己的努力，在平凡的岗位上，也可以做出一番业绩来。

一名优秀的收费员不仅要有过硬的收费技能，更要有为社会无私奉献的精神。胡海霞经常为有需要的司乘人员提供药品、修车工具，为迷路的司机指路……为了做到“应征不漏、应免不征”，胡海霞在收费过程中没有少受委屈，但是她用宽容去谅解，用耐心去解释，用言行去感化。

作为一名普通收费员，胡海霞经历了公司从手撕票、电脑票再到联网收费三次收费系统升级，此前从未碰过电脑的她把电脑键盘绘制成图，一有空就拿出来练习。每天胡海霞至少要抽两个小时学习业务知识；她利用工作空闲充实自己，顺利通过了行政管理专业大专班考试；她还练就了钞票“一摸判别真伪”的本事。为了更好地与当地司机沟通，外地妹胡海霞只用了7个月就学会了粤语。

2006年9月7日，广花分公司成立了以她的名字命名的“胡海霞收费班”，她总结出了一套“以情带班”的管理模式，把业务知识、收费经验手把手地传授给新员工，并摸索出了“三个工作法”，即：示范带班管理法、岗位传技互助法、班组目标激励法。几年来，她培训出的“百万元无差错”的收费能手越来越多。

每个人都有一种突出的才能，各有特色，不尽相同。无差错收费能手胡海霞，把自己的精湛技能发挥到淋漓尽致。

业务素质是一个人在职场立命的根本，工作中的困难如影随形，要想解决那些问题，就得练就过硬的业务素质。公司需要的不是花拳绣腿的功夫，而是扎扎实实解决问题的能力。只有具有过硬的业务素质，才有竞争的资本。对一个领域百分之百地精通，要比对100个领域各精通百分之一强得多。一个拥有一项过硬业务素质的人，要比那些能力平庸的人更容易获得成功。

核心技能，让你不可代替

歌德说过："你适合站在哪里，你就应该去站在哪里。"从自己的优势出发，集中精力做好本职工作是给那些三心二意的人最好的忠告。

有一个关于成功的寓言故事一直在各个公司的员工之间广泛流传。它来自于一本名为《飞向成功》的畅销书，作者之一便是唐纳德·克里夫顿博士。这个寓言故事讲的是：

为了和人类一样聪明，森林里的动物们开办了一所学校。开学典礼的第一天，来了许多动物，有小鸡、小鸭、小鸟，还有小兔子、小山羊、小松鼠。学校为它们开设了5门课程，唱歌、跳舞、跑步、爬山和游泳。当老师宣布今天上跑步课时，小兔子兴奋地一下在体育场跑了一个来回，并自豪地说，我能做好我天生就喜欢做的事！而再看看其他小动物，有噘着嘴的，有耷着脸的。放学后，小兔子回到家对妈妈说，这个学校真棒！我太喜欢了。第二天一大早，小兔子蹦蹦跳跳来到学校。老师宣布，今天上游泳课，小鸭子兴奋地一下跳进了水里。天生害怕水的小兔子傻了眼，其他小动物更没了招。接下来，第三天是唱歌课，第四天是爬山课……以后发生的事情，便可以猜到了，学校里每一天的课程，小动物们总有喜欢的和不喜欢的。

唐纳德·克里夫顿博士说，这个寓言故事寓意深远，它诠释了一个通俗的哲理，那就是“不能让猪去唱歌，让兔子学游泳”。要成功，小兔子就应跑步，小鸭子就该游泳，小松鼠就得爬树。如果你用心去观察那些成功者，会发现他们几乎都有一个共同的特征：不论聪明才智高低与否，也不论他们从事哪一种行业，担任何种职务，他们都在做自己最擅长的事。

有一位农民，从小便树立了当作家的理想。为此，他十年如一日地努力着，坚持每天写作。他将一篇篇改了又改的文章满怀希望地寄往远方的报社和杂志社。可是，好几年过去了，他从没有只字片言变成铅字，甚至连一封退稿信也没有收到过。

终于在29岁那年，他收到了第一封退稿信。那是一位他多年来一直坚持投稿的刊物的总编寄来的，总编写道：“……看得出，你是一个很努力的青年。但我不得不遗憾地告诉你，你的知识面过于狭窄，生活经历也显得相对苍白。但我从你多年的来稿中却发现，你的钢笔字越来越出色……”

他叫张文举，现在是一位有名的硬笔书法家。

不管从事何种职业的人，都必须充分认识、挖掘自己的潜能，确定最适合自己的发展方向，否则有可能虚度了光阴，埋没了才能。

人生之中，每个人都具有独特的、与众不同的才能和心智，也总存在着一些更适合自己做的事业。在竭尽全力拼搏之后却仍旧不能如愿以偿时，我们应该这样想：“上天告诉我，你转入另外一条发展道路上，一定能取得成功。”因为种种原因而不得不改变自己的发展方向时，也应告诉自己：“原来是这样，自己一直认为这是很适合于自己的事，不过，一定还有比这个更适合自己的事。”应该认为另外一条新的道路已展现在你的眼前了。

现代的企业在用人时非常强调个人的知识和技能。杰斐逊说：“一个人拥有了别人不可替代的能力，就能使自己立于不败之地。”

唯有努力打造核心技能，让自己成为不可替代的人，我们才能更好地回报企业，也避免其他人拿这个要挟老板和企业。退一步说，现代商业社会竞争激烈，那些不能胜任、没有才能的人，都会被阻挡在事业的大门之外，只有最能干的人才会被留下来，而且永远都不怕失业。

无论是在什么领域，任何一个人拥有了别人不可替代或逾越的能力，就能使自己永远立于不败之地，更好地回报企业和保护企业。具有不可替代性，就可以让自己的地位坚不可摧。一个拥有特殊才能的人，是不需要依赖特定的上司或特定的工作场所来巩固自己的地位的。

在纽约万德毕尔饭店有一名叫珍妮的女侍者，凡是她服务过的顾客，都会对她留下深刻的印象。

珍妮在饭店的更衣室工作，她的工作是保管顾客在就餐前存在更衣室的外衣、围巾或是帽子之类的东西。许多顾客都对她的工作方式表示惊讶，因为珍妮从来不像别的保管物件的侍者那样，发给她的顾客一个小小的号码牌——一个小小的麻烦和累赘之物。

当客人问她时，她总是笑容可掬地说：“顾客来饭店消费就是饭店的恩人，我们理应提供最上乘的服务。”她记得她服务的每一位客人，因此用不着号码牌。

珍妮经常要同时照看200多位客人的衣帽，当客人就餐完毕，走进更衣室领取衣帽时，珍妮总是能准确无误地拿出那个人的衣帽，恭敬地还给他。假如有人曾经介绍过自己的姓名，珍妮也能毫不犹豫地说出那个人的名字，而且，当她下次见到他时，她依然能轻松地叫出对方的名字，就像见到老朋友一样。

曾经有好奇的顾客问过饭店经理，饭店经理证明，珍妮在更衣间工作的15年里，没有发生过一次失误。

这真是一个了不起的纪录！假如按每天保存100顶帽子来计算，15年来经过珍妮保管的帽子就有549000顶——珍妮创造了一个奇迹。

珍妮打造了一项核心技能，也让自己变得不可替代，走向了事业的顶峰。经常用电脑的人都很熟悉一个IT词汇——备份。备份的目的是为了防止信息、文件损坏和丢失，同样的道理，“人才备份”是防止因员工流失造成损失的重要工具。但是，某些人身上特有的才华是很难备份的，那就是他们身上突出的核心技能。能否进行人才备份是甄别核心员工的最重要工具：备份不了的就是“不可代替”。

不可替代的员工是企业的宝贵财富，他们身上某项技能的突出潜质能够促进企业向前发展。作为企业的受益者，我们对企业心怀感激，并努力地把这种感激之情转化为工作的技能，努力提高产品或服务的质量，打造属于自己的核心技能。

负责的人到哪里都能有饭吃

现代的企业在用人时非常强调个人知识和技能。事实上，只有敬业的精神与能力兼有的人才是企业真正需要的人才。

文艺复兴时期，一个画家是否能够出人头地取决于能否找到好的赞助人。

米开朗琪罗的赞助人是教皇朱里十二世，一次在修建大理石石碑时，两人产生了分歧——他们激烈地争吵起来，米开朗琪罗一怒之下扬言要离开罗马。

大家都认为教皇一定会怪罪米开朗琪罗，但事实恰恰相反——教皇非但没有惩罚米开朗琪罗，还极力请求他留下来。因为他清楚地知道米开朗琪罗一定能够找到另外的赞助人，而他永远无法找到另一位米开朗琪罗。

米开朗琪罗身为艺术家，其卓越的才华是他手里的王牌，具有不可替代性就可以让自己的地位坚不可摧。也就是说，任何一个人只要拥有了别人不可替代或超越的能力，就会使自己的地位变得十分稳固。因此，让一切都在自己的掌控之中，让自己的技能无可取代，才能在职场上立于不败之地。从这个角度上说，现在社会，所谓的“铁饭碗”就是到哪里都能有饭吃。

公司需要的是优秀的员工。你必须持续不断地自我成长，让自己变得更优秀，否则根本不可能在自己的专业领域保持领先地位。俗话说：台上一分钟，台下十年功。要成功必须加倍努力，而且要比别人更努力。“种瓜得瓜，种豆得豆”，有不平凡的过程，才会产生不平凡的结果。

李凡初进公司的时候只是一名普通的业务员，后来，他一步一个脚印，由业务员成为公司的市场部经理，随后又成为公司的市场总监。那么，李凡究竟是如何一步一步成长起来的？感恩是这其中的催化剂。让我们看看他从一个市场部经理成长为市场总监的过程吧。

在成为公司的市场部经理之后，李凡很快就对自己的工作有了一个正确的定位：那就是要成为公司真正需要的人才。之所以这么想是因为李凡觉得公司给予他的培养已经够多了，应该到了自己回报企业的时候了，而回报企业应该从提升自己的能力做起。

在企业的营销过程中，市场部经理的位置十分重要，一个优秀的市场部经理，能够协助市场总监完成营销战略任务。李凡认为一个优秀的市场部经理必须具备以下四种基本素质：

1.具有营销策划的能力。因为市场部首先是为营销服务的，如果一个公司的营销流程缺乏一个鲜明的营销主题来总领的话，那么这个公司的营销质量就不会得到很大的提高。

2.具有品牌策划的能力。品牌策划也是一个很宽泛的概念，每个企业都能碰上，市场部经理最基本的工作是能够把本企业的品牌在本企业所处的具体环境中迅速做大、做强，让品牌快速成长。

3.具备产品策划的能力，即从产品的立意、设计等方面配合产品营销能力。

4.具有对市场消费态势潜在性的分析能力。如果公司的市场部经理或者市场总监能够对未来发生的消费态势进行一些前瞻性的捕捉，掌握领先一步的策略，那么公司以后的道路就会走得更好一些。

后来，李凡又认真研究了大多数公司对市场部经理的更高要求，他觉得自己应该在目前的能力基础上进一步学习，以提升自己的工作能力。

首先，他从掌握各项营销政策入手进行学习，因为他过去从事的是广告策划工作，对营销政策知之甚少。之后，他又开始不断强化自己的执行力，因为他发现自己对于公司营销推广的整个过程监控实施的力度很差。另外，李凡认识到自己的市场应变能力很差，缺乏市场销售过程的锤炼和市场销售体验，这是他在工作中最大的软肋。

有了这些深刻而全面的认识之后，李凡开始着手提升自己的业务素质。他首先对自身的软弱因素进行弥补，先让自己成为一名优秀、称职的市场部经理。后来，他又用了三年的时间来亲身体验营销实践。与此同时，李凡又学习了丰富的组织管理知识、全面的法律知识和财会知识，因为这些知识在工作中很有用处。当然，修炼对团队的掌控能力也是李凡学习的一个重要方面，如果控制不了下属团队，那么一切都是空谈。

通过几年的认真学习和实践锻炼，李凡终于如愿以偿地晋升为公司的市场总监，为公司的市场营销工作做出了极大的贡献。在担任了公司市场总监以后，李凡仍然在不断充实自己。

现在，李凡已经成为公司中不断成长的楷模，董事长总是让公司其他员工向善于成长的李凡学习。面对这些成绩他只说了一句话：没有感恩，就不会有我的成功。

李凡的成长经历告诉我们，当你选择了一个行业，以及进入一家公司开始你的事业之路时，你就应该知道自己要以什么样的高度开始自己的事业，并且需要哪些知识来开拓自己的发展空间。只有先让自己升值，才能够为自己赢得更大的发展空间，也才能更好地贡献企业。职场中，每个人唯一经营的产品是自己，你做的每一件事都是你自己的“产品”，这就要求我们让自己变得更出色。每一个人都是自己的人力资源主管，只有能够自我管理的员工，才能逐步实现自我价值，告别平庸，走向卓越。对于一个懂得感恩的员工来说，这个道理显得更加重要。我们要回报企业，不仅要遵守规则，做好手头的工作，更要学会做自己的人力资源主管，努力提升自己，让自己的能力越来越强。这样，我们才可以随时做企业需要的事。

<<<<第十五章

用主人翁意识，锻炼员工负责精神

没有不该承担的责任，只有不愿承担的责任

珍妮是一家外贸公司的普通职员，负责递交文件、打扫环境卫生、清理垃圾等杂务。工作琐碎且辛苦，不过她总是尽心尽力，没有怨言。

珍妮连续五年上班全勤，无论刮风下雨从未迟到早退，而且乐于助人，年年当选优秀员工。她自愿放弃每两周一次的周六休假，也从未填报加班费。珍妮经过的公司角落，你不会看到不该亮的灯、滴水的龙头，或是地上的纸屑。

珍妮还是公司环境的维护者。清理垃圾时她坚持实施垃圾分类，印坏的纸张或是一些背面空白的废纸，她都裁成小张分给同事做便条纸，其他废纸只要是可以回收的，就一一摊平后与废纸箱一并捆绑卖掉，得到的钱捐给工会。

显而易见，珍妮已经把企业视为自己的家了。她赢得了同事们由衷的敬佩，尤其当拥有高学位的员工抱怨工作不顺时，看到她每天很认真地做事时，也就无话可说了。两年后，珍妮靠着把自己当作企业“主人”或“合伙人”的责任感，在那些学士、硕士们羡慕的目光中被破格提升为总务主任，进入公司中层主管的行列。

珍妮的行为也是一个用主人翁精神填补“责任空白”的例子，在别人抱怨工作不顺利，在工作中出现“责任空白”的时候她并没懈怠自己的责任，而是尽职尽责出色地完成自己的工作。她的行为还影响了其他人，使公司的工作得以顺利开展。

可见，如果每个人都能够充分发扬主人翁精神，那么企业就不会出现那么多责任缺失的现象了，企业也必然会健康、稳定地发展下去。

只有具有主人翁意识，你才会感觉到自己存在的价值；只有具有主人翁意识，你才会感觉到自己所做的一切都是那么的理所当然。具有主人翁意识的员工，不管你现在如何，都会比那些只把自己当作雇员的人更容易成功。

曾任外交学院副院长的任小萍说，在她的职业生涯中，每一步都是组织上安排的，自己并没有什么自主权。但在每一个岗位上，她都有自己的选择，那就是要比别人做得更好。

大学毕业那年，她被分到英国大使馆做接线员。在很多人眼里，接线员是一个很没出息的工作，然而任小萍在这个普通的工作岗位上做出了不平凡的业绩。她把使馆所有人的名字、电话、工作范围，甚至连他们家属的名字都背得滚瓜烂熟。当有些打电话的人不知道该找谁时，她就会多问，尽量帮他(她)准确地找到要找的人。慢慢地，使馆人员有事外出时并不是告诉他们的翻译，而是给她打电话，告诉她谁会来电话、请转告什么，等等。不久，有很多公事、私事也开始委托她通知，使她成了全面负责的留言点、大秘书。

有一天，大使竟然跑到电话间，笑眯眯地表扬她，这可是一件破天荒的事。没多久，她就因工作出色被破格调去给英国某大报记者处做翻译。

该报的首席记者是个名气很大的老太太，得过战地勋章，授过勋爵，本事大，脾气大，甚至把前任翻译给赶跑了，刚开始时她也不接受任小萍，看不上她的资历，后来才勉强同意一试。结果一年后，老太太逢人就炫耀：“我的翻译比你的好上10倍。”不久，工作出色的任小萍又被破例调到美国驻华联络处，她干得同样出色，不久即获外交部嘉奖。

当你在为公司工作时，无论老板安排你在哪个位置上，都不要轻视自己的工作，都要担负起工作的责任来，而且尽可能多地承担责任。那些在工作中推三阻四，老是埋怨环境，寻找各种借口为自己开脱的人，对这也不满意、那也不满意的人，往往是职场的被动者，他们即使工作一辈子也不会有出色的业绩。他们不知道用奋斗来担负起自己的责任，而自身的能力只有通过尽职尽责的工作才能得到完美的体现。能力，永远由责任来承载，而责任本身就是一种能力。你承担多大的责任，你的能力也会随之提升，于是也就能取得越来越多的成功。

韩国某知名公司有这样一个非常独特的管理制度——一日领导制，即员工轮流当经理，全权管理公司大小事务。

这些轮流当的经理和真正的经理没什么本质区别，拥有一切处理公司事务的权力。他们担任一日经理时，如果发现员工有不正确的地方或需要改进的地方，就必须详细记录在工作日记上，分发给所有员工收看，并让大家发表意见。而公司其他的部门经理、主管等，在收到这一记录文件后，必须根据批评、意见，随时审核、查看自己的工作是否存在记录中所说的失误。所以他们必须竭尽全力，才能在经理这个位置上表现得最好。

自从“一日领导”制在公司实行以后，公司员工的工作状态大为改观，公司的向心力极度增强，而且仅开展后的第一年就节约了近500万美元的生产成本。

让公司的所有员工都试着做一次老板，他们就会对“我是公司主人，我应该做主人应该做的事情，承担主人翁责任”这一意识有深刻体会。员工有了这种主人翁精神，当企业发展或者自己工作中出现了“责任空白”的时候，才能够主动地填补责任上的空缺。

主人翁精神对于一个企业的竞争力来讲，是非常重要的。如果每一个人都有主人翁精神，都把公司内部的事当作自己的事来做的话，公司无形当中会产生强大的竞争力。大家会把所有可能的成本降低，包括信息的成本、合约的成本、监督的成本、实施的成本，都会大幅度地下降；对于公司的发展，大家也能够献计献策，对自己的工作也能够尽职尽责，这一切，都保证了企业的竞争力。

以主人翁的精神为企业贡献自己的力量，这样的员工永远不用担心失业，因为企业最需要的就是这种具有主人翁意识的员工。

实干负责，企业创收

在20世纪60年代初，中国发现了一个大油田——大庆油田。当时面对物资和技术的匮乏，中国发动了一场规模空前的石油大会战。一个普通的钻井工人——王进喜，在这场会战中成了当时中国家喻户晓的人物。他的事迹其实很简单，面对许多难以想象的困难，王进喜和他的同事下定决心：即使有天大的困难，也要高速度、高水平地拿下大油田。尤其是在一次危急的油井井喷事件中，王进喜奋不顾身地跳进泥浆池，用身体搅拌重晶石粉，被人们誉为“铁人”——当时并没有明确的制度规定，发生井喷时该由谁承担责任、承担什么样的责任，更没有任何具体的说明，在这种紧急状况下，需要用人的身体在冰冷的泥浆中充当搅拌机的作用。

王进喜这种奋不顾身、不计个人得失的行为正是以极大的“主人翁精神”填补“责任空白”的生动例子。

几十年前，一群以铁人王进喜为代表的石油人带着“拼命也要拿下大油田”的誓言来到了茫茫的大草原——大庆。他们深知国家需要石油，决心“把贫油的帽子甩到太平洋里去”。然而到了大庆，呈现在他们面前的却是难以想象的困难：没有公路，车辆不足，吃和住都成问题。但王进喜和所有的石油工人下定决心：有天大的困难也要高速度、高水平拿下大油田。他们吃的是野菜和土豆，睡的是地窝子；没有吊车，工人们用肩扛、杠子撬，使钻机尽快到位；缺少运水车，大家就用脸盆端水，争取钻机早一天开钻；危急时刻，王进喜带头跳进泥浆池，用身体搅拌泥浆，制止了井喷……

在重重困难面前，王进喜带领全队以“宁肯少活二十年，拼命也要拿下大油田”的顽强意志和冲天干劲，苦干5天5夜，打出了大庆第一口喷油井。在随后的10个月里，王进喜率领1205钻井队和1202钻井队，在极端困苦的情况下，克服各种障碍，双双达到了年进尺10万米的奇迹。

“责任空白”会随时随地出现在企业中，我们无法采用面面俱到的规章制度，来解决“责任空白”的出现。这时候我们就应当主动发挥主人翁精神，用自己的实干来填补责任上的空白，为企业创造利润、创造收入。

2004年2月，在1205队钻井进尺向200万米大关突破的关键时刻，井架立管油壬突然刺漏。井架立管油壬就像人的动脉血管一样，一旦受到损伤，钻井液就不能正常循环。这时井已打到1000米的下部油层，如果不及时修复，不仅迅速突破200万米进尺大关的计划泡汤，还将造成卡钻的严重事故。李新民带领几名技术骨干立即成立抢修小组，迅速查出刺漏原因，马上组织排除故障，可是在油壬旋紧的过程中遇到了困难。时间一分一秒地过去，这时，只见李新民系上安全带爬上井架，双腿盘住槽钢，一只手抓住保险绳，另一只手抡起十几斤重的大锤奋力砸紧油壬。戴手套用不上力，他就甩掉手套，在凛冽刺骨的寒风中一下一下地砸着。20多分钟过去了，油壬终于被砸紧了，钻机开钻了，可李新民的双手已经冻得麻木了。工人们劝他休息一下，可他二话没说，又投入紧张的钻井生产之中。

2005年4月份，1205队在大庆油田南一区胜利村钢材大市场院里打井。由于连续几天下雨，加之地面翻浆严重，给搬家工作带来了较大的困难。井场上的地面设备，包括活动房、爬犁等都深深地陷在泥水里，挂不上绳套。李新民第一个趟进泥水里，把手伸到淤泥里，摸索着把一个个绳套挂好。泥水浸透了工鞋，湿透了衣裳，他全然不顾。职工们看到队长如此果断，也都纷纷下到泥水里拖拉设备，使整个搬迁工作赢得了主动，保证了施工顺利进行。

担任队长后，李新民把全部心血倾注到工作上，坚持常年住队。有时打井的地方即使离家很近，他也坚持与当班的工人一起吃住在井场，共同劳动。特别是每逢节假日，他都尽量安排职工回家休息，而自己却坚守在井场上。

2003年5月，1205钻井队安装全公司第一部变频钻机，厂家来人把设备安装完就离开了。没有操作经验，李新民就带领大家按图纸边琢磨边操作。为了尽快熟练掌握操作规程，他一直住在井队，一个多月没有回家。多日见不到他身影的儿子和妻子来到井场看他，他只是利用午休时间领着他们到附近商场买了些吃的，就打发他们回去了，自己又急忙回到井队。井队做过统计，一年当中，李新民有270多天守在井上，有2800多小时跟班作业。

正是凭借对铁人王进喜“实干”精神的传承，李新民带领1205队荣获“全国青年文明号”单位、全国青年文明号“十年成就奖”等称号。李新民荣获集团公司“十大杰出青年”、中央企业劳动模范、全国劳动模范等荣誉称号。

工作中的实干精神是优秀员工的必备素质。事实上，无论是趁机偷懒还是谨慎无奈地继续自己的工作，都不是正确的做事方法。尽管后者仍然努力，但那也只是防止有人打小报告、告自己的状而已。

被动且敷衍地工作最多能够完成老板交代的任务，然后心安理得地拿自己的薪水，对一个优秀的员工而言，这样做是远远不够的。要知道企业需要的不是嘴上说得漂亮的人，而是踏踏实实肯干的人，嘴上说1000遍，永远比不上行动。认真实干的人，才是走到最前面的人。

认真负责，攻克难关

2008年9月25日21点10分04秒988毫秒，由我国自主研制的“神舟七号”宇宙飞船发射升空，飞船于2008年9月28日17点37分成功着陆于中国内蒙古四子王旗主着陆场。喜讯传来，举国欢腾。中共中央、国务院、中央军委对“神舟七号”载人航天飞行获得圆满成功致电祝贺，全世界中华儿女无不为之感到骄傲与自豪。

有句话是这么说的：“伟大的事业孕育伟大的精神，伟大的精神推动伟大的事业。”载人航天工程尤其如此，中国航天人以“科学求实，无私奉献”的航天精神，取得了一个个辉煌成果。

马利是中国运载火箭技术研究院下属的首都航天机械公司总装车间的二组组长，主要任务是负责装配工作，他在这个岗位上一干就是30年。装配工作是一份又苦又累的活，但是马利说，看着自己亲手装配的火箭顺利地升上太空，再苦再累都是值得的。

有一次，由于一项特殊任务的需要，马利和他的工友们必须在两天之内将一枚实验用火箭清洗改装。由于6年未正常使用，舱内积满了灰尘，最厚处，按照马利的说法，能插进一根手指。时间紧，任务重，在一般人眼里看似无法完成的任务，马利他们却保质保量地按期完工。

马利多次被总部评为“先进工作者”“技术标兵”“岗位模范”，他在平凡的岗位上任劳任怨，做出了非凡的贡献，成就了自己的事业。在平凡的岗位上做大事业，不仅是马利的行为准则，也是全体航天人的行为准则。

“特别能吃苦，特别能战斗，特别能攻关，特别能奉献”是人们对参加载人航天工程的所有工程技术人员的高度评价，没有这样一种精神，就没有载人航天工程今天的辉煌。载人航天工程中每个系统都能讲出特别能攻关、特别能战斗的故事。

航天工作是如此，那么对于我们员工来说，又该怎样学习这种航天精神。中国航天人淡泊名利，默默奉献，用一丝不苟、科学求实的工作态度，将“中国航天”烙在了浩瀚无垠的太空中。在航天精神的带动下，一大批献身航天事业的年轻人以严谨细致的科学态度，为我国航天事业实现新的突破做出了不可磨灭的贡献。

孔祥瑞是天津港（集团）公司煤码头分公司操作一队队长。他在工作中善于思考、善于总结，技术非常熟练，所以大家送给他一个称号——蓝领专家。

而这个名号也是有来由的。几年前，公司曾购买了一些德国设备，出人意料的是，在使用的前半个月里，这批进口产品就出现了问题。很多技术工人都对此束手无策，孔祥瑞也十分着急。

迫不得已之下，总部将该德国企业驻北京办事处的工作人员请来，查看机器的故障。没想到，人家看了机器之后，却说：“你们为什么不按照说明书操作？说明书上明明写清楚了电压不能太高，可你们这里电压这么高，又没有变压，它怎么能正常工作？”

原来问题出在这里！

虽然说明书上已经标明了电压的详细要求，但是由于员工的知识水平低，根本就没看明白这些文字！

这件事给了孔祥瑞很大的刺激，听着德方工作人员的嘲讽，孔祥瑞心里非常不是滋味，他对自己说，“绝不能当设备的奴隶，不能再被动地让机器牵着鼻子走”。于是，只有初中文化的孔祥瑞找来设备说明书，找来德文字典，一页一页地钻研，一趟趟地查资料，一遍遍地操作。

终于有一天，他弄清楚了全部设备的操作过程。而此时，他已经不再满足只是了解机器，他还要彻底让机器为他服务！渐渐他开始着手进行一些技术创新，使得机器设备更加完美，工人们用起来更加安全顺手。

从此以后，无论是中国的还是外国的机器，只要出了毛病，工人们第一个想到的就是孔祥瑞，只要找到他就一定能解决问题，因为，没有人比他更熟悉那些设备了。

孔祥瑞并不是天生就聪明，而是他负责任的精神，使得他一次次主动攻坚克难，去啃那些工作中的硬骨头。

叶剑英元帅诗云：“攻城不怕坚，攻书莫畏难。科学有险阻，苦战能过关。”只要有舍我其谁的主人翁，就一定能攻克苦难、服务人民、奉献社会。

坚守职责，问心无愧

荆利杰，1989年出生在河南省武县一个叫东营的村庄。汶川地震发生时，他入伍才5个多月。虽说是个新兵，且刚满19岁，但是他却十分成熟、懂事，平日的表现也特别突出，是个有责任心、特别勇敢的消防战士。

地震发生当日，荆利杰所在的绵竹消防中队由绵竹消防大队指导员陈军带领，赶往武都教育中心实施救援。

武都教育中心受灾最为严重的是武都小学的教学楼，荆利杰和战友面对的是坍塌了大半的教学楼，许多幸运逃生的师生围在教学楼外面，哭泣不止。看到这个场面，大家的心里都很着急，但是战士们手中没有工具，也无法利用器械进行大面积救援，时间紧急，在大型器械调来之前，领队的陈军命令战士用手救出埋在废墟底下的人。

就在战士们用手刨出了十几个孩子和几十具尸体，准备深入内部继续施救时，因为余震，教学楼未坍塌的部分发生剧烈摇晃，有可能再次发生险情，陈军命令所有人员马上撤离。这时，他听到有个人高喊里面还有幸存者，并还要往里钻，被几名战士拦住了。这个人突然跪下，大哭起来，随后他说出的一句话震撼了在场的每一个人："求求你们，让我再救一个！我还能再救一个！"

几天后，这句话通过网络的传播也深深震撼了所有的中国人，喊出这句话的人就是荆利杰。但是在余震不断的情况下，如果不马上撤离，后果将不堪设想。无奈之下，荆利杰不得不撤了下来，但余震一过，他又迫不及待地冲了上去……

有记者问荆利杰，到底救了多少人，荆利杰说已经记不起来了，当时只考虑，作为一名战士，保护人民生命财产的安全是自己的职责所在，他要坚守自己的职责，尽自己的力量救出一切可以救出的人。

从荆利杰身上，我们看到了坚守职责这一震撼人心的力量。坚守职责是天赋的使命。一个人无论担任何种职务，做什么样的工作，他都要对他人负责，这是社会法则，是道德法则，也是心灵法则。当我们坚守职责时，我们也是在坚守人生最根本的义务；坚守职责，就是守住生命最大的价值。

工作中，只有那些承担责任的人，才有可能被赋予更多的使命。也更是那些承担责任的人，坚守岗位，为汶川地震后快速抢险救灾赢得了宝贵时间。

彭州是汶川地震的重灾区之一。对于地震幸存的每一个人来说，面对这突如其来的灾难，首先想到的就是第一时间向家人报平安。但是就在那一刻，彭州的通信中断，电话打不进来，也打不出去。彭州市公安局的民警蒋敏虽然心急如焚，2岁的女儿随外婆住在北川不知是什么状况，但是她没有犹豫，没有等待，而是在第一时间和战友们紧急集结，出门抢救伤员、上街维持秩序……

有关地震的消息一个接一个传来：震中在汶川县，与北川县仅一山之隔……当天19时10分，巡逻回来待命的蒋敏再次拨动那串再熟悉不过的电话号码，却始终是令人揪心的忙音。

天渐渐黑了下来，一如人们心头那越来越浓厚的灾难阴影。不知是谁的收音机声音在耳边沉重地回荡：“北川县地震现场相当惨烈，整个县城几乎被泥石流掩埋……”蒋敏按捺不住内心的牵挂，继续拨打北川县家里亲人的电话，周围很嘈杂，但气氛死寂。她默默祈祷，希望家人平安。这一夜，和战友们一样，蒋敏没有睡，一直在执勤。

13日凌晨6时许，蒋敏接到了在北川的舅舅打来的电话，被告知包括自己女儿在内的全家10口人已经确认遇难……听到这个消息，蒋敏感觉眼前一黑，要不是扶着桌子，她就倒下去了。领导和同事们都劝蒋敏回家看看，但遭受了重创的蒋敏却强忍悲痛说道："道路不通，通信不通，我回去也没有用，还不如在这里做些事，帮帮和家人一样的灾民。"

天彭中学安置了四千多名来自龙门山、九峰山的灾民，一整天，蒋敏都在这里维持秩序，帮助送水和物资。傍晚，又和几位同事为刚到的灾民搭帐篷。

因为连日的劳累和悲伤，蒋敏晕厥过去。同事们赶快把蒋敏扶到板凳上，用手托着她的头。医生检查发现，她的血压非常低。在医生的坚持下，蒋敏被送进医院输液。5月17日，蒋敏坚持出院，她的同事试图将蒋敏送回家休息，但蒋敏无论如何都不愿意回家，蒋敏坚持要求再次回到天彭中学安置点，继续为灾民服务。

"坚守"，既是对职责的坚守，也是对希望的坚守。抗震救灾，坚守岗位就是对生命本身的坚守！

地震是天灾，非人力能阻止，而"坚守"是信念，虽然简单质朴，却是对人内在生命力最直接最严峻的考验。

坚守职责是人生最根本的义务和使命，是我们实现个人价值和人生理想的前提，把责任心融入日常的工作和生活中，你的事业和人生必将因此而变得更加辉煌。

一个人清醒地意识到自己的责任，并勇敢地担起它、践行它，这样的人无论是对于自己还是对于社会都是问心无愧的。人可以不伟大，人也可以清贫，但不可以没有责任感。任何时候，我们都不能放弃肩上的责任，扛着它，就是扛着自己生命的信念。

负责是主动自发的

安德鲁·罗文，美国陆军一位年轻的中尉。时正值美西战争（1898年4月至12月美国与西班牙之间发生的争夺殖民地的战争）爆发。美国总统麦金[美国第25任总统（1897—1901）]急需一名合适的特使去完成一项重要的任务，军事情报局推荐了安德鲁·罗文。

在孤身一人没有任何护卫的情况下，罗文中尉立刻出发了，一直到他秘密登陆古巴岛，古巴的爱国者们才给他派了几名当地的向导。那次冒险经历，用他自己谦虚的话来说，仅仅受到了几名敌人的包围，然后设法从中逃出来并把信送给了加西亚将军——一个掌握着决定性力量的人。

整个过程中自然有许多意想不到的偶然因素与个人的努力相关联，但是，在这位年轻中尉迫切希望完成任务的心中，却有着绝对的勇气和不屈不挠的精神。为了表彰他所做的贡献，美国军方为他颁发了奖章，并且高度称赞他说："我要把这个成绩看作是军事战争史上最具冒险性和最勇敢的事迹。"

这一点当然毫无疑问，但人们更应该意识到，取得成功最重要的因素并不是因为他杰出的军事才能，而是在于他优良的道德品质。因此，罗文中尉将永远为人们所铭记。

自动自发就是在没有人要求、强迫你的情况下，自觉而且出色地做好自己的事情。罗文接受任务后，没有问这问那，而是凭着自己的主动性和创造性，适应环境和形势，随机应变，审时度势，顺利完成了工作任务。

作者阿尔伯特在《致加西亚的信》一文中如此写道：

“我钦佩的是那些不论老板是否在办公室都会努力工作的人，这种人永远不会被解雇，也永远不必为了加薪而罢工。”在这里我们特别要强调这一点。一个优秀的员工应该是一个自动自发地工作的人，而一个优秀的管理者则更应该努力培养员工的主动性。

拒绝借口，自动自发地去做好一切吧！万万不要等到老板来向你交代任务的时候。做一个敬业，忠于职守的员工，看准了的事就要大胆去干，而不是一味地墨守成规。

目前，我们的工作也是如此，当上级把事情交给我们的时候，他只提出了目标和要求，如何处理好这件事情，如何把事情办好、办细，就需要发挥自己的主动性和创造性。特别是在独当一面的时候，每项工作都需要我们自己独立思考。只有在工作中具备这种强烈的主动性，才是现代企业需要的具备责任心和自动自发精神的好员工！

自动自发也是对自己的一种责任。无所事事、懒散松懈的习惯使天赋很好的人步入平庸，这样的例子并不在少数。无论是历史还是现实之中，许多成功的人并不一定天赋很高，而是勤奋使他们一步步走向成功与卓越。

老板不在的时候，自动自发地工作吧！这样一种工作习惯可以使你不断地超越自我，成为像老板一样优秀的人。那些获得成功的人，正是由于他们用行动证明了自己敢于承担责任而让人倍感信赖。

自动自发地去工作，而且愿意为自己所做的一切承担责任，这就是那些成就大事业者和平庸之辈的最大区别。要想获得成功，你就必须敢于对自己的行为负责，没有人会给你成功的动力，同样也没有人可以阻挠你实现成功的愿望。

两个青年同时到一家企业面试。两个人的表现都很出色，难分伯仲，但是公司只能录取一个人。老板说：“这样吧，我给你俩一个任务，你们试着把我们这次生产的皮鞋推销到非洲某个岛上，然后给我你们的答案。”

一个青年自告奋勇地先去了。

一个月之后，他回来了。他说："并不是我推销不出去我们的皮鞋，问题的关键是那个岛屿上的人根本就不穿鞋，我也没办法。他们那里根本就没有什么市场，到那里去推销皮鞋，简直是白费劲。如果您事先告诉我那个地方的人根本不穿鞋，我就不会去了。我认为聪明的人应该到一个适合他工作的地方去，而不会走弯路。这就是我的答案。"

另一个人也去了那个非洲岛屿。过了一个月，他也回来了。他高兴地对老板说："那个地方的市场太大了，简直超乎我的想象。那里的人根本就不知道穿鞋的好处，我请他们尝试一下，如果好就付钱，如果不好，没关系，可以退回。没想到，他们穿上之后就不想再脱下来了。这次生产的皮鞋被订购一空，我还带回来很大一笔订单。"第二个人用自己的行动给了老板一个完美的答案。

结果已经很清楚了。老板说："一个真正的人才，绝不是自封的，而是的确能够创造出自己的价值。第二个人用行动告诉我，他是一个值得被委以重任的人，因为他负责。"

第二个人的确值得委以重任，因为他是一个能够为工作负责到底的人。他没有强调整个推销过程的辛苦，而是把最终完成任务的结果告诉了老板。由于他负责的态度，他最终赢得了赏识。

对我们而言，无论做什么事情，都要记住自己的责任，无论在什么样的工作岗位上，都要对自己的工作负责。

一旦领悟了这一秘诀，人们就掌握了打开成功之门的钥匙。能处处以主动尽职的态度工作，即使从事最平庸的职业，也能增添个人的荣耀。

责任根植于心，表现更加优秀

雷锋是全国人民学习的好榜样，他甘于奉献的精神始终鼓舞着我们每一个人。

1940年12月18日，雷锋出生在湖南望城县一个贫困家庭，7岁就成了孤儿，过着饥寒交迫的生活。新中国成立后，他进入学校读书。1960年1月，参加中国人民解放军，编入工程兵运输连。入伍后，他刻苦学习，努力工作，苦练军事技术。他除了完成本职工作外，还经常利用节假日和休息时间做好事，助人为乐。他在日记里写道：要“把有限的生命，投入无限的为人民服务之中去”，并全心全意地实践“为人民服务”这个宗旨。

雷锋的“螺丝钉精神”的形成源于一件小事的启发。

一天，在望城的山间小道上，一颗小小的螺丝钉同时映入了张书记和雷锋的眼帘。小雷锋蹦蹦跳跳，一脚踢飞了螺丝钉。张书记却上前几步，弯腰捡起来，把螺丝钉上的灰擦干净，郑重地交给雷锋：“留着，会有用处的。”

就这样一弯腰、一句话，一个老共产党员的言行竟然影响了一个年轻人的一生。在后来雷锋写的日记中，螺丝钉被雷锋反复思索，终于形成了独特的“螺丝钉精神”。

1960年1月12日，雷锋写道：“虽然是细小的螺丝钉，是个细微的小齿轮，然而如果缺了它，那整个的机器就无法运转了，莫说是缺了它，即使是一枚小螺丝钉没拧紧，一个小齿轮略有破损，也要使机器的运转发生故障的。尽管如此，但是再好的螺丝钉，再精密的齿轮，它若离开了机器这个整体，也不免要当作废料，扔到废铁料仓库里去的。”1962年4月7日，雷锋再次写道：“一个人的作用对于革命事业来说，就如一架机器上的一颗螺丝钉。机器由于有许许多多螺丝钉的联结和固定，才成了一个坚实的整体，才能运转自如，发挥它巨大的工作能力。螺丝钉虽小，其作用是不可估量的，我愿永远做一个螺丝钉。螺丝钉要经常保养和清洗才不会生锈。人的思想也是这样，要经常检查才不会出毛病。”

这就是雷锋，一个甘于为组织无私奉献的人。现在的企业，仍旧呼唤雷锋式的好员工，他们总能够将自己的智慧和力量无私地奉献给企业，做企业最需要的工作。

一天，外面下着大雨，时而传出隆隆的雷声。在一栋住宅楼里，三层的一个房间，一个未满一岁的婴孩在大声地哭着，含混不清地叫着“妈妈，妈妈”。抱着孩子的是孩子的奶奶，一位年过花甲的老人。老人一边哄着孩子，让孩子不要再哭，一边焦急地向窗外张望着。

这对祖孙盼望的人就是周亚敏。她经常为了保证粮食的质量而加班加点，今天，因为这场大雨，她不得不再一次留在仓库组织粮食的防潮工作。已经晚上9点了，老人打电话催了儿媳两次了，可还不见她的人影。

老人越发着急了，孙子发烧了，儿子出差不在家。老人想把孩子送医院，但有老寒腿病的她有点力不从心。

这时，楼道里传来“噔、噔、噔”跑上楼的声音，门开了，周亚敏回来了。周亚敏来不及擦掉头上的雨水，便跑到卧室看孩子到底怎么样了。婆婆把孩子递给周亚敏，一边心疼地帮她擦头上的水，一边埋怨着：“亚敏啊，别怪我说你，你工作忙我可以理解，你加班我也支持，但今天孩子生病了啊，你就不能早点回来吗？再说，今天也不是你值班啊！”

听了婆婆的埋怨，周亚敏明白老人心里的焦急，一边为送孩子去医院做准备，一边安慰婆婆：“妈，我知道您心里着急，我也着急啊！可是，今年的雨水特别多，今天的雨又特别大，库里那么多粮食如果受潮可怎么办啊？国家得有多大的损失啊！新来的小张业务还不熟悉，我不帮他谁帮他呢？妈，您说是不？”

老人并非真心抱怨什么，只是一时着急才会数落几句。现在，给孙子看病是最要紧的，她点点头，便催着儿媳赶快带孩子去医院。

在周亚敏出门的那一刻，她看到婆婆的眼角有两滴泪水，慢慢地滴了下来。

周亚敏后来说，类似的事情已经发生不下四五次了。每一次家里人都给出了最大的理解和支持，她也觉得对家人有些歉疚，但为了工作，为了粮食不受潮，为了国家不受损失，她只能这么做。

责任无处不在，将责任根植于内心，让它成为我们脑海中一种强烈的意识，在日常行为和工作中，这种奉献意识会让我们表现得更加优秀。

不管是过去、现在，还是将来，雷锋精神永远不会过时，非但不会过时，还能成为指导我们行动的指南。

负责的人在面临挫折时不会被压垮

《亮剑》创造了中国电视剧历史上的奇迹：自2005年底面世以来，《亮剑》在中央电视台和各地方电视台连续重播，至今没有停止。据央视索福瑞的收视率调查显示，《亮剑》播出后，收视率最高时达到14点，创下了2005年央视一套电视剧收视率的新纪录。江西电视台创造了重播35次的纪录，就连一向青睐偶像剧的凤凰卫视竟然也播放起了《亮剑》。

李云龙说，“如果人人都不敢承担责任，那我们这支部队就没有存在的必要了”，所以“哪怕剩下一兵一卒，也要誓死保卫阵地”。在李云龙风尘仆仆地赶到厦门A兵团指挥部后，火烧火燎地顾不上寒暄，就急着要知道自己部队的位置。刘主任告诉他，福州战役和漳厦战役都刚刚结束，金门战役马上就要打响了，李云龙的师已在莲河口集结准备参加越海登陆。李云龙一听就急了，扭头就走。刘主任说：“你急也没用，赶不上了。现在也没车可派，公路上不太安全，工兵正在连夜排雷，你只能明天走了。”李云龙无奈，只得住下。但是当晚他显得很暴躁，像关在笼里的野兽一样来回走动，后来又在床上辗转反侧。

正是李云龙这种强烈的责任感，使得他在时势造英雄的年代里纵横驰骋。责任感是每一个有血有肉的人都应具备的品质，是否具有责任感，决定了其决胜能力的强弱。

亮剑不但是一种勇往直前的精神，更是一种人性的升华。凡事争取就有百分之一的希望，不争取结局就只能为零。只有站在一个更高的平台上更广阔的视角里，去筹划一件事，去洞察周围的世界，才能攻无不克、战无不胜。

初生牛犊不怕虎的蒙牛选择的第一个重点市场，不是家门口的内蒙古首府呼和浩特，也不是附近的首都北京，而是需要辗转3300公里才能将货送达售点的深圳——改革开放的前沿阵地。

在深圳叱咤风云的经销商乌日娜，起步时却不知道“分销”为何物，但她愣是成长为蒙牛经销商中的“三大闯将”之一。我们来听听她本人在接受《蒙牛内幕》作者张治国采访时叙述的酸甜苦辣：

1999年4月29日乌日娜给杨文俊及牛根生打电话，决定开始做牛奶。

那时市场不太好，伊利在深圳没几天就失败了。乌日娜对牛根生说：“相信我吧，我一定干好。”

5月8日，牛、杨，拎着十几箱牛奶来到深圳，到(孙先红)先行人广告公司落脚。大家一起在市场上买了各种品牌的牛奶，进行盲测，结果每个人都感觉蒙牛是最好的。大家充满了信心。

一个月后，乌日娜将所有商场走了一遍，一说内蒙古的产品，都不要，说“我们老板就喝澳牛，喝保利，内蒙古的牛奶不喝”。

万事开头难，没有促销费，乌日娜自己做T恤衫，登报纸广告，印DM单，穿蒙古袍促销……

沃尔玛当时就要了1件小奶、1件大奶。第三次，要了3件。没有送货车，乌日娜就坐公共汽车送，骑自行车送。

一天走十件八件货。第一批10吨牛奶，乌日娜没卖出去。但不想让大家对她失去信心，又进了第二批货，20吨。

困难接踵而至，乌日娜咬牙坚持。由于是先赊货，后付钱，十几个分销商，有两家欠了八九万元，始终没给钱。有个被辞掉的分销商还开车撞乌日娜的房门。

刚开始做促销时缺乏经验，用低工资雇用的促销员，卷走了货款，住宅小区内做促销丢得更多。7月至8月间，深圳下大雨，箱底都开始长毛，又损失了一批货；又累又气之间，乌日娜的身体也出了问题，做了直肠息肉的手术，不久，又查出了糖尿病；南方雨水多，在外跑业务，鞋里常浸水，结果脚趾变了形，得了类风湿；9月份，乌日娜父亲去世，她又被台风堵在机场……

但乌日娜没有被困难打倒，她从失败中做总结、找教训，第一年下来，300万的合同，她完成了600万。第二年，合同一下就订了3600万。这可是个“天文数字”！听了这样的消息，本来应该在呼市治疗脚疾的乌日娜，当日就赶回了深圳。当时，原先的一批骨干听了这样的合同，都走了，只留下了一个人。

但这一年下来，乌日娜把“天书”做成了“地书”，3600万的数字也不是什么神话！

乌日娜用这种“敢死队”式的亮剑精神打开了蒙牛深圳市场，将深圳战役演绎成了传奇。

在工作中，我们常常面对看似难以跨越的障碍和难堪的挫折，这时如何调整心态、“跨越”挫折，而不被其压垮，是未来成败的决定因素。

经常听到有些员工这样说：“对于工作我已经尽了力，我尝试了多次，可就是不见成效。”尽管他尝试得很多，却总是在觉得事情已经没有希望时放弃了再尝试的念头，结果失败了。缺乏自信的人遇到困难时，便会停下工作，而不会去寻找是否有别的可行办法。

“敌人越强大，越要敢于亮剑”，在战争中，这是一条铁血法则。因为战争的结果只有两个：要么消灭敌人，要么被敌人消灭。那些畏缩不前、只想逃离战场的士兵，肯定会被敌人消灭；那些瞻前顾后、从不主动出击的士兵，最终也将被敌人消灭。

现实职场中情形虽然没有战场那样残酷，但也需要我们发扬面对困难毅然亮剑的精神，以乐观和自信的心态面对工作中的一切挑战。事实上，面对困难我们要做到乐观自信并不难，只要平时敢于肯定自己的优点，遇到困难或挫折时，以积极的心态尽快找出解决的办法就可以了。只有自己对自己充满信心，你的上司才能对你也充满信心，你才能在工作中减少失败的几率，高效地完成任务。

不抛弃，不放弃

一张憨笑脸，两排大白牙，这就是许三多。2007年11月7日，他那张标志性的脸登上了“百度”首期“封面”。许三多从《士兵突击》走进我们的生活，一时间占据了媒体的半壁江山。

连长高老七走了，空空的营房只留下许三多一个人——一个傻孩子，一个不放弃的傻孩子。一个人打扫着整个连队的卫生，一个人唱着整个连队的歌，一个人开着班务会，一个人在训练场上孤独地奔跑，一个人朗诵着钢七连的入连仪式，一个人与自己对话。在别人眼里，甚至在许三多自己眼里，他很傻，也很笨，半年的时间，他不懂自己在坚持什么，不懂坚持为了什么，但是他知道，他是钢七连第四千九百五十六个兵，他还活着，所以就要坚持。

在老A选拔赛场上，终点就在几步之外，名额只剩下一个，冲过去就赢得了机会，但许三多没有抛弃队友伍六一，他想扛起战友一起向前。即便到了另外一个组织，许三多也没有忘记钢七连的文化，反而将这六个字深深地刻入了自己的骨髓中。在老A部队的初步筛选中，许三多告诉自己“不能输”，要坚持；在毒气巷战的考验中，他在队友全部牺牲的绝境下没有放弃，而是冒着生命危险脱掉防护服开走了装满TNT炸药的车；在袁朗因成才之前的表现而拒绝选用成才时，许三多没有抛弃成才，并几次三番地找袁朗理论，力争给成才一次机会；在对抗演习中，受伤的许三多没有放弃战斗，而是拖着疲惫的身躯捣毁了对方的中枢控制系统。

他面对困难从来不说“放弃”，而是默默地承受、慢慢地解决，毫不抱怨，绝不气馁，当一个又一个问题被他以执着的劲头解决之后，他俨然成长为一个巨人。

正如电视剧《士兵突击》中所揭示的那样，最后攀上顶峰的全都是“不抛弃、不放弃”的人。投机取巧者半途落马，暴发户终究成不了真正的贵族。从这个意义上讲，许三多无论对职业还是对人生，都是抱着投资而不是投机的态度，不断投资才有最终的成功，投机只能换来短暂的收获。

对企业管理者来说，许三多无疑就是一个既忠诚又有责任感的人，在危难时刻，这种责任和忠诚会显现出它更大的价值。当企业遭遇“冰山”时，能与企业同舟共济、信守“不抛弃、不放弃”精神的人，才是最值得我们尊敬的人。

著名管理大师彼得·德鲁克认为，一个成功总统“不必做的事情，一定不要做”。但要确保政务的顺利实现、妥善完成，总统必须打造一个“训练有素的队伍，而其中的每个人必须承担一个领域的责任”。为了确保执行的有效完成，需要依靠一个有责任感的团队，团队中的每一个人都能够承担起自己的责任，并能够忠诚地完成自己的任务。创造一个富有责任感和忠诚度的团队，对于企业来说至关重要，这样的团队才能够真正地实现领导者的计划和决策，把企业带到一个更高的发展层次上去。

今天的张瑞敏说起海尔可以谈笑风生，可有多少人知道1984年他刚刚到海尔时承受的压力？那时的海尔，设备简陋、员工素质低劣、工作环境一塌糊涂、工作制度形同虚设，怎么也让人想象不到20年后的它会有什么出息。

在张瑞敏之前，已经陆陆续续更换了四届厂长，每一个来时都踌躇满志，离任时又万般无奈。张瑞敏也算是临危受命。为了生存，为了企业的发展，他开始顶着压力进行改革，首要的就是后来我们熟知的“海尔十三条”。从此，海尔开始步入了正轨。

在海尔艰难的时候，在众人都看不到希望的时候，张瑞敏有没有动过“放弃”的念头，我们不得而知。我们看到的是他冲破了一切压力，带领海尔走到了今天，走向了世界。

每个人都有失败，可是失败后是选择从头再来或是放弃却决定着两种截然不同的未来。失败是正常的，没有谁不曾失败过，不尝试是最可怕的。“看成败人生豪迈，只不过是从头再来”，刘欢用他粗犷、豪迈的歌声告诉我们，重新起跑确实不是一件坏事，我们完全可以准备好从头再来。在人生的道路上，我们往往习惯于为自己找太多太多的借口，面对困难常常选择了“放弃”，而当你很庆幸自己聪明地做出了新选择时，失败往往也选择了你。

“不抛弃、不放弃”是企业需要的一种精神，在激烈的市场竞争环境中，员工的成长是企业发展的基石，而企业的发展壮大又为员工素质的提高提供了有力的保障。因此，在变革面前、在困难面前、在危机面前，企业和员工只有“不抛弃、不放弃”，相互支撑，共同面对，才能得到共同发展，实现双赢。